CODE-MANUEL

DES

ARTISTES DRAMATIQUES

ET DES

ARTISTES MUSICIENS.

CORRECTION ESSENTIELLE A FAIRE.

Pages 52 et 53, *au lieu de* : M. Fournier, *lisez* : M. Cournier.

CODE-MANUEL

DES

ARTISTES DRAMATIQUES

ET DES

ARTISTES MUSICIENS,

OUVRAGE

Dans lequel sont exposés méthodiquement leurs obligations et leurs droits respectifs, d'après le texte des Lois, la jurisprudence des Cours et Tribunaux, l'opinion des Auteurs et les Usages.

Par Emile AGNEL,

AVOCAT A LA COUR D'APPEL DE PARIS.

> Il est du devoir du Législateur de forcer les hommes à voir des lois dans les contrats et à les exécuter avec ponctualité : moyen infaillible de les ramener à la bonne foi la plus scrupuleuse.
> (FAVARD DE LANGLADE, *Rapport au Tribunat sur le projet de Code civil, titre des Obligations*).

PARIS,

MANSUT, LIBRAIRE-ÉDITEUR,

Rue des Grands-Augustins, 24.

—

1851.

PRÉFACE.

Il est nécessaire que chacun, dans la carrière qu'il a embrassée ou qu'il se propose de suivre, ait un guide qui lui en indique les lois et les usages.

J'ai donc pensé qu'un livre qui aurait pour but d'éclairer les artistes dramatiques et les artistes musiciens sur les droits et les devoirs relatifs à l'exercice de leur profession, serait une publication utile : les nombreuses contestations qui se produisent chaque jour devant les tribunaux en démontrent l'opportunité.

J'ai consulté avec soin les monuments tant anciens que modernes de la législation et de la jurisprudence en matière de théâtre, et j'ai rapporté, après en avoir scrupuleusement examiné les textes, les dispositions des lois et règlements ainsi que les décisions judiciaires que les artistes ont besoin de connaître.

Ce manuel s'adressant à toutes les personnes qui suivent la carrière dramatique ou qui s'y destinent, j'ai dû me livrer à un travail étendu sur les diverses questions dans lesquelles leurs intérêts pouvaient se trouver engagés.

Je me suis attaché à la clarté du style, à l'emploi peu fréquent des expressions techniques, à l'exposition précise de chaque principe avec des déductions assez logiques pour être comprises par les intelligences les moins habituées à l'étude des lois et au langage judiciaire.

Je serai suffisamment récompensé, si cet ouvrage encore bien incomplet peut, en rappelant ses devoirs à une classe de la société, si digne de sympathies et d'encouragements par la nature de ses importants et pénibles travaux, l'aider à comprendre et à défendre ses droits.

LISTE DES AUTEURS

Cités dans l'ouvrage.

Auteurs anciens.

CHARONDAS LE CARON, *Réponses et décisions du droit français confirmées par arrêts.*
CUJAS, *Ses œuvres.*
DESESSARTS, *Dictionnaire universel de Police.*
GUYOT, *Répertoire universel de Jurisprudence.*
MAYNARD, *Notables questions du Droit écrit jugées au parlement de Toulouse.*
PAPON, *Recueil d'arrêts notables des Cours souveraines de France.*
POTHIER, *Traité du louage.*
VOET, *Commentarius ad Pendectas.*

Auteurs modernes.

BIOCHE, *Dictionnaire de Procédure.*
CARRÉ, *Traité des lois de l'organisation judiciaire et de la compétence.*
CHAUVEAU ET FAUSTIN HÉLIE, *Théorie du Code pénal.*
CURASSON, *Traité de la Compétence des Juges de Paix.*
DALLOZ, *Recueil alphabétique et Recueil périodique de Jurisprudence.*
DELVINCOURT, *Cours de Code civil.*
DURANTON, *Cours de droit Français.*
DUVERGIER, *Continuation de Toullier, t. IV, du louage.*
FAVARD DE LANGLADE *Répertoire de la nouvelle législation.*

GILBERT, *Code de procédure civile.*
GOUJET ET MERGER, *Dictionnaire de Droit commercial.*
MERLIN, *Répertoire de jurisprudence.* — *Questions de Droit.*
MOLINIER, *Traité de Droit commercial.*
NOUGUIER, *Des Tribunaux de commerce.*
ORILLARD, *De la compétence et de la procédure des tribunaux de commerce.*
PARDESSUS, *Cours de droit commercial.*
PERSIL, *Questions sur les priviléges et hypothèques.*
ROGER, *Traité de la saisie-arrêt.*
ROLLAND DE VILLARGUES, *Répertoire de la jurisprudence du notariat.*
SIMONET, *Traité de la police administrative des théâtres de la ville de Paris.*
SIREY, DE VILLENEUVE ET CARRETTE, *Recueil général des lois et arrêts.*
TROPLONG, *Du louage.* — *Des sociétés.* — *Du mandat.* — *De la contrainte par corps.* — *Des priviléges et hypothèques.* — *De la prescription.*
VAZEILLE, *Traité des prescriptions.*
VINCENS, *Exposition raisonnée de la législation commerciale.*
VIVIEN ET BLANC, *Traité de la législation des théâtres.*
VULPIAN ET GAUTHIER, *Code des théâtres.*
ZACHARIE, *Cours de Droit civil français.*

CODE-MANUEL

DES

ARTISTES DRAMATIQUES

ET DES MUSICIENS.

TITRE PRELIMINAIRE.

DES THÉATRES ET DES ENTREPRISES QU'ILS ONT POUR OBJET.

1. La législation sur les théâtres les divise en plusieurs classes ; elle contient des dispositions spéciales aux théâtres de Paris et à ceux des départements. Les entreprises théâtrales sont soumises non seulement aux règles qui régissent les autres établissements de commerce, mais encore à des usages particuliers. Nous allons résumer dans ce titre préliminaire ce qu'il importe aux artistes de connaître sur ce point.

CHAPITRE Ier.

Des théâtres en général.

2. La constitution actuelle des théâtres est réglée par une législation spéciale.

Aucun théâtre ne peut s'établir sans l'autorisation préalablement délivrée par l'autorité supérieure (Décret du 8 juin 1806, art. 1 et 7).

L'infraction à cette règle est punie d'un emprisonnement de deux à six mois, et d'une amende de 100 fr. à 6,000 fr. (Arrêté du 13 août 1811, art. 12).

La loi du 9 septembre 1835, dont l'article 20 déterminait la pénalité encourue en cas d'ouverture d'un théâtre sans autorisation préalable, ayant été abrogée par le décret du 6 mars 1848, les théâtres se trouvent replacés sous l'empire des décrets de 1806 et 1811 précités.

3. L'ouverture d'un théâtre sans autorisation constitue un délit, alors même que les spectateurs n'y seraient admis que sur billets gratuits. (Arrêt de la Cour de Paris du 3 octobre 1832.)

Une autorisation donnée par un maire d'ouvrir un théâtre ne pourrait suppléer celle qui doit être délivrée par le ministre de l'intérieur (Arrêt de la Cour de Lyon du 11 mars 1832).

4. En Angleterre, tout acteur, qui joue sur un théâtre non autorisé, encourt une amende dont le maximum est de 10 livres sterling par représentation. Mais notre législation ne prononce aucune peine de ce genre contre l'acteur. En cas d'ouverture d'un théâtre non autorisé, c'est contre le chef de l'établissement que sont dirigées les poursuites.

5. Aux termes de la loi du 3 juillet 1850, aucun ouvrage dramatique ne peut être représenté sans l'autorisation préalable du ministre de l'intérieur à Paris, et du préfet dans les départements ; cette autorisation peut toujours être retirée pour des motifs d'ordre public.

Suivant l'article 2 de la même loi, toute contravention aux dispositions qui précèdent est punie par les tribunaux correctionnels d'une amende de 100 francs à 1,000 francs, sans préjudice des poursuites auxquelles peuvent donner lieu les pièces représentées.

6. La législation sur les théâtres, renfermant des dispositions spéciales aux théâtres de Paris, à ceux des départements, et aux spectacles de curiosité, il convient d'indiquer séparément les règles particulières

qui s'appliquent à chacun de ces établissements. Tel va être l'objet des trois sections suivantes :

SECTION PREMIÈRE.

Des Théâtres de Paris.

7. Les théâtres de Paris sont classés de la manière suivante :
1º Théatres subventionnés.
Ce sont les anciens théâtres *impériaux* et *royaux*, ceux désignés comme *grands* théâtres dans le décret du 8 juin 1806.
Théâtre de l'Opéra (théâtre de la Nation).
Théâtre de l'Opéra-Comique.
Théâtre-Français (théâtre de la République).
Théâtre de l'Odéon (second Théâtre-Français).
Théâtre-Italien.
2º Théatres de Vaudeville :
Théâtre du Vaudeville.
Théâtre des Variétés.
Théâtre du Gymnase-Dramatique.
Théâtre Montansier (Palais-Royal).
C'est une partie des théâtres *secondaires* du Règlement du 25 avril 1807.
3º Théatres de Drames :
Théâtre de la Porte-Saint-Martin.
Théâtre de l'Ambigu-Comique.
Théâtre-Historique.
Théâtre du Cirque du boulevard du Temple.
Théâtre de la Gaîté.
4º Petits Théatres :
Folies-Dramatiques.
Théâtre Beaumarchais.
Théâtre du Luxembourg.
Délassements-Comiques.
Funambules.
Petit-Lazari.

8. Les théâtres subventionnés sont placés dans les attributions du ministre de l'intérieur; ils reçoivent de l'Etat des fonds qui sont votés annuellement. (Ordonnance du 25 janvier 1831).

Ils sont sous la surveillance immédiate de Commissaires du Gouvernement et sous celle de la Commission des théâtres. Cette Commission fut instituée sous la dénomination de *Commission de surveillance*, par arrêté ministériel du 28 février 1831. Plus tard, ses attributions ont été déterminées par une Ordonnance royale du 31 août 1835. Jusqu'à cette époque, elle n'avait eu que la surveillance des théâtres subventionnés et du Conservatoire. Une décision ministérielle du 1er avril 1843 étendit ses attributions, et renvoya à son examen toutes les questions relatives aux théâtres secondaires. En 1848, elle cessa ses fonctions, et fut remplacée par la commission des théâtres instituée d'abord par un arrêté du chef du Pouvoir exécutif, en date du 29 octobre 1848, et reconstituée par un décret du Président de la République, en date du 2 janvier 1850.

Aux termes de ce décret, la commission des théâtres est consultative; elle donne son avis sur toutes les questions relatives aux théâtres, et notamment sur la constitution des exploitations dramatiques, la rédaction et l'exécution des règlements, cahiers des charges et actes administratifs qui régissent ces établissements. D'après le même décret, ne peuvent faire partie de la commission les personnes qui auraient directement ou indirectement quelque intérêt dans une exploitation théâtrale

9. Les appointements des artistes, préposés et employés des théâtres subventionnés doivent être régulièrement payés par les directeurs. Les commissaires du Gouvernement ne délivrent les certificats d'après lesquels sont payés les douzièmes de subvention, que lorsqu'ils se sont fait représenter les feuilles d'émargement des traitements affectés au personnel de l'administration.

10. Le théâtre de l'Opéra est spécialement consacré au chant et à la danse. Tous les artistes, préposés et employés de l'Opéra avaient droit à des pensions avant

l'année 1830. Les conditions qui donnaient droit à ces pensions sont contenues et définies dans les actes suivants : Décret du 20 janvier 1811, Ordonnance du 1er novembre 1814, Arrêté du 6 septembre 1815, Décision du 6 mars 1817, Ordonnances des 12 mars 1822 et 29 novembre 1825.

Lorsqu'en 1831, la direction de l'Opéra passa des attributions de la maison du roi dans celles du ministre de l'intérieur, ce théâtre fut confié à un Directeur-Entrepreneur.

Les artistes engagés à dater du 1er juin 1831 ne subirent plus de retenue. Quant aux anciens artistes, préposés et employés leur condition a été déterminée par un arrêté du 21 juin 1832 et par un avis du 10 novembre 1832 dont voici les principales dispositions :

Aucun artiste, préposé et employé de l'Académie royale de Musique, ayant droit à une pension proportionnelle ne pourra être mis à la réforme, sans le consentement préalable de la commission de surveillance, approuvé par le ministre de l'intérieur (Arrêté du 21 juin 1832, art. 1er). Il ne pourra être rien changé à la *condition* des artistes, préposés et employés, sans le consentement préalable de la commission de surveillance approuvé par le ministre (Même arrêté, art. 2). Les artistes, employés et préposés qui étaient attachés à l'Académie royale de Musique au 31 mai 1831, et qui n'ont pas été réformés ou mis à la retraite, continuent à acquérir des droits éventuels sur ladite caisse des pensions, aux termes de l'Ordonnance du 1er novembre 1814, à la charge par eux de subir une retenue de 5 % sur leur traitement (Avis du 10 novembre 1832, art. 1er). Lorsque le directeur voudra mettre à la réforme un artiste, employé ou préposé de l'Opéra ayant droit à une pension proportionnelle, il devra en faire la proposition à la commission de surveillance, et si la commission est d'avis de la réforme, elle en fera l'objet d'un rapport au ministre qui prononcera. La même marche est suivie pour le changement de condition (Même avis, art. 5 et 6). En aucun cas, les artistes et employés ne peuvent cumuler le traitement d'activité avec le traitement de pension (Même avis, art. 9).

11. Lorsque les premiers sujets de l'Opéra continuent leur service après l'expiration de leurs engagements, la durée de la tacite-reconduction (c'est-à-dire du nouvel engagement dont le temps n'a pas été déterminé) est fixée par l'usage à une année à compter de cette époque, quel que soit d'ailleurs le terme auquel cette année doive aboutir. Le congé doit seulement être signifié six mois d'avance.

12. Le Conseil-d'État par arrêt du 16 novembre 1825, affaire *Coutagrel*, a jugé que la pension des artistes de l'Opéra doit être liquidée d'après les règlements en vigueur à l'époque où elle est demandée, et non d'après ceux qui existaient lors de l'entrée des artistes au théâtre. Mais cette décision est critiquée avec raison par MM. Vivien et Blanc (*De la Législation des Théâtre*, n° 339). L'artiste, disent-ils, engagé sous l'empire d'un règlement public se trouve soumis à ce règlement dans toutes ses charges, et a droit à tous les avantages que ses dispositions lui offrent. Le règlement en vigueur lors de son admission se lie à son engagement dont il est le complément et ne peut pas être modifié plus que l'engagement lui-même, sans le consentement de l'artiste; autrement le sort de tous ceux qui sont attachés à l'Opéra serait livré tout entier à l'arbitraire et au bon plaisir de la partie même avec laquelle ils contractent.

13. Lorsqu'à l'expiration de l'engagement de 15 ans auquel sont tenus et ont droit les premiers sujets du chant et de la danse à l'Opéra, leur service s'est continué sans que l'administration leur ait notifié leur congé, leur engagement continue d'exister par tacite-reconduction, et l'administration ne peut plus le faire cesser qu'à l'expiration de l'année recommencée (Règlement du 5 mai 1821, art. 170 et 171; Arrêt du Conseil d'État du 23 mars 1845, Sirey-Devilleneuve, 1847, 2me partie, pag. 447).

14. Les pensions accordées sur la caisse de l'Opéra aux artistes de ce théâtre mis à la retraite, doivent être con-

sidérées comme constituées à titre onéreux; mais les suppléments accordés sur les fonds de la liste civile, qui n'ont que le caractère de pure munificence, ont été annulés par la loi du 8 avril 1824, et ne doivent pas être mis à la charge du Trésor public. (Arrêt du Conseil-d'État du 23 novembre 1839, affaires *Bigottini, Bertin, Piccini* et *Beaupréau*; Journal *le Droit*, du 1er décembre 1839).

15. Aux termes des articles 170 et 172 du Règlement du 5 mai 1821, les artistes du chant et de la danse, attachés à l'Académie royale de Musique, qui ont été admis dans la classe des remplacements ou dans celle des premiers sujets, et qui sont, à ce titre, tenus de rester engagés pendant quinze années, à compter du jour de leurs débuts ou de leur réception, peuvent cesser leurs services ou être remerciés par l'Administration de l'académie royale de Musique, à l'expiration de ces quinze années; — aux termes des articles 14 et 15 de l'Ordonnance du 1er novembre 1814, les artistes qui restent attachés à l'Opéra, après dix ou quinze années, ont droit à une pension qui est augmentée par chaque année en sus des dix ou quinze années; — il s'ensuit que s'il y a prolongation de service par l'artiste ou continuation de l'artiste dans son emploi, l'engagement qui continue se renouvelle par année, et le droit appartenant réciproquement à l'administration de l'Académie et à l'artiste de se donner congé, s'ouvre pour chacune des années subséquentes. (Arrêt du Conseil-d'État du 8 mars 1845; Journal *le Droit*, du 29 mars 1845).

16. Le Théâtre-Français est une association entre les comédiens-sociétaires de ce théâtre. Le produit net des recettes est divisé en vingt-quatre parts dont deux sont mises de côté, et les vingt-deux autres réparties entre les comédiens-sociétaires, depuis un huitième de part jusqu'à une part entière qui est le *maximum* (Décret du 15 octobre 1812, daté de Moscou, art. 5 à 11).

La régie et administration des intérêts de la société était confiée, par le décret précité, à un comité de six membres associés, nommés par le surintendant des théâtres et présidé par un commissaire spécial. Mais une ordonnance du 29 août 1847 a modifié cette organisation. Aux termes de cette ordonnance, les attributions conférées au surintendant des spectacles par le décret de Moscou, continuent à être exercées par le ministre de l'intérieur (art. 1er). Les fonctions attribuées, par le même décret, au commissaire du gouvernement sont confiées à un administrateur (art. 2).

Enfin, un décret du Président de la République, en date du 27 avril 1850, complète l'organisation du Théâtre-Français. Ce décret, de même que l'ordonnance du 29 août 1847, place le Théâtre-Français sous la direction d'un administrateur nommé par le ministre de l'intérieur. Mais les pouvoirs conférés à l'administrateur par ce dernier sont moins étendus que ceux accordés par l'ordonnance. En effet, aux termes des articles 2 et 3 du décret de 1850, l'administrateur ne peut passer que les actes dont la durée n'excèdera pas une année, ceux contractés pour un temps plus long, doivent être soumis au ministre de l'intérieur.

D'après l'article 3 de ce décret, l'administrateur, après avoir pris l'avis du comité d'administration, propose au ministre de l'Intérieur :

1º Les admissions des sociétaires ; 2º les accroissements successifs de la part d'intérêt social, en ayant égard tant à la durée et à l'importance des services qu'à la nature de l'emploi (ces augmentations pourront être, à l'avenir, d'un douzième de la part sociale); 3º les engagements d'acteurs pensionnaires, dont la durée excède une année ; 4º les décisions relatives au partage des bénéfices et à la fixation des allocations annuelles attribuées aux sociétaires ; 5º les règlements relatifs aux congés, aux amendes et autres peines disciplinaires, aux feux, à la composition du comité de lecture, à la nomination de ses membres et à la tenue de ses séances.

Aux termes de l'article 12 du même décret, chaque sociétaire a droit à une allocation annuelle, à une quotité dans les bénéfices nets, à une représentation à son bénéfice, à une pension après 20 ans de service, du jour de l'admission au titre de sociétaire.

SECTION II.

Des Théâtres des départements.

17. L'organisation des théâtres de province continue à être réglée par l'ordonnance du 8 décembre 1824. Cette ordonnance divise les troupes de comédiens dans les départements en troupes sédentaires, troupes d'arrondissements et troupes ambulantes. Ces troupes sont placées sous la conduite de directeurs nommés par le ministre de l'intérieur, sur la présentation de l'autorité locale. Le directeur ne peut avoir qu'une seule troupe, qu'il doit diriger en personne (art. 3).

Cette dernière disposition a été modifiée par l'Ordonnance du 15 mai 1831, qui permet aux villes importantes d'avoir plus d'une troupe sous une seule direction, et même sous des directions différentes. Voici le texte de cette Ordonnance :

« L'article 3 de l'Ordonnance du 8 décembre 1824, portant que dans les départements un directeur ne pourra avoir qu'une seule troupe qu'il devra diriger en personne, n'est point applicable aux entreprises théâtrales sédentaires, telles qu'il en existe à Bordeaux, Lyon, Marseille, Rouen, etc. »

18. Les directeurs ne peuvent vendre ni céder leur brevet sous peine de destitution (Ordonnance du 8 décembre 1824, art. 4).

Il est interdit aux directeurs d'engager aucun élève du Conservatoire de Musique et de Déclamation sans une autorisation spéciale (art. 9).

Tout directeur qui fait faillite ne peut être appelé de nouveau à la direction d'un théâtre (art. 10).

19. Les directeurs de troupes d'arrondissement, en

recevant leur brevet, doivent désigner celles des villes dont ils se chargent d'exploiter les théâtres, et indiquer les époques précises où ils donneront des représentations (art. 20).

20. Les directeurs de troupes d'arrondissement et de troupes ambulantes sont nommés, chaque année, par le ministre de l'intérieur et pour trois ans au plus. (Réglement du 30 août 1814, art. 4 et 9).

21. Les directeurs doivent envoyer chaque année au ministre de l'intérieur le tableau de leur troupe, contenant les noms, prénoms et noms de théâtre des acteurs, actrices ou employés, ainsi que leur répertoire. Le ministre, par l'intermédiaire de ses agents, veille à l'exécution des conditions imposées à l'autorisation, et se fait rendre un compte trimestriel de la conduite du directeur (Réglement du 19 août 1814, art. 11, et Ordonnance du 8 décembre 1824, art. 7).

SECTION III.

Des Spectacles de curiosité.

22. On comprend sous ce nom toutes les entreprises qui sont ouvertes à la curiosité du public sans faire aucun emprunt au genre dramatique, telles que les marionnettes, panoramas, cosmoramas, expositions de tableaux, fêtes, concerts, cafés-concerts (Arrêt de la Cour de Paris du 20 février 1844, *Journal du Palais*, t. 1er de 1844, p. 340) et spectacles équestres (Arrêt du Conseil d'Etat du 25 avril 1828, affaire *Franconi*). Les spectacles de curiosité ne peuvent pas porter le nom de *théâtres* (Décret du 8 juin 1806, art. 15); ils doivent préalablement à leur ouverture être autorisés par le ministre de l'intérieur, à Paris, et par les préfets dans les départements, lorsque leur existence est fixe. Lorsqu'ils ne sont établis que temporairement, il suffit de l'autorisation du préfet de police, à Paris, et des maires dans les

départements; telle est, en effet, la distinction qui ressort de la discussion de la loi du 9 septembre 1835. Les spectacles de Curiosité sont soumis dans les départements à une redevance du cinquième brut de leur recette, défalcation faite du droit des pauvres, au profit des directeurs de théâtre (Réglement du 19 août 1814, art. 21, et Ordonnance du 8 décembre 1824, art 1er).

CHAPITRE II.

Des entreprises théâtrales et de leur nature.

23. Les entreprises de théâtres et de spectacles publics sont commerciales. C'est ce que l'article 632 du code de commerce déclare en ces termes : « La loi répute acte de commerce toute entreprise de spectacles publics. » Cette disposition a été introduite d'après les observations suivantes de la Cour d'appel de Paris, sur le projet de code de commerce : « On avait cru précédemment devoir excepter les entrepreneurs de spectacles de la classe des négociants, et c'était la jurisprudence avant la révolution. Elle pouvait reposer sur des idées justes et éclairées lorsque les auteurs étaient en même temps comédiens et entrepreneurs de leur propre théâtre. Que Molière, par exemple, après avoir composé une pièce, la récitât devant une assemblée choisie, ou que, voulant réunir un grand nombre de spectateurs, il s'associât une troupe, distribuât les rôles, joignît à la déclamation le costume et l'appareil du spectacle, le résultat au fond était le même, c'était toujours Molière ou l'homme de génie faisant part au public de ses productions, vendant, si l'on veut, les fruits de son propre sol, et, à ce titre, il ne pouvait être

considéré comme marchand. Mais depuis que des individus, mettant à profit pour leur propre compte les travaux d'autrui, se sont érigés en entrepreneurs de théâtre; depuis surtout que les théâtres se sont si étrangement multipliés qu'ils occupent plus d'ouvriers, appellent plus de fournisseurs, exigent plus de capitaux que beaucoup d'entreprises de commerce très-importantes ; dès ce moment les principes ont dû changer et ils ont changé en effet. »

24. De ce que les établissements de théâtres et spectacles publics sont des entreprises commerciales, il suit que les entrepreneurs qui les exploitent sont justiciables des tribunaux de commerce, qu'ils sont soumis à la contrainte par corps pour les engagements qu'ils contractent envers les fournisseurs de tous genre et envers les acteurs par eux engagés, et qu'en cas de cessation de paiement ils peuvent être déclarés en faillite.

L'exploitation dramatique est soumise non seulement aux règles qui régissent les établissements de commerce en général, mais encore à celles qui sont particulières aux théâtres.

25. Une entreprise théâtrale est exploitée ou par une seule personne, ou par une société dont un seul membre peut figurer en nom dans l'acte d'autorisation et dans les rapports avec l'autorité. Mais, depuis plusieurs années, les arrêtés ministériels de concession de théâtre en interdisent l'exploitation par une société en commandite dont le capital est divisé en actions ou par une **société anonyme.**

26 Sans exprimer notre opinion personnelle sur un système d'association, d'après lequel le Théâtre-Historique va. dit-on, être prochainement exploité, nous devons cependant indiquer en quoi ce moyen consiste. On prend pour base de proportionnalité le chiffre de chaque recette; le propriétaire de la salle, le directeur, les artistes et employés sont payés suivant la fraction d'intérêt stipulée à leur profit. Par exemple, le propriétaire de la salle aura, sur la recette de chaque jour, 12 °|₀, le

directeur 3 %, tel artiste 2 %, tel autre artiste 1 %, tel autre artiste 1/2 %, tel autre artiste 1/4 %, ainsi de suite. Toutefois ce système de proportionnalité ne s'applique pas aux artistes et employés gagnant de 3 f. par jour et au-dessous. Ces derniers reçoivent des appointements fixes. Les deux tiers des frais généraux sont soumis à ce régime proportionnel.

27. Le directeur d'une entreprise dramatique est nommé par l'administration supérieure, qui règle l'étendue de ses pouvoirs et les conditions de l'exploitation (Réglement du 19 août 1814 et Ordonnance du 8 décembre 1824). Il est préposé à la direction du théâtre dans ses rapports avec l'autorité. Il prépare et détermine les représentations, règle les répertoires, surveille les répétitions ; il a le droit d'y admettre qui il veut.

28. L'administration exige de tous les directeurs le dépôt d'un cautionnement qui varie, pour Paris, de 10 à 30,000 fr. pour les théâtres non subventionnés. Il est affecté, en premier lieu à la garantie des traitements des artistes et employés, ensuite au droit des indigents et des auteurs, et en dernier lieu à la garantie de toutes les fournitures faites pour les besoins de l'exploitation.

29. Le directeur est ou propriétaire de l'entreprise, ou associé, ou gérant, ou simple mandataire. *Propriétaire*, il exploite pour son propre compte à ses risques et périls ; *associé*, il partage avec ses co-intéressés les bénéfices et les pertes suivant les conventions intervenues ; *gérant*, il fait les actes d'administration, règle les dépenses, perçoit les produits, traite avec les auteurs, les acteurs, les employés, les fournisseurs, et pour tous les actes qui rentrent dans ses attributions, il s'engage et engage commercialement l'entreprise qu'il représente ; *simple mandataire* avec traitement fixe, sans intérêt dans l'association, il n'est plus qu'un fondé de pouvoir obligé dans les liens de son mandat (MM. Goujet et Merger, *Dictionnaire de droit commercial* au mot *théâtre*, n° 52; Vivien et Blanc, *Législation des théâtres*, n°⁸ 204 et suivants).

30. Le directeur, étant soumis aux ordres de l'autorité

préposée à la direction publique des théâtres, est censé ne stipuler soit avec les acteurs, soit avec les actionnaires que sous cette réserve que l'autorité ne mettra pas obstacle à l'exécution des engagements qu'il contracte. Les injonctions de l'autorité sont donc considérées comme des cas de force majeure qui l'emportent sur les stipulations intervenues (MM. Goujet et Merger, n 55; Vivien et Blanc, n° 207).

Mais si les mesures prises par l'autorité supérieure sont amenées par la faute du directeur, il doit en subir les conséquences et devient responsable (Jugement du tribunal de commerce de la Seine du 12 septembre 1843, journal *le Droit* du 14 septembre, même année). Dans cette affaire, le retrait du privilége avait eu lieu par suite de faits personnels au directeur, et ce dernier fût condamné à payer 2,400 fr. à titre d'indemnité à M Lautermann, engagé au théâtre d'Avignon, en qualité de fort premier tenor, aux appointements de 450 fr. par mois.

31. Lorsque le directeur d'un théâtre a affecté au cautionnement de son cessionnaire une inscription de rente déposée à la caisse des consignations, et qui servait de garantie à sa propre gestion, les créanciers du nouveau titulaire tombé en faillite peuvent exercer leurs droits sur cette inscription, quoiqu'elle n'ait pas été transférée à la caisse sous le nom de leur débiteur, si le ministre de l'intérieur, en accordant à celui-ci le privilége du théâtre, a accepté le cautionnement ainsi constitué; et ce cautionnement reste affecté à la sûreté de la gestion du nouveau titulaire, nonobstant l'accomplissement des conditions sous lesquelles il a été fourni ; les tiers dans l'intérêt desquels le cautionnement est exigé ne pouvant pas souffrir de l'inexécution des obligations contractées par leur débiteur envers celui qui l'a cautionné (Arrêt de la Cour de Cassation du 27 février 1850 ; Dalloz 1850, 1re partie, pag. 191).

32. Nous n'avons point à parler ici des obligations que les administrations dramatiques sont tenues de remplir soit envers l'autorité, soit envers le public,

ce point sortirait des limites de cet ouvrage ; en effet, nous n'avons à nous occuper des entreprises de théâtre que dans leurs rapports avec les artistes qu'elles emploient.

TITRE PREMIER.

DES ACTEURS.

33. Les mots *acteur, actrice*, dérivent du latin *actor*. Ce sont deux expressions génériques qui désignent tous les artistes des deux sexes qui se vouent à la carrière du théâtre. Les acteurs et actrices reçoivent, en outre, des dénominations particulières selon les genres spéciaux auxquels ils se consacrent; ainsi on les distingue par les titres de *tragédien, comédien, mime, chanteur, danseur*.

34. D'après le plan de cet ouvrage, nous n'avons à nous occuper des acteurs qu'au point de vue de la législation spéciale au théâtre; en effet, nous nous proposons seulement d'exposer les droits et les obligations relatifs à l'exercice de leur profession.

Nous eussions désiré, sans doute, entrer ici dans quelques considérations morales sur le théâtre et sur les acteurs, qui en sont les plus courageux comme les plus utiles auxiliaires; mais ces digressions, qui s'écarteraient du but même de ce livre, nous eussent entraîné beaucoup trop loin; nous nous contenterons de citer ce passage remarquable de M. Alfred de Vigny :

« Pour moi, dit-il, j'ai toujours pensé que l'on ne saurait rendre trop hautement justice aux acteurs, ceux dont l'art difficile s'unit à celui du poète dramatique et complète son œuvre.— Ils parlent, ils combattent pour lui, et offrent leur poitrine au coup qu'il va recevoir peut-être; ils vont à la conquête de la gloire solide qu'il conserve, et n'ont pour eux que celle d'un moment. Séparés du monde, qui leur est bien sévère, leurs travaux sont perpétuels et leur triomphe va peu au-delà de leur existence. Comment ne pas constater le souvenir des efforts qu'ils font tous, et ne pas écrire ce que signerait chacun de ces spectateurs qui les applaudissent avec ivresse? » (*Note sur les représentations de Chatterton.*)

35. Il existe des rapports légaux entre les acteurs et l'administration du théâtre auquel ils sont attachés; c'est dans le contrat d'engagement théâtral, qui est intervenu entre les parties, que ces rapports trouvent leur source commune; il convient donc d'indiquer tout d'abord quel est le caractère de l'engagement théâtral à l'égard de ceux qui l'ont consenti.

Relativement au directeur, l'engagement, contracté avec un artiste dramatique, est-il un acte de commerce? L'affirmative n'est pas douteuse; en effet, comme nous l'avons vu ci-dessus (p. 11) la loi place au nombre des opérations commerciales, les entreprises de théâtre et spectacles publics. Ainsi, de la part du directeur, l'établissement du théâtre et les obligations qui en dérivent, telles, par exemple, que les engagements des artistes sont des actes de commerce. Le directeur spécule sur le talent des acteurs qu'il a engagés, dès lors, les obligations qu'il a contractées envers eux sont commerciales.

36. Mais à l'égard des artistes, l'engagement théâtral est-il un acte de commerce? Non, il n'y a pas là cette pensée de spéculation qui est nécessaire pour constituer un acte de cette nature; il n'y a rien de commercial dans les obligations auxquelles les acteurs se soumettent par leur engagement; ils ne font que louer leur industrie, à la différence du directeur qui loue cette industrie pour en tirer un bénéfice, pour spéculer sur les talents des artistes, en les faisant paraître devant le public; en souscrivant un engagement théâtral, l'artiste ne fait donc point un acte de commerce, mais un acte purement civil.

Cependant, légalement parlant, les artistes dramatiques doivent-ils être regardés comme les facteurs, les commis ou les serviteurs du directeur du théâtre dans lequel ils sont engagés? Pour répondre à cette question, il faut être bien fixé sur le sens de ces diverses expressions : *facteurs, commis* ou *serviteurs.*

Le *facteur* est l'employé qui a reçu, d'un manufacturier ou du propriétaire d'un établissement commercial, l'autorisation de le remplacer. Le mot *commis* désigne plus spécialement ceux qui n'ont qu'une portion de travail et une confiance plus limitée, dans une maison de commerce que le maître dirige seul, et qui sont chargés, par exemple, de la tenue des livres et des détails de la vente. Les commis diffèrent des serviteurs en ce que ceux-ci sont des personnes à gages, préposées à une espèce de service plus matériel qu'intellectuel.

Telles sont, à cet égard, les définitions données par les auteurs.

Il suit de là, qu'on ne peut appliquer aux acteurs les dénominations de *facteurs, commis* ou *serviteurs*, puisque les artistes ne sont point au service personnel du directeur et ne se livrent, pour son compte, à aucune opération commerciale.

En effet, le Code de commerce, dans l'article 634, en parlant des *facteurs, commis* ou *serviteurs des marchands*, ne s'en occupe que sous le rapport du *trafic du marchand auquel ils sont attachés;* ici le mot *trafic* est synonyme de *négoce, commerce de marchandises;* or, il est évident que l'acteur n'accomplit aucun acte de ce genre en remplissant un rôle dans une représentation théâtrale.

Objectera-t-on que l'acteur, à l'égard du public, n'étant que le mandataire du directeur, doit être dès lors considéré comme son commis? A cet argument, nous répondons : Si l'acteur qui paraît sur la scène peut, à certains égards, passer pour le mandataire du directeur auprès du public; il ne saurait être envisagé comme un commis dans le sens et les circonstances qu'indique l'article 634 du code précité.

Effectivement, pour que l'artiste pût être considéré comme commis de son directeur, il faudrait qu'il fît quelque trafic, quelque acte commercial pour le compte de ce dernier. Dès qu'un fait de cette nature n'existe pas de la part de l'artiste, on ne peut lui attribuer une qualification qui ne saurait légalement lui convenir.

Le directeur de théâtre est commerçant : son industrie a pour objet d'offrir au public des représentations théâtrales moyennant une rétribution fixe ; mais l'acte commercial, le trafic n'existe que du directeur au public et non pas de l'acteur au public. C'est la location des places, faite par le directeur ou, en son nom, par son préposé, qui, relativement au public, constitue l'opération commerciale.

Ainsi les acteurs ne doivent donc pas être considérés comme les facteurs, commis ou serviteurs du directeur. Nous reviendrons encore sur ce point, lorsque nous examinerons ce qui touche la compétence des tribunaux en matière d'engagement théâtral. (Voy. p. 32).

L'artiste qui, moyennant des appointements fixes et indépendants de toutes chances de l'entreprise, contracte un engagement envers un directeur de théâtre, stipule un contrat de louage d'industrie ; il est, à l'égard de l'administration théâtrale, dans une position identique à celle qu'occupe, relativement à l'administration d'un journal, un rédacteur qui en reçoit des appointements fixes ; en effet, les entreprises de journaux, lorsqu'elles sont faites par d'autres que ceux qui les rédigent, sont, de même que les entreprises de spectacles publics, des spéculations commerciales. Ce point a été reconnu, en ce qui concerne les journaux, par un arrêt de la Cour de Paris, du 16 avril 1839. (Journal *Le Droit*, du 17 avril, même année).

Le rédacteur de journal à appointements fixes, de même que l'acteur engagé à un théâtre, ne participe en rien à la commercialité de la spéculation. Si le rédacteur ou l'artiste est en rapport avec le public, l'un par la publication des écrits qu'il signe dans le journal, l'autre par les rôles qu'il remplit sur la scène, c'est comme écrivain ou artiste, et non pas comme trafiquant, comme faisant acte de commerce pour le compte de l'établissement auquel il est attaché. A l'égard du public, c'est la vente des numéros du journal, de même que c'est la location des places du théâtre, qui constitue l'acte de commerce de la part de l'entreprise. L'administration du théâtre ou du journal ne donne pas à l'acteur ou au rédacteur qu'elle emploie mandat pour faire acte de commerce. La mission de l'un ou de l'autre est d'accomplir un travail littéraire ou artistique. Tel est le but du contrat et la fin que les parties se sont proposée en le formant. C'est, en effet, du point de départ de la convention qu'il faut apprécier la nature du contrat qu'elle a pour objet; il convient donc d'appliquer exactement les expressions techniques que le législateur a employées, et d'en restreindre le sens aux personnes qu'il a eu spécialement en vue.

En résumé, l'acteur n'est point le commis du directeur: il exerce un art, il loue ses talents. Au reste, ces considérations générales, sur la nature du contrat qui intervient entre l'acteur et le directeur de théâtre, vont recevoir, dans le cours de cet ouvrage, les développements qui leur sont nécessaires et qui compléteront ce que nous venons de dire à cet égard.

CHAPITRE PREMIER.

Des Droits civils et politiques des acteurs.

37. Les acteurs jouissent dans notre pays des mêmes droits que les autres citoyens; ils sont admissibles à toutes les fonctions civiles et politiques, à tous les emplois publics, lorsque d'ailleurs ils réunissent les conditions exigées par la loi pour tous les Français.

38. Le principe de la liberté individuelle doit être aussi strictement respecté pour les acteurs que pour les autres citoyens. Cependant il existe sur ce point un

abus contre lequel il importe de prémunir ceux qui peuvent en devenir victimes. Dans certains départements, il arrive encore que les acteurs qui ont fait manquer une représentation ou qui ont commis quelque infraction à la discipline intérieure des coulisses, sont mis en prison par mesure administrative, sur l'ordre émané de l'autorité municipale ; et ces arrestations ont souvent lieu sans réclamations. En principe, nul ne peut être arrêté que dans les cas prévus par la loi ; or, aucune loi ne donne le droit à l'autorité municipale d'emprisonner un acteur pour infraction aux règles de la discipline théâtrale. Si l'acteur a commis un *crime* ou un *délit*, il peut être arrêté par mesure de précaution, comme on agit à l'égard de tout autre citoyen, mais il est aussi illégal qu'arbitraire de lui faire subir l'arrestation comme punition infligée administrativement. L'autorité municipale est bien préposée à la direction publique des théâtres, mais son pouvoir ne saurait aller jusqu'à faire incarcérer un acteur pour infraction aux mesures de discipline.

En effet, une infraction de cette nature ne constitue qu'une *contravention* et tous les textes de nos lois pénales concourent à prouver que l'arrestation préalable ne peut pas être ordonnée pour un fait qui constitue une contravention. L'arrestation requise par l'autorité municipale à raison d'une infraction à la discipline intérieure d'un théâtre est donc illégale.

Notre opinion sur ce point est également celle des auteurs qui ont écrit sur la jurisprudence des théâtres (MM. Vivien et Blanc, *Législation des théâtres*, nos 290 et 291; Dalloz, *Recueil alphabétique de Jurisprudence*, au mot *théâtre*, nos 47 et 48; Vulpian et Gauthier, *Code des théâtres*, p. 191 à 200 ; *Répertoire du Journal du Palais*, au mot *théâtre*, n° 302).

39. Bien entendu qu'il ne faut point qu'à cette infraction à la discipline théâtrale vienne se joindre un crime ou un délit entraînant des peines correctionnelles, car alors l'infraction changeant de nature, justifierait l'arrestation. Mais ce que nous

voulons établir ici c'est que l'acteur, de même que tout autre citoyen, ne peut être arrêté que dans les cas prévus par la loi ; or, il est indubitable que l'arrestation pour infraction à la discipline intérieure d'un théâtre, n'étant justifiée par aucune loi, est incontestablement arbitraire.

40. Il arrive quelquefois que l'engagement contient une clause qui soumet l'acteur à la prison en cas d'infraction à la discipline théâtrale ; mais quoique l'acteur ait consenti à cette clause, il peut toujours se refuser à son exécution. En effet, la liberté individuelle ne peut être l'objet d'un engagement privé. Une pareille clause est nulle aux termes des articles 6, 1131 et 1133 du Code civil.

41. Si l'acteur est emprisonné d'une manière illégale, il est fondé à rendre plainte pour arrestation arbitraire, et les tribunaux sont tenus de prononcer sur cette plainte. Si l'attentat à la liberté a été commis par un fonctionnaire public, un agent ou un préposé du gouvernement, les articles 114 et suivants du Code pénal sont applicables ; si l'attentat à la liberté a été commis par de simples particuliers, et même par des fonctionnaires, mais sans caractère, ou hors de leur caractère légal, ce sont les articles 341 et suivants du Code pénal dont on doit faire l'application.

42. L'article 7 de la Constitution du 4 novembre 1848, consacre et proclame de nouveau la liberté de conscience. Ceci rappelle ces nobles paroles du chancelier de Lhospital : « Que si l'on veust borner la liberté des hommes de si étroites barres que la *religion* et l'*âme* n'y soient point comprises, c'est pervertir malignement le mot et la chose mesme : car la liberté seule n'est point la liberté. »

D'après la discipline maintenue en France jusqu'à nos jours, les comédiens étaient considérés comme excommuniés. Mais le concile tenu à Rheims, en 1850, a arrêté que les acteurs et actrices ne seraient pas désormais repoussés de la sainte-table.

CHAPITRE II.

Des devoirs des acteurs envers l'autorité et le public.

43. C'est à l'autorité municipale qu'est déférée la police des théâtres. (Loi des 24 août 1790, 19 janvier 1791, 14 août et 1er septembre 1793, décret du 17 frimaire an XIV). Cette police est exercée dans les départements par les maires et les adjoints, et par les commissaires de police sous l'autorité immédiate des maires; à Paris et dans la banlieue par le préfet de police (Arrêté du 12 messidor an VIII, art. 12), et par les commissaires de police placés sous la direction exclusive de ce fonctionnaire. Durant le spectacle, il y a, à Paris, dans chaque théâtre, un commissaire de police chargé de la surveillance générale, et des officiers de paix pour le seconder et faire exécuter ses ordres.

44. Lorsque l'acteur dont le nom a été placé sur les affiches indiquant le spectacle du jour, se refuse, sans excuse légitime et sans avertissement préalable, à jouer au moment du spectacle, cet artiste demeure responsable des désordres qui peuvent être la suite de son refus.

Dans ce cas, l'autorité chargée de la police des théâtres peut enjoindre à l'acteur de reparaître sur la scène pendant un temps déterminé, et cette décision doit être provisoirement exécutée; toutefois, cette mesure administrative et toute d'ordre public ne préjudicie en rien à l'action en dommages et intérêts qui peut être portée devant les tribunaux civils contre l'artiste, à raison de la violation de son engagement et des règlements particuliers du théâtre auquel il appartient. C'est ce qui résulte de l'article 19 du règlement pour les théâtres, du 25 avril 1807, aux termes duquel l'administration municipale est autorisée à intervenir entre les directeurs et les acteurs pour décider provisoirement toutes les contestations de nature à interrompre ou à arrêter le cours des représentations, sauf à saisir la justice ordinaire du fond de la question. Les artistes dramatiques, montrant ordinairement une grande déférence pour le public, l'administration est rarement dans la nécessité d'ordonner l'application du règlement précité. Des règlements intérieurs des théâtres prévoient les divers cas où un acteur qui fait manquer, par sa faute, le service de représentation, est passible d'amende.

45. Il importe d'apprécier ces expressions du règlement de 1807 précité : *l'autorité chargée de la police des spectacles*. Cette autorité c'est le maire ou, à son défaut, l'adjoint. L'autorité municipale peut donc seule prononcer dans le cas dont il s'agit ; mais le commissaire de police aurait-il cette faculté ? Nous ne le pensons pas, et même le maire n'aurait pas le droit de lui déléguer ses pouvoirs à cet égard. En effet, l'article 14 de la loi du 18 juillet 1847 sur les attributions municipales, nous semble formel sur ce point. Cet article est conçu en ces termes : « Le maire est chargé seul de l'administration ; mais il peut déléguer une partie de ses fonctions à un ou plusieurs de ses adjoints et, en l'absence des adjoints, à ceux des conseillers municipaux qui sont appelés à en faire les fonctions. » Ainsi, les adjoints ou les conseillers municipaux sont les seuls auxquels le maire puisse légalement déléguer une partie de ses fonctions. Si donc le maire a délégué à son adjoint la police des théâtres, c'est à cet adjoint qu'il appartient de prononcer dans les limites fixées par l'article 19 du règlement du 25 avril 1807, c'est-à-dire à décider provisoirement sur les contestations entre le directeur et l'acteur qui tendraient à interrompre le cours des représentations ; mais ce pouvoir ne peut jamais appartenir au commissaire de police et même la délégation qu'il aurait pu recevoir à cet effet de l'autorité municipale serait illégale.

A Paris, la police des théâtres est dans les attributions du préfet de police ; conséquemment c'est à ce fonctionnaire, et à lui seul qu'il appartient de prononcer provisoirement dans le cas que nous examinons.

En effet si, dans un intérêt d'ordre public, le règlement du 25 avril 1807 a conféré à l'autorité chargée de la police des théâtres, le droit de prendre une décision immédiate et en dehors des règles ordinaires de la juridiction, il est évident que ce règlement a entendu que cette mission fût personnellement remplie par le fonctionnaire auquel elle était spécialement confiée.

Les commissaires de police ou les bureaux de la préfecture de police n'auraient donc point le pouvoir de décider dans le cas spécial dont il s'agit. Si des difficultés se présentent à l'occasion du refus d'un rôle ou de toute autre circonstance qui peut entraîner la suspension des représentations, le préfet de police après avoir entendu les explications du directeur et de l'artiste, prononce sur la contestation : la décision qui intervient reçoit immédiatement son exécution.

46. Si la présence ou l'absence d'un acteur devient un sujet de désordre dans la salle, l'autorité municipale peut imposer au directeur l'expulsion de l'artiste ou son rappel en scène.

Toutefois, l'autorité municipale n'a pas le droit d'employer les voies coercitives pour contraindre l'acteur à se soumettre aux ordres qu'il reçoit. En effet, comme nous l'avons dit ci-dessus (p. 20) il y aurait dans de pareils faits atteinte portée à la liberté individuelle du citoyen, qui ne peut être arrêté ou détenu que suivant les prescriptions de la loi, c'est-à-dire pour un crime ou pour un délit passible d'une peine correctionnelle.

47. S'il arrivait qu'un acteur manquât de respect au public ou qu'il interrompît son rôle pour adresser la parole aux spectateurs, l'autorité, après avoir apprécié la gravité du fait, pourrait interdire à l'acteur de reparaître sur la scène pendant un temps déterminé. Il en serait de même si l'acteur se permettait de se livrer, sur

48. Les artistes dramatiques ne doivent paraître sur la scène que pour remplir les rôles dont ils sont chargés. Ils ne doivent jamais adresser la parole aux spectateurs, ni se permettre des allocutions sous aucun prétexte, fût-ce même pour donner des explications qui leur seraient demandées, ou bien pour faire les excuses qu'on exigerait d'eux.

Le directeur ou le régisseur peuvent seuls être admis à faire les annonces nécessaires pour prévenir le désordre et donner satisfaction au public ; mais avant que ces sortes d'avis n'aient lieu, les directeurs doivent en avoir obtenu l'autorisation du commissaire de police de service, lequel est toujours appréciateur de la convenance et de l'opportunité des explications. (M. Simonet, *Police administrative des théâtres de Paris*, n°s 49 et 50).

49. Lorsque pour cause d'indisposition un acteur ne peut jouer dans la représentation du soir, il doit en faire, sans retard, la déclaration au directeur, qui fait constater l'état de santé de l'artiste par un des médecins attachés au théâtre. Le public devant être instruit de cette déclaration avant l'ouverture du bureau de recette, le directeur est tenu, de son côté, de faire apposer une bande de papier de couleur tranchante sur les affiches qui sont habituellement placées à l'extérieur du théâtre. En effet, il est nécessaire que le public sache, en entrant dans un théâtre, quelles pièces ou quels acteurs il va entendre ; car ce sont les causes qui le déterminent à se rendre plutôt à un théâtre qu'à un autre.

50. Les directeurs ne doivent pas, sur la demande des spectateurs, remplacer un acteur par un autre ; il faut qu'une indisposition subite, suffisamment constatée, motive cette substitution. Mais alors les administrations théâtrales sont tenues de rendre le prix des places aux personnes qui s'étant présentées, sur la foi de l'affiche du jour, ne voudraient pas accepter la proposition faite par les directions. (M. Simonet, n° 51).

51. Les artistes dramatiques ne doivent rien ajouter ni retrancher aux rôles qu'ils sont chargés de remplir. Le tribunal correctionnel de la Seine a décidé, par jugement de la sixième chambre, du 15 novembre 1850, que l'addition de paroles et de gestes qui ne se trouvent point indiqués dans un ouvrage dramatique constituait une contravention aux dispositions de l'article 1er de la loi du 30 juillet 1850 sur la police des théâtres. Ce jugement est conçu dans les termes suivants : « En ce qui touche Gil-Pères : — Attendu qu'il résulte du procès-verbal dressé par M. le commissaire de police, de l'instruction et de la déposition du sieur Boyer, inspecteur des théâtres, entendu à l'audience, que, dans la soirée du 10 octobre dernier, et sur la scène du théâtre de la Porte-Saint-Martin, l'acteur Gil-Pères, chargé d'un rôle dans l'ouvrage dramatique intitulé *Pied-de-Fer*, a, pendant la représentation de ce jour, ajouté divers jeux de scène, accompagnés de paroles, notamment le vol d'un mouchoir, le vol d'un flacon ; — Attendu que ces incidents et les paroles qui s'y rattachaient n'étaient ni indiqués ni écrits dans le manuscrit déposé au ministre de l'intérieur ; qu'ils doivent donc être considérés comme ayant été représentés sans l'autorisation du ministre ; — Attendu que ces faits constituent une contravention aux dispositions de l'article 1er de la loi du 30 juillet 1850 sur la police des théâtres ; — En ce qui touche Victor Henry : — Attendu qu'en sa qualité de directeur du théâtre de la Porte-Saint-Martin, il est responsable de ce qui se passe sur la scène, et qu'en laissant représenter les incidents ci-dessus énoncés, il a lui-même contrevenu aux dispositions de la loi ; — Faisant application aux prévenus de l'article 2 de la loi précitée, les condamne chacun à 100 fr. d'amende et solidairement aux dépens. »

52. Un arrêté du préfet de police de la Seine, en date du 2 décembre 1824, défendait expressément à tout acteur ou actrice de reparaître sur la scène, même à la demande du public, hors des rôles qu'il remplirait ; mais cette ordonnance n'est plus exécutée depuis long-

temps, et l'administration l'a laissée, avec raison, tomber en désuétude. Rien de plus juste, en effet, que les spectateurs puissent donner des marques d'approbation et d'encouragement aux acteurs qui montrent du talent. « Depuis juillet 1830, dit M. Simonet (n° 53), il n'est jamais arrivé que les commissaires de police aient opposé soit à un directeur, soit à un acteur, l'arrêté dont il s'agit. Si ce cas arrivait, un blâme général ne pourrait que s'attacher à une pareille mesure. »

53. Une ordonnance du préfet de police de la Seine, du 8 février 1831 porte, art. 1 et 2 : Aucun spectateur ne peut exiger des acteurs des chants ou des couplets de circonstance, qui ne seraient pas annoncés sur l'affiche du jour. Il est expressément défendu à tout acteur, même sur la demande du public, de chanter des cantates ou des morceaux de musique qui ne feraient pas partie de la représentation du jour.

54. L'autorité municipale est tenue de ne pas souffrir que les acteurs qui ont obtenu un congé de leur directeur, pour voyager dans les départements, y prolongent leur séjour au-delà du temps fixé par le congé, et de défendre aux directeurs d'engager des élèves du Conservatoire, sans l'autorisation du ministre de l'intérieur, ou des acteurs qui ne seraient point munis d'un congé définitif des directeurs dont ils quittent la troupe. (Règlement du 29 août 1814, sur les théâtres, par le ministre de l'intérieur, art. 28 et 29).

CHAPITRE III.

De la critique des journaux à l'égard des artistes dramatiques.

55. Quelle est pour les journaux l'étendue du droit de critique théâtrale à l'égard des artistes? Cette question s'est présentée devant le tribunal civil de Lille dans les circonstances suivantes, que la *Gazette des*

Tribunaux du 19 juillet 1845 rapporte en ces termes :

M. Laferrière, étant venu donner à Lille quelques représentations, fut, de la part d'un journal de cette ville, l'*Indicateur du Nord*, publié par M. Dayez, l'objet d'appréciations défavorables, et, suivant M. Laferrière, empreintes souvent d'un caractère de personnalité. Un article entr'autres, disait que cet artiste, à une représentation à bénéfice avait empoché un immense bénéfice de 32 fr. 40 c., et qu'il aurait besoin encore de plusieurs représentations aussi fructueuses pour gagner de quoi payer sa diligence et retourner à Paris. M. Laferrière adressa à l'*Indicateur du Nord* une lettre qui rectifiait ce chiffre imaginaire et dérisoire, et sous une forme ironiquement humble, répondit par des sarcasmes aux attaques de l'*Indicateur*. M. Dayez inséra la lettre dans son journal ; mais la divisa par phrases et membres de phrases entre lesquels il intercala, d'une manière distincte pourtant, des réflexions mordantes et des plaisanteries destinées à paralyser l'effet d'ensemble et chaque trait de la lettre. M. Laferrière prétendit que cette insertion ainsi morcelée, équivalait à un véritable refus d'insertion, et constituait la contravention à l'article 11 de la loi du 25 mars 1822 et à l'article 17 de la loi du 9 septembre 1835. De là, assignation de M. Dayez en police correctionnelle pour l'y voir condamner à l'insertion intégrale, textuelle et sans coupure de la lettre dont s'agit. M. Dayez prétendit alors que s'agissant d'articles de simple critique théâtrale, les artistes nommés n'avaient pas le droit de répondre, parce que, livrant leur talent à l'appréciation du public, ils provoquent, par cela même, l'attention et la critique de la presse. M. Dayez soutenait subsidiairement que la lettre de M. Laferrière existant toute entière dans les colonnes de son journal, il y avait une véritable insertion intégrale. Mais M. Laferrière répondait que M. Dayez ne s'était pas borné à la critique théâtrale ordinaire, c'est-à-dire à l'examen du talent de l'artiste, mais à la critique personnelle de l'artiste et au dénigrement continuel de son talent.

Le 15 juillet 1845, le tribunal correctionnel de Lille a rendu le jugement suivant : « Attendu que Laferrière pendant le cours des représentations qu'il a données à Lille, a été nommé fréquemment dans le journal l'*Indicateur du Nord*, notamment dans les numéros des 26, 29 juin et 3 juillet 1845; que l'*Indicateur* ne s'est pas borné à parler de Laferrière au point de vue exclusif de la critique théâtrale, ce qui eût été dans son droit et n'eût point souffert de réponse, mais à lui décocher grand nombre de sarcasmes et de personnalités, et même à avancer un fait, la quotité d'une recette, sur l'exactitude duquel des réclamations se sont élevées; attendu que nommé et attaqué ainsi, et ayant intérêt à réclamer quant à l'inexactitude du fait avancé, Laferrière, suivant le droit qui lui était conféré par les lois du 25 mars 1822 et 9 septembre 1835, a, le 4 juillet présent mois, signifié au gérant de l'*Indicateur* une lettre en réponse, avec sommation de l'insérer dans son plus prochain numéro; que cette réponse était trop en harmonie avec les articles de l'*Indicateur* pour que celui-ci pût se refuser à l'insérer; qu'il l'a insérée en effet, mais que cette insertion n'a point été faite selon le vœu de la loi; que ce n'est point, en effet, une insertion textuelle et intégrale que celle où, comme en l'espèce, la réponse, scindée en phrases et membre de phrases, se trouve ainsi paralysée et détruite dans l'effet d'ensemble qu'elle eût pu produire; qu'une semblable insertion équivaut à un véritable refus d'insertion; que ce refus indirect d'insertion constitue lui-même le délit prévu par les lois de 1822 et 1835 précitées; le tribunal, faisant droit sur les réquisitions du ministère public, condamne Dayez, par corps au besoin, à une amende de 50 fr.; faisant droit aux conclusions de Laferrière, condamne Dayez à insérer textuellement, intégralement et sans coupures, dans le premier numéro de l'*Indicateur* dont il est gérant, et à ses frais, la réponse de Laferrière contenue dans la sommation du 4 juillet 1845, le condamne en outre aux dépens. »

Cette décision nous semble aussi équitable que juridique.

56. Mais il importe de faire observer que le droit de réponse qui appartient à toute personne dénommée dans un journal est subordonné au respect des lois; en effet, ce droit n'autorise pas celui qui en excipe à contraindre le journal dont il se plaint, à insérer une réponse qui soit injurieuse et de nature à porter atteinte à l'honneur et à la considération du rédacteur de ce journal, ou qui présente, contre des personnes désignées, des allégations blessantes. Le tribunal correctionnel de la Seine a décidé dans le même sens, par jugements de la 6e chambre des 14 juin 1850 et 25 janvier 1851 (*Gazette des Tribunaux* du 15 juin 1850, et journal *le Droit*, du 26 janvier 1851).

57. Le tribunal correctionnel de la Seine (septième chambre) a jugé, le 22 novembre 1850, qu'il y avait délit de diffamation et d'injure lorsqu'un journal se permettait des imputations de nature à porter atteinte à la considération de l'artiste et employait des expressions outrageantes pour sa personne. Ce jugement est conçu de la manière suivante : « Attendu que dans un article inséré dans le numéro du *Corsaire*, des 2 et 3 novembre 1850, article qui, évidemment, n'a pas été inspiré par un esprit de critique impartiale, mais dicté par un sentiment de malveillance, il a été imputé, en termes injurieux, à la demoiselle Marquet (artiste du théâtre des Variétés), des relations coupables avec un individu désigné sous le nom du *professeur;* que cette imputation est de nature à nuire à la considération de la plaignante; — Attendu que dans le même article se trouvent des expressions outrageantes pour la personne de la demoiselle Marquet, notamment celle d'*asperge,* de *perche,* d'*échalas,* que M. Fiorentino, comme auteur, et Constant Laurent, comme gérant du *Corsaire,* l'un en écrivant ledit article, l'autre en le publiant, ont commis un délit de diffamation et d'injure; — Que les délits imputés aux inculpés sont suffisamment articulés et qualifiés dans la citation qui a saisi le tribunal; — Par

ces motifs, condamne Fiorentino et Laurent chacun à 100 fr. d'amende; — Et attendu que l'insertion demandée est une réparation suffisante du préjudice qui a pu être causé, autorise la plaignante à faire insérer, dans la huitaine de ce jour, dans le *Corsaire* et dans deux autres journaux à son choix, le dispositif du présent jugement, le tout aux frais des sus-nommés. » (*Gazette des Tribunaux* du 23 novembre 1850).

CHAPITRE IV.

De l'engagement théâtral, de sa nature et des conditions nécessaires à sa validité.

58. L'engagement est la convention par laquelle un acteur s'oblige à exercer sa profession pour un certain temps et moyennant un certain prix au profit d'une entreprise théâtrale.

On donne aussi le nom d'engagement à l'acte qui constate les clauses et les conditions d'après lesquelles le contrat est consenti.

59. L'engagement a pour effet de déterminer les obligations et les droits respectifs de l'acteur et du directeur d'un théâtre.

Quelle est la nature de l'engagement théâtral, et à quelles règles est-il soumis ? Voilà ce qu'il importe d'examiner; en effet, de la réponse à cette question préalable va dépendre la solution de plusieurs autres points importants que nous aurons à examiner dans la suite de cet ouvrage.

60. On s'accorde à reconnaître que l'engagement théâtral est un contrat de louage d'ouvrage. C'est ce qui résulte clairement de l'article 1710 qui définit le louage d'ouvrage :« Un contrat par lequel l'une des parties s'engage à faire quelque chose pour l'autre moyennant un prix convenu entre elles. »

L'article 1779 du même code est ainsi conçu : « Il y a

trois espèces principales de louage d'ouvrage et d'industrie : 1° le louage des gens de travail qui s'engagent au service de quelqu'un ; 2o celui des voituriers tant par terre que par eau, qui se chargent du transport des personnes et des marchandises ; 3o celui des entrepreneurs d'ouvrage par suite de devis ou marchés. »

Ces expressions de l'article 1779 « *il y a trois espèces principales de louage* » indiquent, selon nous, que le législateur n'a point entendu présenter ici l'énumération de toutes les espèces de contrats de louage d'ouvrage ; mais seulement tracer les règles des trois espèces de louage d'ouvrage qui se présentent le plus fréquemment. Aussi voyons-nous le Code civil garder le silence sur un assez grand nombre de conventions qui sont pourtant de véritables contrats de louage d'ouvrage, par exemple, sur le contrat de remplacement militaire, sur l'engagement passé entre un directeur de spectacle et un artiste dramatique, etc. Est-ce oubli ou intention de la part du législateur ? Peu importe. Ce qu'il y a de certain, c'est que les trois espèces de louage d'ouvrage dont le Code civil a tracé, dans des sections séparées, les règles spéciales ne sont pas les seuls contrats qui constituent des louages d'ouvrage. En effet, le louage d'ouvrage, pris dans son sens le plus large, peut avoir pour objet, soit des services domestiques ou des ouvrages mécaniques, soit des œuvres de l'esprit ou des travaux dépendants d'un art libéral. Cette distinction nous semble la seule rationnelle parce qu'elle est dans la nature des choses, et qu'elle indique d'un seul coup les divers ordres de conventions que le contrat de louage d'ouvrage peut embrasser. Ainsi il existe deux espèces bien distinctes de louage d'ouvrage : celle qui se rattache à des opérations matérielles, celle qui se rattache à des opérations intellectuelles. Dans l'une, c'est le travail du manœuvre ; dans l'autre, c'est le travail de l'artiste ; dans la première c'est une profession où l'intelligence n'est pas absolument nécessaire ; dans la seconde, c'est un art où le génie et la main doivent concourir. Il n'est donc pas possible d'envelopper dans les mêmes catégories des faits qui se produisent d'une manière aussi distincte. Ceci posé, il est évident que le contrat qui a pour objet un engagement théâtral doit être compris dans la seconde espèce, puisqu'il oblige à accomplir un travail plus intellectuel que matériel.

Mais revenons à l'article 1779 du Code civil, qui, comme nous l'avons vu ci-dessus, divise en trois espèces *principales* le contrat d'ouvrage, et demandons-nous dans laquelle de ces espèces il faut placer le contrat d'engagement théâtral.

Suivant MM. Vivien et Blanc (*De la Législation des Théâtres*, n° 223), c'est dans la première; le directeur doit jouir du même avantage que le maître à l'égard de son serviteur, et par conséquent, en cas de dissentiment sur les conditions du prix et de la durée de l'engagement, le directeur doit être cru sur son affirmation.

Mais pour notre part, nous repoussons cette opinion de toute la force de nos convictions; en effet, si l'on veut prendre la peine d'examiner attentivement le texte de la loi, on reconnaîtra que sa lettre et son esprit rejettent également l'interprétation que nous combattons. L'article 1779 porte : il y a trois espèces principales de louage d'ouvrage : 1° le louage des *gens de travail* qui s'engagent au service de quelqu'un, etc. Que doit-on entendre par ces mots *gens de travail* ? La réponse est écrite dans le Code civil même, dans l'intitulé de la section qui suit l'article 1779, intitulé qui est ainsi conçu : *du louage des domestiques et ouvriers*. Ainsi, les *gens de travail* dont il est question dans l'article 1779, se divisent en deux classes : les domestiques et les ouvriers. Les *domestiques* sont ceux qui moyennant un salaire, donnent leurs soins à la personne ou au ménage du maître ou qui l'aident dans les travaux de l'agriculture, et qui d'ailleurs logent et vivent dans sa maison. Cette qualification qui autrefois s'appliquait à certaines personnes exerçant des fonctions distinguées, ne peut plus être prise ici que dans le sens exact qu'elle a de nos jours.

Les *ouvriers* sont ceux qui *travaillent de la main*; cette dénomination est plus particulièrement employée pour désigner ceux dont la profession est classée au nombre des arts mécaniques.

L'expression *gens de travail* est ici le genre et les mots *domestiques* et *ouvriers* sont les espèces. Dans la section de ce chapitre du Code civil, le législateur ne s'occupe donc qu'à tracer les règles qui régissent le contrat formé entre le maître et les individus attachés à son service personnel ou qu'il occupe à des travaux manuels ou mécaniques. Telle est aussi à cet égard l'opinion de MM. Troplong (*du Louage*, n° 848, et Duvergier, continuation de Toullier, v. 4, n° 278).

En effet, ces auteurs soutiennent avec raison que la section qui a pour titre *du louage des domestiques et ouvriers*, reste étrangère aux secrétaires, aux précepteurs, aux aumôniers, aux bibliothécaires, aux clercs de notaires, d'avoués ou d'huissiers, aux élèves en pharmacie, et à toutes les personnes exerçant chez autrui une profession libérale. Ceci est d'ailleurs conforme à un arrêt de la Cour de Bourges, du 30 mai 1829, qui contient sur ce point des déductions aussi logiques que concluantes.

De ce qui précède, il suit que les dispositions de la loi relatives au louage des domestiques et des ouvriers ne peuvent être applicables à l'engagement théâtral qui ne consiste point dans un travail matériel, mais au contraire dans un travail tout intellectuel.

En effet, l'acteur loue ses talents à une entreprise dramatique, mais il n'engage pas sa personne au service du directeur; il exerce un art; telle est la nature du contrat que lui impose l'engagement auquel il s'est obligé: pour le surplus, il n'est point sous la dépendance de celui qui l'emploie; en un mot, les acteurs rendent des services, mais ils ne servent pas. Le simple bon sens suffit pour indiquer que l'artiste ne peut être placé dans la classe des domestiques ou des ouvriers; c'est pourtant le résultat où conduit l'opinion de MM. Vivien et Blanc, qui veulent appliquer aux artistes les dispositions exceptionnelles de l'article 1781 du Code civil, lequel article se trouve placé dans la section première du chapitre du louage d'ouvrage. Pour être dans le vrai, il est donc nécessaire de chercher ailleurs que dans cette section toute spéciale aux domestiques et aux ouvriers, les principes qui régissent le contrat d'engagement théâtral.

Puisque nous avons établi qu'en dehors des trois espèces de contrats de louage d'ouvrage auxquelles le Code civil assigne des règles spéciales, il existe d'autres contrats de louage d'ouvrage, on peut conclure que le législateur, en gardant le silence à l'égard de ces derniers contrats, a voulu par là les laisser sous l'empire du droit commun et des principes généraux qu'il avait posés dans l'article 1710 du Code civil, qui définit le louage d'ouvrage un contrat par lequel l'une des parties s'engage à faire quelque chose pour l'autre, moyennant un prix convenu entre elles. Ces expressions claires et précises caractérisent suffisamment le contrat; elles indiquent la nature des obligations respectives des parties.

Appliquant à l'engagement théâtral les règles qui ressortent de la définition de l'article 1710, nous en déduisons la conséquence que voici : l'engagement théâtral est un contrat *synallagmatique*, c'est-à-dire qu'il engage réciproquement les parties. L'un s'oblige à faire quelque chose, c'est l'acteur; l'autre s'engage à payer le prix convenu, c'est le directeur. Remarquez que dans le contrat, c'est l'industrie de l'artiste qui passe en première ligne, qui est l'objet principal, le point de départ de la convention.

En résumé, nous soutenons que l'engagement théâtral est un contrat de louage d'ouvrage de la même espèce que la convention qui intervient entre un instituteur et ses élèves pour l'enseignement d'une science ou d'un art, entre un médecin et ses clients, entre l'administration d'un journal et le rédacteur qui en reçoit des appointements, etc.; mais que les dispositions relatives au louage des domestiques et des ouvriers ne sont point applicables à l'engagement théâtral, et que ce contrat reste soumis aux règles du droit commun.

Nous avons traité un peu longuement peut-être la question qui précède, mais le lecteur nous pardonnera l'étendue de ces développements en raison de l'importance du point que nous avions à examiner ; en effet, il était nécessaire, avant de passer plus loin, de bien déterminer la position de l'artiste vis-à-vis du directeur de théâtre.

61. Parlons maintenant des éléments nécessaires à la validité de l'engagement.

L'engagement théâtral se forme par le concours de trois conditions essentielles ; il faut : 1° le consentement mutuel des deux parties, c'est-à-dire celui de l'artiste et celui du directeur ; 2° un travail à faire, c'est-à-dire l'accomplissement par l'artiste des obligations qui résultent de l'engagement ; 3° un prix convenu, c'est-à-dire le montant des appointements que le directeur s'oblige à payer à l'artiste.

En outre, l'engagement, de même que les autres contrats, doit pour être valable contenir une cause *licite*, c'est-à-dire qui ne soit ni prohibée par la loi, ni contraire aux bonnes mœurs ou à l'ordre public (Code civil, art. 1133).

SECTION PREMIÈRE.

Des personnes qui peuvent contracter un engagement théâtral.

62. L'engagement théâtral ne peut être passé que par une personne capable de s'obliger. Or, sont capables de s'obliger toutes personnes *majeures*, exception faite des interdits et des femmes mariées.

63. Mais, quoiqu'une personne soit majeure, l'obligation qu'elle stipule peut cependant ne pas être valable, si elle prend dans l'acte une qualité qu'elle n'a pas, et

si c'est en considération de cette qualité que le contrat a lieu. Ce point est important à constater, surtout en matière d'engagement théâtral. En effet, il arrive souvent que celui qui sollicite l'autorisation d'ouvrir un théâtre ou de diriger une troupe fait signer à l'avance, par des artistes dramatiques, des actes d'engagement dans lesquels il prend la qualité de directeur autorisé. Mais quelle est la valeur de l'engagement ainsi contracté? Il est évidemment nul. C'est ce qui résulte du texte même de l'article 1109 du Code civil, aux termes duquel « il n'y a point de consentement valable si le consentement n'a été donné que par erreur ou s'il a été extorqué par violence ou surpris par dol. » C'est l'autorisation ministérielle qui peut seule conférer la qualité de directeur : or, il est certain que si cette qualité n'avait point figuré dans l'engagement, l'artiste n'aurait point signé cet acte ; elle a été la cause déterminante de la convention, dès lors le *dol* ou l'*erreur*, devenant une cause de nullité du consentement, entraîne par suite la nullité de l'obligation même. Ainsi ce n'est qu'autant que le directeur est muni de l'autorisation accordée par le ministre de l'intérieur qu'il peut se prévaloir de cette concession et s'en faire un titre dans les engagements qu'il contracte.

64. Tant que l'autorisation ministérielle n'est point obtenue, sans doute des actes d'engagement théâtral peuvent être contractés, mais en prenant toutefois certaines précautions.

Le candidat à la direction peut, afin d'éviter des retards préjudiciables, former de suite sa troupe. Les actes d'engagement, dans ce cas, devront être stipulés sous la condition que si le candidat à la direction n'obtenait pas du gouvernement l'autorisation qu'il sollicite, ces actes seraient réputés non avenus et de nul effet. C'est ce qu'on appelle en droit une obligation contractée sous une *condition suspensive* (Code civil, art. 1181). Ainsi, l'obligation n'existe qu'après que l'évènement futur et incertain s'est accompli; jusque-là il y a bien une *convention*, mais il n'y a pas encore d'*obligation*. Il ne résulte aucun droit actuel d'une pareille convention, seulement elle fait naître un droit éventuel ou l'espérance d'un droit. L'effet de la condition est donc de suspendre l'existence ou la résolution de l'obligation; mais si l'autorisation est accordée, le contrat a la même force que dans le cas où il aurait été stipulé sans condition suspensive.

65. Toutefois les artistes qui consentiraient à accepter l'engagement avec la condition suspensive ci-dessus indiquée devront y faire déterminer le délai jugé suffisant pour l'obtention de l'autorisation ministérielle. C'est pour les artistes le moyen de ne pas rester indéfiniment dans les liens d'un engagement dont la validité dépend d'un évènement futur et incertain, c'est-à-dire de la concession accordée ou refusée au directeur.

§ 1. — *Des mineurs, des interdits et des femmes mariées.*

66. Pour contracter un engagement, un *mineur*, c'est-à-dire celui ou celle qui n'a point encore l'âge de vingt-et-un ans accomplis, a besoin du consentement de son père; à défaut de père, du consentement de sa mère; s'il n'a plus son père, ni sa mère, le consentement du tuteur ou du conseil de famille est nécessaire. (Jugements du tribunal de commerce de la Seine, des 10 janvier 1828 et 24 janvier 1834, et du tribunal civil de la Seine du 9 janvier 1839, journal *le Droit* et *Gazette des Tribunaux* du 10 janvier même année).

67. Si la mère est remariée, l'engagement du mineur est nul dans le cas où le mari devenu co-tuteur des enfants de sa femme issus d'un précédent mariage, a donné seul son consentement. L'engagement du mineur n'est valable qu'autant qu'il a été simultanément consenti par la mère tutrice et par le mari co-tuteur; le silence de celle-ci ne peut être considéré comme équivalent à une adhésion. (Jugement du tribunal civil de la Seine du 8 mai

1843, journal *le Droit* du 9 mai 1843, affaire *Antoni Beraud* contre *Mlle Eugénie Prosper Périgoi*).

68. La mère qui a approuvé l'engagement théâtral de sa fille mineure ne peut pas, pour en obtenir la nullité contrairement à la volonté de cette dernière, se prévaloir de ce qu'à l'époque où elle a donné son consentement, elle n'était pas légalement tutrice de sa fille, faute d'avoir accompli les formalités que le Code civil exige pour que la mère qui se remarie puisse conserver la tutelle de ses enfants mineurs. (Jugement du tribunal civil de la Seine du 20 août 1845, journal *le Droit* du 21 août même année, affaire *Goldstucher* contre *Montigny, directeur*).

69. Lorsque le beau-père a eu connaissance de l'engagement de sa belle-fille mineure et qu'il en a profité, il est présumé avoir adhéré à ce qui avait été fait, de façon qu'on ne saurait, soit en son nom, soit au nom de sa femme, soit au nom de sa pupille, invoquer son défaut d'assistance (Même jugement).

70. Le directeur ne peut réclamer de dommages-intérêts, pour cause d'inexécution de l'engagement signé par une mineure (par exemple pour refus de jouer) lorsqu'il n'est point établi que cet engagement a été ratifié par son père ou à défaut par sa mère, et lorsque le directeur savait que sa pensionnaire était en état de minorité à l'époque où elle a passé cet engagement. L'engagement souscrit dans ces circonstances est nul et de nul effet ; c'est au directeur à s'imputer la faute d'avoir contracté avec un mineur non autorisé. (Jugement du tribunal civil de la Seine, 5me chambre, du 13 août 1845, journal *le Droit* des 31 juillet et 14 août 1845, affaire *Mlle Brassine* contre *Mulot*).

71. Lorsqu'un mineur a été autorisé par son père et sa mère à exercer la profession d'artiste dramatique, et à consentir un premier acte d'engagement théâtral, le second engagement, que le mineur a contracté seul, doit être exécuté s'il résulte des faits de la cause que la mère, devenue veuve, y a donné son consentement tacite. (Jugement du tribunal de commerce de la Seine

du 15 décembre 1831; *Gazette des Tribunaux*, du 16 décembre, même année; affaire *Seveste, directeur*, contre Mlle *Ida Ferrand*.)

72. Le tribunal civil de la Seine, par Jugement de la 5e chambre, du 25 novembre 1826, a décidé que l'assistance de la mère tutrice ne suffit pas au mineur pour contracter un engagement théâtral dans lequel se trouve stipulé un dédit considérable, par exemple, de la somme de 25,000 fr., et qu'un tel acte ne peut être valablement consenti sans l'autorisation du conseil de famille. (*Gazette des Tribunaux*, du 26 novembre 1836, affaire *Bressan*.)

73. Les billets souscrits par une actrice mineure, sont nuls lorsqu'ils n'ont point pour cause des achats nécessaires à l'exercice de sa profession (Jugement du tribunal civil de la Seine, cinquième chambre, du 24 février 1834; *Gazette des Tribunaux*, du 25 février même année). L'obligation n'est pas valable lorsqu'elle a été souscrite par un mineur pour des choses qui ne lui ont point profité (Jugements du tribunal civil de la Seine, des 6 mars 1828, cinquième chambre, et 19 janvier 1843, quatrième chambre; *Gazette des Tribunaux*, des 7 mars 1828 et 20 janvier 1843).

74. L'interdiction plaçant celui contre lequel elle a été prononcée dans un état d'incapacité légale, il suit de là que l'interdit ne peut contracter valablement un acte d'engagement dramatique (Argument tiré de l'article 502 du Code civil).

75. Mais celui qui est placé sous l'assistance d'un conseil judiciaire peut contracter valablement un acte d'engagement théâtral sans l'autorisation de ce dernier.

En effet, les seuls actes pour lesquels l'assistance du conseil est nécessaire sont ceux énoncés par le Code civil dans les articles 499 et 513, savoir : plaider, transiger, emprunter, recevoir un capital mobilier, en donner décharge, aliéner, grever ses biens d'hypothèques. Dans tous les autres cas, l'état de l'individu qui a reçu un conseil ne diffère en rien de celui de tout autre citoyen majeur (Toullier, *Droit Civil*, t. 2, n₀ 1378).

Toutefois les obligations contractées par une personne placée sous l'assistance d'un conseil judiciaire pouvant être sujettes à rescision pour cause de lésion (Arrêt de la cour de Metz, du 21 mai 1817), nous pensons que si l'acte d'engagement théâtral renfermait, pour l'artiste, des clauses trop onéreuses et évidemment lésives, comme par exemple, un dédit dont la somme serait en disproportion avec celle des appointements stipulés, il y aurait lieu, par les tribunaux, d'en prononcer l'annulation.

76. Une femme mariée a besoin, pour consentir un engagement, de l'autorisation de son mari, alors même qu'elle aurait contracté un premier engagement, à moins qu'elle n'ait reçu à l'avance une autorisation générale de passer tous engagements de théâtre et que cette autorisation n'ait point été révoquée (MM. Vivien et Blanc, *De la Législation des théâtres*, n° 215, M. Dalloz, *Recueil alphabétique* au mot *théâtre*, section 2, § 2, n° 4).

Mais une femme mariée qui a été autorisée par son mari à se faire actrice peut, pour tout ce qui regarde sa profession et s'y rattache, valablement s'obliger sans nouvelle autorisation de celui-ci; par exemple, elle peut souscrire des billets (Jugement du tribunal civil de Lyon du 15 mars 1846, journal *le Droit* du 24 mars même année); et si elle est commune en biens, non seulement elle s'oblige valablement à cet égard, mais elle oblige encore son mari. Tel est aussi l'avis de MM. Vulpian et Gauthier, *Code des théâtres*, p. 226.

77. La femme séparée de corps et de biens ou de biens seulement peut-elle valablement contracter un engagement théâtral sans le consentement de son mari, ou à son refus sans être autorisée en justice? Nous répondons négativement à cette question. En effet, si l'article 1449 du code civil accorde à la femme séparée, la libre administration de ses biens et le droit de disposer de son mobilier, cet article n'étant qu'une exception au droit commun, doit être entendu dans un sens restreint et ne s'applique qu'aux cas spéciaux qu'il a en vue.

Un engagement théâtral ne saurait être considéré comme un simple acte d'administration, cet engagement comporte des obligations plus étendues ; on y impose des conditions onéreuses, on y stipule ordinairement un dédit considérable relativement aux appointements que reçoit l'artiste, ce sont là autant d'obligations qui peuvent compromettre les intérêts pécuniers de la femme, d'où nous concluons que l'autorisation du mari, ou à son défaut celle de la justice, est nécessaire à la femme séparée pour contracter valablement un acte d'engagement théâtral. D'ailleurs, la jurisprudence vient encore fortifier notre opinion; en effet, il a été décidé par de nombreux arrêts, que toute obligation que la femme séparée a contractée, sans l'autorisation de son mari, au-delà des limites de l'administration de ses biens, pour une cause étrangère à cette administration, doit être déclarée nulle et ne peut pas être par conséquent exécutée même seulement jusqu'à concurrence du mobilier de la femme. C'est que la femme séparée n'est point entièrement dégagée de la puissance maritale, même quant aux biens, et que son incapacité subsiste à l'égard de tous les actes qui excèdent les bornes de la simple administration de la fortune qu'elle peut posséder.

Pendant l'instance en séparation de corps, la femme doit s'adresser aux tribunaux à l'effet d'obtenir l'autorisation de contracter un engagement théâtral ; mais les tribunaux peuvent-ils, malgré le mari, autoriser celle-ci à passer tel engagement qu'elle jugerait convenable? Un jugement du tribunal civil de la Seine, 1re chambre, du 26 août 1842, ayant à apprécier des faits de cette nature, a prononcé dans les termes suivants : « attendu que la dame Horn (Mme Capdeville), exerce la profession d'artiste dramatique ; qu'elle est en instance de séparation de corps et de biens ; qu'elle n'a de ressources que dans sa profession, puisque le sieur Horn n'est point en position de lui procurer une autre existence ; que dès lors, l'autorisation qu'elle demande est dans son véritable intérêt en la limitant convenablement ; par ces motifs, le tribunal autorise la dame Horn à contracter, soit à Paris, soit dans un des départements de France, aux conditions qu'elle jugera lui être avantageuses, non pas généralement, mais seulement dans le genre de l'Opéra-Comique, exploité jusqu'à ce jour par la dame Horn; condamne le sieur Horn aux dépens. (Journal *le Droit* et *Gazette des Tribunaux* du 27 août 1842.)

78. L'engagement, obligeant la personne même de l'acteur, ne peut intervenir qu'avec son consentement; l'enfant ne saurait être lié par son père, le pupille par son tuteur, la femme par son mari (MM. Goujet et Merger, *Dictionnaire du droit commercial*, au mot *théâtre*, n° 116, Jugement du tribunal civil de la Seine du 25 novembre 1836, journal *le Droit* du 26 novembre même année).

Ainsi, le père, la mère, le mari, le tuteur ne pourraient suppléer le consentement de l'acteur lui-même. Ce dernier doit s'engager en personne ou par un mandataire.

La Cour de Paris, par arrêt du 5 janvier 1828, a annulé l'engagement pris par une jeune personne de 12 ans avec l'autorisation de sa mère, sur le motif que cette jeune fille avait nécessairement ignoré les dangers de l'engagement qu'on lui faisait contracter (Dalloz, *Recueil alphabétique*, section 2, § 2, n° 2). La même Cour, par arrêt du 8 juin 1839, a aussi annulé l'engagement contracté par une fille de 20 ans avec l'autorisation de son père. L'arrêt a considéré en droit qu'un mineur peut toujours se faire restituer contre les engagements qui le lèsent et qu'en fait le dédit stipulé dans l'espèce avait le caractère d'une obligation lésive. (*Le Droit* du 9 juin 1839, affaire Mlle *Mayer* contre *Harel*).

79. Au reste, comme c'est à celui qui allègue l'existence d'un fait à le prouver, la preuve incombe toujours à celui qui a intérêt de l'établir (*Incombit actori onus probandi*). Ainsi, par exemple, lorsqu'un directeur prétend qu'un engagement est nul pour cause de minorité de l'acteur qui l'a contracté, c'est à lui à apporter la preuve de cette allégation. Pareillement, si

c'est l'acteur qui, dans ce cas, demande la nullité de l'engagement, il devra démontrer qu'il était mineur lorsqu'il l'a contracté.

§ II. — *De l'Agent dramatique ou Correspondant théâtral, et du Régisseur considéré comme Mandataire du Directeur.*

80. L'agent dramatique sert d'intermédiaire entre un acteur et un directeur de théâtre. En effet, c'est par l'entremise de ce mandataire que se contractent, en général, les engagements d'artistes passés pour les départements ou pour l'étranger.

81. Le correspondant de théâtre est compris dans la classe des agents d'affaires; par conséquent, il est commerçant (*Code de commerce*, art. 1 et 632), et le mandat qu'il reçoit est présumé salarié.

Mais l'agent théâtral pour exiger le paiement des honoraires qu'il prétend dus par l'acteur, est tenu de justifier sa demande; il ne lui suffit pas d'alléguer qu'il existe à cet égard un tarif sanctionné par l'usage. C'est ce qu'a décidé un jugement du tribunal civil de la Seine, 5e chambre, du 16 novembre 1847.

Dans cette affaire, M. Bonelli, agent théâtral, réclamait à Mlle Carlotta Grisi une somme de 4,250 fr. pour droit de commission de l'engagement qu'il soutenait lui avoir procuré au théâtre Apollo, à Rome. M. Bonelli prétendait qu'il y avait, d'ailleurs, pour les artistes qui avaient recours aux agents de théâtre, un tarif sanctionné par l'usage, en France, en Angleterre et en Italie; mais Mlle Grisi soutenant que son engagement, avec le directeur du théâtre Apollo, avait été négocié sans intermédiaire, et M. Bonelli ne justifiant sa réclamation par aucun titre, le tribunal déclara purement et simplement ce dernier non recevable en sa demande, et le condamna aux dépens (Journal *le Droit* et *Gazette des Tribunaux* du 17 novembre 1847).

82. A défaut de conventions entre les parties, le montant du salaire dû à l'agent théâtral est réglé, d'après les circonstances, par les tribunaux.

Le salaire, même convenu, peut être réduit par les tribunaux, s'il est exagéré (M. Troplong, *Du mandat*, n° 247).

83. L'agent théâtral est tenu plus étroitement qu'un mandataire ordinaire de l'accomplissement du mandat salarié qu'il a accepté. Si donc, s'étant chargé d'une affaire, moyennant une remise convenue, il n'y donne pas suite, il peut être passible de dommages et intérêts envers son client, dans le cas où il en résulte pour ce dernier un préjudice dont la négligence de son mandataire a été la cause. Un arrêt de la Cour de Paris, du 27 septembre 1837, l'a ainsi jugé dans une espèce où il s'agissait d'un agent d'affaires (*Gazette des Tribunaux*, du 28 septembre 1837, MM. Goujet et Merger, *Dictionnaire de droit commercial*, au mot *Agent d'affaires*, n° 21).

84. Le régisseur d'un théâtre, lorsqu'il appelle des artistes à faire partie de la troupe et qu'il passe avec eux des engagements réguliers, doit être considéré comme ayant agi en qualité de mandataire du directeur, et ce dernier est alors tenu de l'exécution des engagements contractés pour son compte (Jugement du tribunal de Bordeaux du 11 janvier 1828; (MM. Vivien et Blanc, n° 219; Vulpian et Gauthier, p. 247).

Au reste, il importe de noter ici qu'un arrêt de la cour de Paris, 1re chambre, du 2 décembre 1842, a décidé que le régisseur général d'un théâtre, chargé de la mise en scène et des rapports avec les auteurs et les acteurs, doit être lui-même considéré comme artiste (*Gazette des Tribunaux* du 3 décembre 1842.)

SECTION II.

De la forme, de la preuve et de la durée de l'engagement.

85. La loi n'assujétit l'engagement théâtral à aucune forme. Il est parfait par le seul consentement des parties sur l'objet et le prix de la convention, quelle que soit, d'ailleurs, la manière dont ce consentement aura été manifesté. Il suit de là que l'on peut s'engager, ou verbalement ou par écrit.

86. L'engagement dramatique verbalement contracté peut présenter de graves inconvénients, en ce que, s'il est dénié, la preuve testimoniale n'est point permise par la loi. En effet, comme l'engagement théâtral excède toujours une valeur de 150 fr. et que l'article 1341 du code civil ne permet la preuve testimoniale que pour une valeur inférieure à cette somme, il suit de là que ce moyen de preuve échappe à celui qui pourrait l'invoquer.

L'engagement verbal peut, comme on le voit, entraîner les plus graves inconvénients; aussi, pour les éviter, conseillons-nous aux artistes dramatiques de rédiger par écrit les conventions relatives à leur engagement.

Les faits suivants se sont produits devant le tribunal de commerce de la Seine : Sur l'invitation de M. Tard, directeur de théâtre, M. Henri Goutin vint, au mois de novembre 1835, d'Epernay à Paris, pour être employé dans la troupe du théâtre du Panthéon, depuis le 1er décembre jusqu'au 31 mars 1836, à raison de 1,000 fr. par année, dans le cas où, lors de ses trois débuts, l'artiste serait favorablement accueilli du public. La réussite fut complète. En conséquence, l'artiste joua dans une quatrième représentation; cependant, M. Tard refusa de l'admettre dans la troupe et de lui payer les appointements convenus. M. Henri Goutin assigna M. Tard devant le tribunal de commerce, et fit soutenir que les trois débuts ayant été couronnés de succès, et ayant été suivis d'une quatrième représentation, il y avait un contrat irrévocable, et que M. Tard ne pouvait se dispenser de payer les appointements depuis le 1er décembre jusqu'au 31 mars, conformément à la convention. Pour M. Tard, on niait la réussite de M. Goutin, et on prétendait que puisqu'il n'y avait pas un engagement écrit après les débuts de ce dernier, c'était une preuve que le contrat n'avait jamais existé, et que le débutant n'avait pas convenu au directeur.

Le tribunal de commerce de la Seine, par jugement du 10 mars 1836, décida qu'en l'absence d'un traité par écrit, postérieur aux débuts, on ne pouvait dire que les parties eussent été définitivement engagées l'une envers l'autre; que, toutefois, M. Tard, ne prouvant pas que le demandeur eût été repoussé par les spectateurs, il était juste d'allouer à celui-ci une indemnité équivalente à un mois et demi d'appointements. En conséquence, le directeur du théâtre du Panthéon fut condamné à payer à M. Goutin 124 fr. 99 cent.

Au reste, il importe de remarquer que cette décision est plutôt fondée sur les circonstances particulières de la cause que sur le droit; car, sous ce dernier point de vue, elle ne serait pas exempte de critique. En effet, il est certain que l'engagement théâtral peut être irrévocable, quoiqu'il n'y ait aucun écrit. L'écriture n'est pas nécessaire pour la validité du contrat; elle n'a pour effet que d'indiquer d'une manière plus certaine la preuve de son existence. En matière dramatique, il y a de graves présomptions de penser que l'engagement est définitif, lorsque l'artiste qui, d'après les conventions verbales des parties, s'était soumis à l'épreuve des débuts, les a subis avec avantage devant le public.

87. L'engagement théâtral peut être fait ou par acte notarié ou par acte sous seing-privé.

Pour s'épargner les frais d'un acte notarié, on est dans l'usage de faire ordinairement sous seing-privé l'acte d'engagement. Les artistes dramatiques ne sauraient y apporter trop d'attention. C'est de l'ambiguité des clauses qu'il renferme que naissent la plupart du temps les contestations qui surviennent en cette matière. Aussi, ne craignons-nous pas de répéter encore que la redaction de l'engagement doit être pour l'artiste l'objet de l'examen le plus scrupuleux. En effet, l'engagement une fois arrêté, devient pour les parties une loi commune à laquelle elles sont obligées de se soumettre.

88. L'acte d'engagement sous seing-privé doit être fait double entre l'artiste et le directeur; chaque original doit contenir cette mention : *fait double;* néanmoins le défaut de mention que les originaux ont été faits doubles ne peut être opposé par celui qui a exécuté de sa part la convention portée dans l'acte (Code civil, art. 1325).

Chacun des originaux doit être signé par les contractants. En outre, l'acte d'engagement doit contenir les prénoms, noms, surnoms, professions, domiciles des parties, les époques où doit commencer et finir l'engagement, le montant des appointements, les termes de leurs paiements, le chiffre des feux, le dédit, s'il en existe, enfin, les clauses particulières.

Cet acte serait valable alors qu'il ne contiendrait point le véritable nom de l'acteur, mais seulement le nom sous lequel il est habituellement désigné au théâtre. Voyez p. 196.

89. Un engagement théâtral ne peut se prouver par témoins, excepté si l'on invoque quelques lettres ou autres communications qui puissent servir de commencement de preuve par écrit. En effet, comme nous l'avons déjà dit ci-dessus, l'article 1341 du code civil n'autorise la preuve testimoniale que pour une valeur inférieure à 150 fr. et l'engagement théâtral s'élevant toujours à une valeur supérieure à 150 fr., il s'ensuit que la preuve testimoniale n'est point admissible en cette matière.

90. Si l'engagement a reçu un commencement d'exécution et que les parties ne soient pas d'accord sur les

conditions, telles que le prix ou la durée, MM. Vivien et Blanc (*De la législation des théâtres*, n° 223), pensent que l'on doit s'en rapporter à l'affirmation du directeur, de même que dans le louage des domestiques et des ouvriers, on s'en rapporte à l'affirmation du maître. Mais nous croyons cette opinion erronée; les développements dans lesquels nous sommes entré ci-dessus, p. 22 et suiv., prouvent à notre sens, d'une manière claire et précise que la disposition exceptionnelle qui donne la préférence à l'affirmation du maître sur celle du domestique ou de l'ouvrier lorsqu'il s'agit de ses gages ou de son salaire (Code civil, art 1781), ne saurait être étendue à des cas qu'elle n'a pas prévus et pour lesquels elle n'a point été faite. Effectivement, cette disposition n'est applicable aux acteurs ni par son esprit ni par son texte. M. Dalloz (*Recueil alphabétique* au mot *théâtre*, section 2, § 2 n° 9), et les auteurs du répertoire du *Journal du Palais* (au mot *théâtre*, n° 185), partagent aussi cet avis.

91. La durée de l'engagement est ordinairement déterminé par l'acte même. Lorsqu'il garde le silence sur ce point on doit s'en rapparter à l'usage d'après lequel les engagements dramatiques sont soumis à la *tacite reconduction*, c'est-à-dire que, si à l'expiration de son engagement, l'artiste continue à rester dans le même théâtre, il se forme tacitement entre lui et l'administration un nouvel engagement sans durée déterminée, et que les parties ont le droit de rompre en s'avertissant dans les délais d'usage, en d'autres termes trois mois avant le 31 mars (voyez pag. 156, et suiv.). A Paris et dans les départements, l'année théâtrale stipulée dans les engagements, commence le 1er avril et finit le 31 mars de l'année suivante.

Au reste, pour éviter toute incertitude sur la durée comme sur les clauses particulières de l'engagement, la prudence commande de les stipuler par écrit.

92. Aucun engagement ne peut être contracté pour la vie entière d'un acteur. Une pareille stipulation serait nulle, car elle serait contraire à la liberté indivi-

duelle. Ce principe est d'ordre public (Argument tiré des articles 6, 1131 et 1780 du Code civil).

93. La promesse d'engagement vaut engagement, lorsqu'elle renferme d'ailleurs toutes les conditions nécessaires à la formation du contrat lui-même, c'est-à-dire lorsque le consentement et l'acceptation des parties, l'objet du contrat, le montant des appointements et les autres clauses qui y sont relatives, se trouvent exprimés dans la promesse d'engagement; cette promesse peut être ou verbale ou écrite. Les inconvénients qui peuvent résulter des promesses verbales d'engagement nous autorisent à conseiller aux artistes de ne point en faire usage, et de rédiger par écrit les conventions qu'ils font avec les directeurs de théâtre.

La promesse verbale d'engagement étant assimilée à un engagement fait sans écrit, il suit qu'elle ne peut être, pas plus que le contrat même, prouvée par témoins. (Voyez ci-dessus, n° 89).

94. L'engagement théâtral peut se former par lettres missives; mais pour qu'il y ait obligation réciproque, il faut que celui à qui la lettre, contenant les conditions de l'engagement, a été adressée, ait répondu qu'il acceptait la proposition. En effet, l'obligation ne pouvant se former que par le concours des volontés des parties, il est nécessaire, pour la validité du contrat, que ces volontés soient réciproquement manifestées, ce qui n'a lieu, dans le cas dont nous parlons, que quand il y a eu réponse à la lettre.

Le tribunal de commerce de la Seine a décidé, par jugement du 7 février 1850, que le contrat d'engagement théâtral était suffisamment constaté par la correspondance du directeur et de l'acteur; voici, au reste, les faits de cette cause tels qu'ils sont rapportés dans le journal *le Droit*, du 8 février 1850 :

« Mlle Michaud avait obtenu de M. Thibaudeau, directeur des Variétés, un engagement par lettre, et M. Thibaudeau ne voulait payer les appointements qu'autant que Mlle Michaud consentirait à signer un engagement avec la formule et les conditions en usage dans son théâtre. Le tribunal n'a point admis ce moyen de défense et, considérant que le chiffre des appointements et la durée de l'engagement, pendant trois ans, étaient fixés par la lettre signée de M. Thibaudeau, que dès lors le contrat étant suffisamment établi, a condamné M. Thibaudeau à payer à Mlle Michaud les appointements échus et l'a condamné aux dépens. »

Une pareille décision vient encore d'être rendue par le même tribunal dans l'espèce suivante : M. Fournier, directeur de la Porte-Saint-Martin, voulant attacher à son théâtre Mlle Person, artiste dramatique, lui écrivit le 1er décembre 1850 : « Mademoiselle, je suis heureux de vous annoncer qu'à partir du 1er janvier, suivant les conventions verbales arrêtées entre nous hier dimanche, vous êtes engagée au théâtre de la Porte-Saint-Martin. Je puis déjà vous assurer le rôle de *Faustina* dans le drame de *Benvenuto Cellini*. Votre engagement définitif sera échangé sous trois jours contre cette lettre. Votre tout dévoué. Signé : FOURNIER. »

Le 3 janvier, lecture de la pièce de *Hoche* est faite aux acteurs, et le rôle de *Blanche* est remis à Mlle Person. Le 4 du même mois, la pièce est collationnée, et le 6, un bulletin annonce la première répétition au foyer. Mais, par suite d'accord entre l'auteur et le directeur, la pièce est retirée. Mlle Person, en attendant *Benvenuto Cellini*, devait jouer un rôle dans *Marthe* et *Marie*. Le 10 février, elle reçoit un bulletin qui annonce que la caisse sera ouverte pour le paiement du mois de janvier ; mais le caissier refuse de la payer, en prétendant que l'engagement ne porte pas de stipulation de somme fixe ni de feux. M. Fournier prétend alors qu'il n'est pas lié, et que l'engagement est simplement au cachet ou à la représentation. Mais le tribunal de commerce de la Seine a, le 1er janvier 1851, rendu le jugement suivant : « Attendu que si Fournier prétend que Mlle Person n'a été engagée qu'au cachet, cette prétention est non-seulement contraire à l'usage en matière d'engagement, mais qu'elle est démentie par les faits de la cause ; qu'en effet, en engageant la demoiselle Person à partir du 1er janvier, et en lui donnant un rôle dans une autre pièce que *Benvenuto Cellini,* en lui envoyant des bulletins pour assister à la lecture et à la collation de la pièce de *Hoche*, Fournier a ratifié la promesse d'engagement verbal du 1er décembre, que l'usage dans les théâtres veut que les engagements soient faits à l'année, et qu'en l'absence d'une disposition écrite sur les appointements, le tribunal a les éléments nécessaires pour les déterminer, d'après la situation faite à la demoiselle Person au théâtre, par le choix des rôles à elle distribués; que le tribunal possède aussi les éléments pour fixer les dommages et intérêts; — Condamne Fournier, même par corps, à payer à la demoiselle Person les appointements échus, et à exécuter l'engagement, à partir du 1er janvier jusqu'à la fin de 1854, à raison de 200 fr. par mois, sinon, déclare les conventions verbales résiliées, et condamne Fournier à payer la somme de 1,500 fr., à titre de dommages et intérêts; condamne Fournier aux dépens » (*Gazette des Tribunaux,* du 2 avril 1851).

SECTION III.

Des diverses clauses insérées dans les actes d'engagement imprimés.

95. Nous avons parlé dans la section précédente des différentes manières dont l'acte d'engagement théâtral pouvait être contracté; toutefois, nous devons dire que, dans l'usage, chaque entreprise dramatique fait imprimer d'avance les actes d'engagement des artistes avec lesquels elle veut traiter, de sorte qu'il suffit de remplir, avec le nom de l'artiste, les blancs réservés à cet effet, et d'apposer au bas de cet acte la signature de l'artiste et celle du directeur pour qu'il y ait engagement régulier et obligatoire.

96. Les actes d'engagement imprimés ne contiennent

ordinairement qu'une longue série de clauses imposées par le directeur à l'acteur. En effet, au fur et à mesure que les directeurs de théâtre ont vu les acteurs obtenir gain de cause devant les tribunaux dans les affaires où il s'agissait de l'interprétation de l'acte d'engagement, ils ont, le plus qu'il leur a été possible, resserré pour les artistes les liens du contrat par de nouvelles conditions ajoutées à celles qu'ils imposaient déjà ; de façon que maintenant les clauses les plus sévères sont devenues les clauses ordinaires, et comme elles sont rédigées dans des formules d'engagement imprimées à l'avance, il arrive que ces clauses, captieusement disséminées au milieu d'un grand nombre d'articles, passent souvent inaperçues et sont acceptées sans contrôle. Afin de prémunir contre leur rigueur exorbitante l'artiste qui pourrait les accepter trop légèrement, nous croyons utile de rapporter ici le texte de la plupart de ces clauses, et de présenter sur chacune d'elles des observations destinées à montrer l'étendue des obligations qu'elles imposent, ou les illégalités qu'elles renferment.

Voici la plupart des clauses d'engagements imprimés et nos observations :

§ 1er. *Des clauses communes aux engagements de Paris et des départements.*

97. Nous avons réuni dans ce paragraphe, les clauses générales qui se rencontrent également dans les engagements de Paris et de la province.

QUALITÉS DES PARTIES.

« Entre M.   , directeur privilégié du théâtre de   , demeurant à
Et M.   , artiste dramatique, demeurant à
          , il a été convenu ce qui suit : »

98. Tel est le commencement de tous les actes d'en-

gagement imprimés. C'est à tort que ce mot *privilégié* est adopté dans l'usage. Le décret du 8 juin 1806 se sert de l'expression *autorisation spéciale* et non du mot *privilége*. Les arrêtés ministériels de concession emploient également le terme d'*autorisation*. C'est qu'en effet tous les priviléges particuliers ont été abolis par la loi du 4 août 1789. Ce point est important à constater, car il suit, de ce que les concessions faites par l'autorité ne sont point des priviléges, que les théâtres précédemment établis ne seraient point recevables à se plaindre des autorisations données à de nouveaux théâtres.

FACULTÉ DE RÉSILIATION, DÉLAI DE L'AVERTISSEMENT.

« Le directeur se réserve le droit de résilier le présent engagement à la fin de chaque année en prévenant M.
(*l'artiste*), deux mois d'avance. »

99. Si donc l'engagement a été contracté pour plusieurs années, le directeur se réserve la faculté de le rompre chaque année au moyen d'un avertissement donné deux mois à l'avance. Dans d'autres engagements imprimés, le délai de cet avertissement est de trois mois. Ce dernier délai est celui que l'usage a admis pour les engagements verbaux.

D'après la clause ci-dessus, la faculté de résiliation est toute personnelle au directeur, de sorte qu'il peut congédier l'artiste s'il en trouve un autre qui lui convienne mieux. Mais il n'y a point réciprocité à cet égard ; l'acteur est lié pour toute la durée de l'engagement, l'avantage est donc tout en faveur du directeur au détriment de l'artiste. Voilà ce qui nous paraît injuste : l'équité réclamerait que la faculté de résiliation, lorsqu'elle est stipulée, fût réciproquement admise.

REFUS DE ROLE.

« Le directeur se réserve le droit de résilier le présent engagement pour cause de refus de rôle de la part de M.
(*l'artiste*), sans préjudice de dommages et intérêts. »

100. On comprend que les circonstances doivent exercer une grande influence sur la quotité des dommages-intérêts réclamés. Mais il nous semble juste, dans ce cas, de prendre pour base la plus ou moins grande importance du rôle que l'acteur était appelé à remplir dans la pièce qu'il refuse de jouer.

RÉSILIATION POUR AMENDES ENCOURUES.

« Le directeur se réserve le droit de résilier le présent engagement, s'il le juge convenable, dans le cas où les amendes que M. (*l'artiste*), aurait encourues, s'éleveraient, pour le mois, à la moitié de ses appointements du mois. »

101. Le directeur se réservant de prononcer souverainement sur les amendes, il lui est facile, lorsqu'un artiste lui déplaît, d'arriver à l'application de cette clause (Voyez p. 64). Ceci est donc injuste et arbitraire.

MAUVAIS PROPOS.

« Le directeur se réserve le droit de résilier le présent engagement si M. (*l'artiste*), par ses propos ou actes avait tenté de porter préjudice à l'entreprise. »

102. Voilà de l'intimidation au premier chef. Cette clause excentrique rappelle la célèbre loi contre les suspects ; nous devons dire que nous ne l'avons vue insérée que dans un très-petit nombre d'engagements imprimés. Au reste, si nous la rapportons textuellement ici, c'est pour en signaler tout le ridicule.

SUSPENSION D'APPOINTEMENTS EN CAS DE PROCÈS.

« Le directeur aura la faculté, dans le cas où une contestation entre lui et l'artiste serait portée devant les tribunaux, de suspendre le paiement des appointements de ce dernier, jusqu'à l'issue du jugement définitif. »

103. La nullité de cette clause est de toute évidence. En effet, l'on ne peut déroger par des conventions particulières aux lois qui intéressent l'ordre public et les

bonnes mœurs. Telle est la disposition formelle de l'article 6 du code civil. Or, l'article 1134 du même code porte que l'obligation sur une cause illicite ne peut produire aucun effet. Appliquant ces textes à la clause ci-dessus, nous disons qu'elle est contraire à l'ordre public en ce qu'elle porte atteinte au droit de défense, droit qui est consacré par nos lois de la manière la plus absolue. En toute matière, il est de principe fondamental que nul ne puisse être légalement atteint dans sa personne ou dans ses biens, sans être défendu ou sans avoir été mis à même de se défendre. Le droit de défense fait partie intégrante de la liberté du citoyen ; la clause qui a pour but d'empêcher un citoyen de se défendre n'est donc pas plus légale que celle qui aurait pour but d'aliéner sa liberté. La défense est volontaire, on est libre de ne pas en user ; mais une telle faculté ne peut être l'objet d'un contrat. La clause ci-dessus est donc nulle et de nul effet.

DÉTENTION DE L'ACTEUR.

« Le directeur se réserve le droit de résilier le présent engagement en cas de détention de M.   (*l'artiste*), pendant plus de trois jours, par voies judiciaires ou de police, et s'il ne jugeait pas la résiliation convenable, la suppression des appointements de M.   (*l'artiste*), pourrait avoir lieu pendant tout le temps de la détention. »

104. Cette faculté de résiliation ou de suppression d'appointements par suite d'une arrestation qui se prolongerait au-delà de trois jours est trop rigoureuse ; ce délai est évidemment trop court. L'artiste, de même que tout autre citoyen, peut être arrêté sans d'ailleurs qu'il y ait aucune culpabilité de sa part ; on sait combien, dans les circonstance les plus ordinaires, les formalités judiciaires exigent de temps. La clause ci-dessus est donc d'une rigueur exagérée et inacceptable.

VOIES DE FAIT, INSUBORDINATION.

« M.   (*l'artiste*) s'oblige à supporter toutes les amendes ou même la résiliation de son engagement, pour voies de fait, insubordination, soit envers le directeur, soit envers le régisseur, ou tout autre employé de l'administration, et généralement pour toutes infractions faites au présent engagement. »

105. Il y a dans cette clause un mot sur le sens duquel il faut d'abord s'arrêter ; c'est celui-ci : *insubordination.*

Assurément, l'acteur qui s'oublierait au point de se livrer à des voies de fait envers les personnes qui tiennent à l'administration du théâtre auquel il est attaché, serait coupable d'un acte fort répréhensible, et nous concevons que cette circonstance pût motiver une condamnation prononcée par les tribunaux ; mais nous ne saurions admettre cette rupture facultative de la part du directeur pour cause d'*insubordination.* Ce sont là des *habitudes militaires* que ne comporte point la nature des *contrats civils.* L'obéissance que l'artiste doit à son chef n'est point semblable à celle du *soldat* qui est *toute passive.* L'artiste doit remplir son devoir dans des limites définies. Aussi, a-t il le droit d'examiner si ce qu'on réclame de lui excède ou non ses obligations. Laisser au directeur la faculté de résilier l'engagement pour cause d'*insubordination* serait donc aussi injuste qu'arbitraire, puisque l'*insubordination* exclut même toute *observation* ou *résistance légale.*

Mais si, passant de l'examen moral à l'examen juridique, nous considérons la clause qui stipule la résiliation de l'engagement dans le cas de voies de fait ou d'injures de la part de l'acteur contre le directeur ou toute autre personne de son administration, nous dirons que cette clause est nulle et de nul effet aux termes des articles 1131 et 1133 du code civil, comme renfermant une obligation dont la cause est illicite et contraire aux bonnes mœurs et à l'ordre public. Effectivement, cette clause peut se traduire en ces termes « que si l'acteur ne commet pas un délit (et les voies de fait et les injures sont réputées comme tel), il n'y aura pas lieu à résiliation du contrat; que si, au contraire, l'acteur a commis un délit, il y aura lieu à résiliation. » Les bonnes mœurs et l'ordre public s'opposent à de parelles stipulations ; elles ne permettent pas que la possibilité de commettre un délit puisse avoir pour effet de délier d'une obligation civile. La clause dont il s'agit est donc nulle et de nul effet.

Relativement aux amendes, voyez p. 64.

MALADIE OU INDISPOSITION CONSTATÉE.

« Toute maladie ou indisposition d'un artiste doit être constatée le jour même où elle l'empêche de faire son service, par le certificat de l'un des médecins du théâtre, que l'artiste malade est tenu de faire appeler aussitôt. Aucun autre certificat de médecin ne peut suppléer à celui-ci. En cas de maladie constatée comme il vient d'être dit, les appointements seront totalement suspendus pendant la durée de cette indisposition, quelque courte qu'elle puisse être, sans que cette circonstance puisse entraîner la nullité du présent engagement, sans être tenu au paiement d'aucun dédit ou d'aucune indemnité. »

106. Cette clause est évidemment trop sévère, on pourrait même l'appeler inhumaine lorsque ce sont les fatigues occasionnées par son service qui ont altéré la santé de l'artiste. Dans le cas d'une indisposition de quelques jours, le directeur ne doit pas faire subir à l'artiste de retenue sur ses appointements. Effectivement, cette circonstance doit être considérée comme un fait prévu et accepté lors du contrat ; car il est ordinaire qu'une personne éprouve quelque indisposition dans le cours d'une année. Mais si la maladie survenue à l'artiste vient à se prolonger et l'empêche de remplir ses rôles pendant une partie assez considérable du temps pour lequel il s'est engagé, le directeur peut, avec justice, retenir une partie des appointements en proportion du temps durant lequel la maladie a eu son cours.

Cette distinction relative à la durée et à la gravité de la maladie nous semble aussi équitable que juridique. Elle est admise par les auteurs anciens et modernes (Pothier, *du Contrat de louage*, n° 168 ; Merlin, *Repertoire de Jurisprudence*, t. 4, p. 792 ;

MM. Vivien et Blanc, *de la Législation des théâtres*, n° 232; Vulpian et Gauthier, *Code des théâtres*, p. 258; Dalloz, *Repertoire Alphabétique de Jurisprudence* au mot *théâtres*, p. 634, n° 13; Duvergier, continuation de Toullier, t. 4, n° 292; Troplong, *du Louage*, n° 874), justifiée par les lois romaines (Voët, *Commen. ad Pendectas*, tit. *locati conducti*, n° 27), et consacrée par la jurisprudence (Papon, *Arrêts notables*, liv. vi, tit. 12, n° 12; Maynard, liv. 3, chap. 13 ; Charondas, liv. ix, chap. 24).

Au reste, la clause ci-dessus diffère dans un grand nombre d'engagements imprimés. Le délai accordé varie, on pourrait dire, suivant le degré d'humanité des entreprises. Dans les uns c'est 3 jours, 8 jours, 10 jours ou 15 jours; dans les autres c'est un mois. Mais après ce délai de 3, 8, 10, 15 jours ou un mois de maladie, certains actes d'engagement stipulent la suppression totale des appointements de l'artiste jusqu'au moment où il reprendra son service ; d'autres engagements réduisent seulement les appointements de moitié. Le directeur se réserve, en général, le droit de rompre l'engagement si la maladie de l'artiste se prolonge au delà de trois mois. Dans quelques engagements, le directeur peut même exercer cette faculté lorsque la maladie de l'artiste a une durée de plus de deux mois ou même d'un mois; ce délai est évidemment de trop courte durée.

Certains engagements prononcent la suppression des appointements pour cause d'interruption de service occasionnée par suite de *blessures reçues en duel*, de *grossesse de femme non mariée* et de *maladies secrètes*. Nous sommes d'avis que la suppression des appointements doit avoir également lieu alors même que l'acte d'engagement garde le silence à l'égard de ces trois circonstances. Cette solution est aussi conforme à l'équité qu'à la morale.

107. D'après la clause ci-dessus, les médecins du théâtre ont, seuls, droit et capacité légale pour constater les indispositions ou maladies des artistes. Ce point

a été reconnu par arrêt de la Cour de Rouen, du 3 mai 1837 (Journal *le Droit*, du 6 mai, même année ; affaire *Walter* et *Jacques Arago*, directeurs, contre *Tilly*, artiste), et par jugements des tribunaux de commerce de la Seine, du 5 juin 1838 et de Rouen, juillet 1842, (*Gazette des Tribunaux*, des 6 juin 1838; affaire *Crosnier* contre *Révial*, et 28 juillet 1842, affaire *Maillot*).

MALADIE FEINTE.

« Toute maladie ou indisposition qui aura été reconnue feinte, entraînera la privation de quinze jours d'appointements, sans préjudice des dommages-intérêts auxquels l'absence de l'artiste pourrait donner lieu. »

108. D'autres engagements stipulent même la suspension d'un mois d'appointement et souvent plus.

Assurément l'artiste qui simule une maladie pour se soustraire aux obligations que son service lui impose, commet un acte répréhensible. Mais les magistrats qui, dans ce cas, sont appelés à apprécier les circonstances de la cause, ont la faculté de modérer la rigueur trop excessive de la clause ci-dessus. En effet, aux termes de l'article 1231 du Code civil, la clause pénale peut être modifiée par le juge, lorsque l'obligation principale a été exécutée en partie.

Le tribunal de commerce a fait application de ces principes par jugement du 5 juin 1838, cité plus haut. Dans cette affaire, la maladie alléguée par M. Révial, artiste de l'Opéra-Comique, n'ayant point été reconnue constante par les médecins de ce théâtre, M. Révial fut condamné à payer, à titre de dommages et intérêts, la somme de 500 fr. au directeur, M. Crosnier, qui réclamait, à titre d'indemnité stipulée dans l'engagement de l'artiste, la plus forte recette que l'on pût faire au théâtre, c'est à dire une somme de 4,923 fr.

RÉPÉTITIONS, REPRÉSENTATIONS, ABSENCE.

« M.   (*l'artiste*) s'oblige à se trouver à toutes les répétitions aux heures indiquées par le tableau et même après

le spectacle si le cas le requerait; — A se trouver au Théâtre chaque jour de représentation, à l'heure fixée pour le commencement du spectacle, même dans les cas où il ne jouerait pas, afin de donner au directeur la faculté de remplacer par une autre, une pièce qu'un évènement imprévu empêcherait de jouer.
— A ne pas s'absenter de la ville de   , sans le consentement par écrit du directeur »

109. Les règlements intérieurs des théâtres déterminent en général les amendes encourues pour retard, soit aux répétitions, soit aux représentations.

Mais les tribunaux appelés à prononcer peuvent atténuer leur rigueur (Code civil, art. 1231). Voyez ci-dessus, n° 108, page 61.

DÉFENSE DE JOUER SUR D'AUTRES THÉÂTRES OU CHANTER DANS LES CONCERTS.

« M.   (*l'artiste*) s'oblige à ne jouer ou paraître sur aucun théâtre public ou de société, chanter ou faire sa partie dans aucun concert public ou particulier, pendant la durée du présent engagement, sans une permission écrite de l'administration, à peine d'une amende de   par chaque infraction à la présente disposition. »

110. Le chiffre de cette amende présente des différences notables :

Dans certains engagements de province, l'amende, en cas d'infraction à la clause ci-dessus, est fixée à 50 fr.; dans d'autres elle est portée à 500 fr.

Les engagements de Paris varient aussi sur ce point : les uns stipulent une amende d'un mois des appointements de l'artiste par chaque infraction à la clause prohibitive; les autres élèvent cette amende à trois mois et même jusqu'à une année desdits appointements. Enfin, suivant d'autres engagements, l'infraction à la clause dont il s'agit entraîne avec elle une amende égale au montant d'une représentation du Théâtre dans lequel l'acteur est engagé, représentation qui est calculée d'après la plus forte recette; et, dans ce cas, il est stipulé que pour le recouvrement de l'amende ainsi fixée, le directeur est autorisé à faire toutes poursuites, l'artiste engageant ses appointements ou revenus quelconques à l'acquittement de ladite amende, si mieux n'aime la Direction annuler l'engagement, droit qu'en pareille circonstance elle se réserve, sans que cette disposition puisse atténuer en rien le dédit porté dans l'engagement, lequel dédit serait à la charge de l'acteur, l'annulation étant provoquée par son fait.

111. L'infraction à la clause ci-dessus entraîne sans doute avec elle un préjudice dont le directeur est en droit de réclamer la réparation pécuniaire. Mais il est évident que l'élévation exagérée de l'amende dont il s'agit, n'est point en rapport avec le dommage ordinairement éprouvé. C'est pour faire de l'intimidation que l'on introduit dans les actes d'engagement imprimés des chiffres tels que ceux indiqués au numéro précédent. Les artistes doivent donc refuser de souscrire à des conditions aussi onéreuses. Equitablement, ce seraient les appointements de l'acteur qui devraient servir de base d'appréciation pour déterminer la somme fixée à titre d'amende en cas de contravention à la défense ci-dessus.

112. Mais lorsqu'un engagement, contenant une clause qui stipule une somme à titre d'amende, a été signé par les parties, cette somme peut-elle être modifiée par les tribunaux, ou sont-ils tenus de condamner à l'exécution pure et simple de la clause?

La solution de cette question dépend de l'interprétation de l'article 1152 du code civil, ainsi conçu : « Lorsque la convention porte que celui qui manquera de l'exécuter paiera une certaine somme à titre de dommages et intérêts, il ne peut être allouée, à l'autre partie, une somme plus forte ni moindre. »

Lors de la discussion du Code civil, ces mots, *à titre de dommages et intérêts*, ont été ajoutés dans l'article précité sur une observation du Tribunat conçue en ces termes : « Après les mots, *une certaine somme,* ajoutez :

à titre de dommages et intérêts. L'objet de cette addition est de déterminer la juste application de l'article, et de marquer la différence entre la clause des dommages et intérêts, à laquelle le juge ne peut rien changer, et la clause pénale qui est susceptible d'être réduite. (*Conférence du Code civil par un jurisconsulte qui a concouru à la confection du Code*, t. V, p. 31.)

Cette observation, accueillie par les rédacteurs du Code civil, révèle complètement la pensée du législateur en matière d'obligations avec clause pénale.

En effet, d'après l'article 1231, la clause pénale peut être modifiée par le juge, lorsque l'obligation principale a été exécutée en partie.

Or, quelle est ici l'obligation principale qui résulte pour l'acteur de l'engagement théâtral? c'est de remplir ses rôles sur la scène où il est engagé. Lorsqu'il a accompli partiellement cette obligation, les tribunaux ont le droit, aux termes des articles précités, de modérer la somme convenue à titre de clause pénale. Ainsi, l'amende qui a pour objet le cas que nous examinons, peut être réduite par les magistrats appelés à en connaître.

Le tribunal civil de Lyon, par jugement du 19 juillet 1827, a décidé dans le même sens. (*Gazette des Tribunaux*, du 28 août 1827). Voyez, pareillement un jugement du tribunal de commerce de la Seine du 5 juin 1838, rapporté ci-dessus, page 61.

RÉGLEMENTS FAITS ET A FAIRE, AMENDES.

« M. (*l'artiste*), s'oblige et s'engage à se conformer à tous les usages du théâtre, à tous les règlements faits ou à faire, et aux amendes y portées ainsi qu'aux lois, ordonnances et actes de l'autorité régissant les théâtres. »

113. Sans doute l'acteur est lié par sa soumission aux règlements qui existaient lors de la signature du contrat d'engagement; mais à l'égard des règlements qui seraient faits par la suite, l'acteur n'est tenu de s'y soumettre que s'ils sont conformes aux usages et ne con-

tiennent aucunes mesures exorbitantes. Cette clause ne donnerait point le droit d'imposer des obligations et de les entourer de pénalités auxquelles il serait évident que l'intention de l'acteur engagé n'a pas été de se soumettre. Tel est aussi le sentiment de MM. Dalloz, *Répertoire Alphabétique*, au mot *théâtre*, p. 634, Vivien et Blanc, *de la Législation des théâtres*, n° 248. Nous ajouterons, d'après ces derniers auteurs, que les règlements mêmes auxquels l'artiste a donné son consentement ne seraient point obligatoires, si les dispositions en étaient injustes ou trop exagérées; si, par exemple, la rigueur de leurs ordres et l'énormité des amendes étaient de nature à donner au directeur le droit d'enlever à l'acteur son traitement et de le contraindre à faire son service pour rien. L'équité naturelle autant que les principes du droit s'opposeraient à l'application d'une clause qui donnerait au directeur la faculté de s'enrichir des travaux des acteurs, sans leur en tenir aucun compte. L'on devrait penser que l'intention des parties est contraire à une semblable stipulation.

114. En général, les réglements rendent passible d'amende, l'acteur qui refuse de jouer, vingt-quatre heures après avoir été prévenu, tout rôle qu'il aurait rempli précédemment. Mais cette disposition ne s'applique qu'aux pièces faisant partie du répertoire du théâtre auquel l'artiste est attaché. En conséquence, l'acteur qui aurait précédemment rempli sur un autre théâtre un rôle dans une pièce faisant partie du répertoire de ce théâtre peut, sans être passible d'amende, refuser de jouer dans les vingt-quatre heures, ce même rôle sur la scène où il est actuellement engagé, alors surtout qu'un délai assez long s'est écoulé depuis qu'il n'a point paru dans ce rôle. (Jugement du tribunal de Commerce de la Seine, du 8 décembre 1845; journal *le Droit*, 9 décembre même année, affaire *Achard* contre *Montigny*.)

CONTINUATION DU SERVICE EN CAS DE PROCÈS.

« S'il survenait entre les soussignés quelques difficultés sur l'exécution du présent, elles seraient jugées par les tribunaux;

mais il est bien convenu que le service journalier ne pourrait aucunement en souffrir. M.   (*l'artiste*) s'oblige, en conséquence, à satisfaire à toutes réquisitions qui lui seront adressées par l'administration, notamment, à payer le produit de la plus forte représentation, s'il en empêchait une. »

115. Le tribunal de commerce de la Seine a jugé le 6 avril 1849 que les acteurs ne peuvent se dispenser de faire leur service qu'autant qu'une décision judiciaire les a déclarés dégagés des liens de leur engagement. (*Gazette des Tribunaux*, du 7 avril 1849.)

CLOTURE DU THÉATRE.

« Dans le cas de clôture du théâtre survenue par suite d'ordres supérieurs ou d'évènements imprévus, les appointements des artistes seront suspendus et ne commenceront à courir que du jour de la réouverture du théâtre. »

116. Ainsi, au jour de la clôture du théâtre, voilà les artistes privés de leurs appointements et obligés d'attendre indéfiniment que le théâtre soit rouvert ; mais quels seront leurs moyens d'existence pendant cet espace de temps plus ou moins long ? ils n'avaient, pour subsister, que leur modeste traitement ; dans cette situation, de bien rudes épreuves sont réservées aux artistes, sans compter qu'après de longs jours d'attente inutiles, le théâtre peut rester définitivement fermé.

La clause ci-dessus est donc souverainement injuste, lorsque, dans le cas qu'elle prévoit, elle autorise à supprimer la totalité des appointements ; nous savons bien que l'on peut objecter qu'il s'agit ici d'un cas de force majeure dont le directeur est lui-même victime et que, par conséquent, il peut équitablement prévoir cette circonstance dans l'acte d'engagement et suspendre, alors qu'elle vient à se présenter, les appointements des artistes qui sont attachés à l'entreprise ; mais nous répondons que la force majeure, quand elle n'est point de nature à entraîner la rupture de l'acte d'engagement, ne saurait, aux yeux de la loi, de l'équité et de la raison, servir de prétexte pour justifier la clause ci-dessus. Il y a dans toutes spéculations commerciales,—et les entreprises de théâtres sont de ce nombre,—des chances incertaines à courir; c'est à ceux qui se lancent dans ces espèces d'opérations à en supporter les conséquences quel qu'en puisse être, d'ailleurs, le résultat. S'il est avantageux à la direction théâtrale, la position pécuniaire de l'acteur restera la même, les succès, obtenus par l'entreprise, ne seront point une cause d'augmentation de traitement pour l'artiste, pourquoi voudrait-on que ce dernier subît une suspension de traitement, lorsque la spéculation devient défavorable au directeur, qui est empêché de continuer le cours des représentations qu'il donnait au public; mais ce qui, dans cette circonstance, est surtout injuste, c'est que l'artiste soit retenu, d'une manière indéfinie, dans les liens d'un engagement pour lequel il ne reçoit point d'appointements; il serait donc équitable de stipuler que, dans le cas dont il s'agit, l'artiste sera dégagé de son engagement, par exemple, un mois après la fermeture du théâtre et que, jusqu'à cette époque, il touchera le montant de ses appointements.

CIRCONSTANCES MALHEUREUSES.

« Dans le cas où des circonstances malheureuses empêcheraient M.   (*le directeur*) de satisfaire, dans le délai convenu, aux engagements présentement contractés envers M.   (*l'artiste*), celui-ci s'interdit le droit de poursuivre judiciairement M.   (*le directeur*), avant l'expiration du délai de deux mois. »

117. On le voit, lorsqu'il s'agit d'obligations à imposer à l'acteur, de poursuites à diriger contre lui, l'acte d'engagement imprimé renferme les expressions les plus acerbes, impose les conditions les plus dures, et réclame sans délai leur exécution; mais lorsqu'il est question des obligations qui peuvent peser sur le Di-

recteur, soudain l'acte d'engagement imprimé change de style ; de rudes qu'elles étaient, les expressions deviennent tout-à-coup bienveillantes, et les voies coërcitives se transforment en exceptions dilatoires. Voilà ce qui pourtant ne devrait pas exister dans un contrat synallagmatique, c'est-à-dire contenant des obligations réciproques.

Mais que faut-il entendre dans la clause ci-dessus par *circonstances malheureuses*. Ces mots sont fort peu explicites. Veulent-ils désigner le cas où le Directeur manquant d'argent ne pourrait pas payer aux artistes leurs appointements échus? Sont-ils placés là dans la prévision d'une faillite prochaine? Quoi qu'il en soit, nous doutons que dans cette circonstance les tribunaux saisis de la demande des artistes fussent arrêtés par cette clause insolite ; en effet, les juges pourraient y voir une de ces exceptions frustratoires qu'un débiteur de mauvaise foi sait habilement préparer à l'avance pour se soustraire aux poursuites de ses créanciers. Toutefois, nous ne craignons pas de le dire, la pensée première d'une clause pareille à celle-ci est scandaleusement immorale.

CESSION ET ABANDON DE PRIVILÉGE, DIRECTEUR NOUVEAU.

« Nul artiste ne pourra demander la résiliation de son engagement dans le cas de cession ou d'abandon de privilége, et tous sont tenus de reconnaître pour directeurs ceux ou celui avec lesquels le directeur actuel transigerait de ses droits audit privilége. »

118. Cette clause est radicalement nulle. En effet, aux termes de l'article 4 de l'ordonnance du 8 décembre 1824, un directeur ne peut vendre ni céder son brevet sous peine de destitution. Le droit conféré par les autorisations délivrées par le ministre de l'intérieur est tout personnel ; il doit être exercé par le titulaire. Ainsi ce droit *tout personnel* ne peut être l'objet d'aucune location, cession, affectation en garantie ou aliénation quelconque. En cas de cessation de fonctions ou de dé-

cès du directeur, les associés, créanciers ou héritiers ne peuvent faire revivre à leur profit l'autorisation. Le retrait de l'autorisation a lieu en cas de faillite du directeur ou de mauvaises affaires constatées par le défaut de paiement des artistes. Ainsi la clause ci-dessus est nulle et de nul effet, puisqu'elle est établie sur une cause contraire aux lois (Code civil, art. 1130 et 1133).

VALEUR DE L'ACTE D'ENGAGEMENT.

« Le présent engagement aura même forme et valeur que s'il était passé par-devant notaire. »

119. Nous n'eussions pu croire jusqu'ici qu'il fût venu à la pensée de personne que les particuliers eussent à leur gré le pouvoir d'assigner aux conventions qu'ils rédigent le caractère d'authenticité que la loi accorde aux seuls actes rédigés par les officiers publics dont elle consacre le témoignage. Si les rédacteurs de cette clause ont pensé en l'introduisant dans les engagements imprimés donner plus de force aux conditions qu'ils imposent à ceux qui y souscrivent, ils ont agi avec une grande naïveté ; mais nous pensons plutôt qu'ils ont voulu en l'insérant faire de l'intimidation et persuader aux artistes, en général étrangers au langage et aux habitudes judiciaires, que l'engagement dans lequel se trouvait cette phrase sonore devait avoir plus de valeur qu'un acte sous-seing privé ordinaire. Quoi qu'il en soit, cette stipulation qui ne donne au contrat aucune autre force que celle qu'il peut avoir par lui-même est aussi inutile que ridicule.

DÉDIT.

« Le présent engagement sera exécuté dans son entier, voulant qu'aucun de nous ne puisse y manquer sous quelque prétexte que ce soit, à peine de la somme de   payable comptant, et dont la valeur ne pourra être diminuée à quelque époque que ce soit, pas même dans les derniers jours de l'engagement. »

120. Ce que l'on qualifie ici du nom de *dédit* s'ap-

pelle dans le langage judiciaire *clause pénale*. L'article 1226 du code civil est ainsi conçu : « La clause pénale est celle par laquelle une personne pour assurer l'exécution d'une convention s'engage à quelque chose en cas d'inexécution. » L'effet de la clause pénale est de déterminer par avance, et à titre de forfait, l'étendue des dommages et intérêts dus par celui qui n'exécuterait pas son obligation ou ne la remplirait que d'une manière imparfaite. Il suit de là que la peine n'est encourue que du jour de la mise en demeure par une sommation ou par un autre acte équivalent, à moins que la convention même ne porte que, par la seule échéance du terme, le débiteur sera en demeure (Code civil, art. 1139 et 1230).

Lorsque la convention stipule que celui qui manquera de l'exécuter paiera une certaine somme à titre de dommages et intérêts, il ne peut être alloué à l'autre partie une somme plus forte ni moindre (Code civil, art. 1152). Toutefois cette disposition n'empêche pas que les tribunaux ne puissent examiner si de l'inexécution de l'obligation, il est réellement résulté un préjudice pour la partie qui se plaint de cette inexécution et par suite s'ils doivent accorder ou refuser la somme convenue pour dommages et intérêt, alors surtout que cette somme a été stipulée pour préjudice causé (Arrêt de la cour de Lyon du 16 juin 1832). Remarquez que dans ce cas ce n'est point, de la part des magistrats, modérer la clause pénale stipulée, c'est seulement décider s'il y a lieu ou non à son application.

Mais lorsque l'obligation a été exécutée en partie, la clause pénale peut être modifiée par le juge (Code civil, art. 1231).

La clause pénale n'est point encourue lorsque c'est un évènement de force majeure ou un cas fortuit qui a mis obstacle à l'exécution de l'obligation (Code civil, art. 1148).

Appliquons maintenant ces principes généraux à l'acte d'engagement théâtral.

Le dédit est presque toujours d'une somme considérable. C'est souvent un moyen employé pour intimider l'artiste. Ainsi, par exemple, dans certains actes d'engagement dont les appointements pour l'année ne s'élèvent pas à plus de 1,200 fr., on voit figurer un dédit fixé à la somme de 30,000 fr.

Quoi qu'il en soit, dans quel cas la somme déterminée à titre de dédit peut-elle être entièrement due ? C'est lorsque l'acte d'engagement n'a encore reçu aucune exécution. Par exemple, si après avoir signé un acte d'engagement, le directeur ne veut pas l'exécuter, ou bien encore, si l'absence de l'artiste rend cette exécution impossible, etc. Mais lorsque l'acte d'engagement a été exécuté en partie et que des difficultés se produisent ensuite entre le directeur, les tribunaux ont, aux termes de l'articles 1231 du code civil, le pouvoir de modifier le dédit ou plus exactement la clause pénale. En général, les magistrats, dans ce cas, évaluent les dommages et intérêts dus à la partie lésée en prenant pour base de leur décision le chiffre des appointements stipulés pour l'artiste dans l'acte d'engagement même.

§ II. *Clauses particulières aux engagements de Paris.*

ROLES, EMPLOIS.

« Le directeur engage, par le présent, M.   (*l'artiste*) pour remplir dans sa troupe et à sa première réquisition, en tout temps, à toute heure, en tout lieu où il le jugera convenable, et même sur deux théâtres par jour, si besoin est (sans aucune indemnité de déplacement autres que frais de voitures et transport des bagages), tous les rôles ou accessoires qui lui seront désignés dans tous les genres, et qui seront jugés par le directeur convenir à ses moyens, à son physique et à ses talents : lesdits rôles soit en chef, soit en partage, soit en double, soit en remplacement, sans que, sous aucun prétexte, ils puissent être refusés. »

121. Cette clause est générale dans les actes d'engage-

ments de Paris : on n'y désigne plus l'emploi de l'artiste, de sorte que, sous ce rapport, il se trouve entièrement soumis à la volonté du directeur, et qu'il est tenu de remplir tous les rôles qui lui sont distribués.

La jurisprudence s'est prononcée dans le même sens (Jugement du tribunal de commerce de la Seine du 6 septembre 1827, et Arrêt de la Cour de Paris du 20 janvier 1829; *Gazette des Tribunaux* des 8 septembre 1827 et 21 janvier 1829).

Dans les engagements d'acteurs pensionnaires du Théâtre-Français, on lit la clause suivante :

« M.   (*l'artiste*) s'engage et s'oblige envers l'administration à jouer, sur le Théâtre de la Comédie-Française, tous les rôles qui lui seront distribués dans la tragédie, la comédie et le drame, soit par MM. les auteurs, soit par l'administrateur, dans 'emploi dit   et tous autres rôles pour lesquels (*l'artiste*) sera jugé nécessaire ou convenable, sans en pouvoir refuser aucun, sous quelque prétexte que ce soit, et sans pouvoir en rendre, en céder ou en quitter aucun que du consentement exprès de l'administrateur. M.   (*l'artiste*) s'engage aussi à paraître dans toute cérémonie et dans toute pièce à spectacle, lorsqu'il en sera requis. »

Ainsi, même au Théâtre-Français, qui devrait être considéré comme le gardien fidèle des traditions du passé en fait d'usages utiles aux progrès de la littérature et de l'art dramatique, les emplois ne sont plus respectés, et l'acteur, quel que soit d'ailleurs l'emploi qu'il remplit habituellement, est tenu d'accepter tous les rôles qui lui sont distribués.

Ne traitant, dans cet ouvrage, que les points qui se rattachent à la législation et à la jurisprudence théâtrales, ce n'est pas à nous qu'il appartient d'examiner combien la confusion des emplois peut être fâcheuse sous le rapport de l'art dramatique; cependant, nous ne craignons pas de dire, avec les juges les plus compétents, que cet état de choses ne laisse pas de contribuer **puissamment à la décadence de notre littérature dra-**

matique. En effet, on spécule sur le talent de tel ou tel artiste ; on fait des pièces adaptées à ses moyens comme un tailleur fait des habits *sur mesure*. Qu'importe le mérite littéraire d'un ouvrage pourvu qu'il procure de grosses recettes !

122. Les actes d'engagements de province indiquent encore les emplois ; mais l'effet de cette désignation se trouve le plus souvent détruit par la clause que, depuis quelques années, les directeurs de province ont pris l'habitude d'insérer dans leurs modèles d'engagements imprimés, clause d'après laquelle l'acteur se soumet à remplir un certain nombre de rôles, dits de complaisance, au choix de l'administration du théâtre à laquelle il est attaché (Voyez p. 77).

FACULTÉ DE NE POINT FAIRE JOUER L'ARTISTE.

« Le directeur engage M.   (*l'artiste*) . . . . sans que, dans aucun cas, il puisse résulter, pour le directeur, l'obligation de faire jouer M.   (*l'artiste*) lorsque l'administration ne le jugera pas convenable. »

123. Dans quelques engagements, cette clause fait suite et termine celle que nous avons rapportée ci-dessus, page 71. Ce qui a sans doute déterminé certaines administrations théâtrales à insérer cette clause dans leurs actes d'engagement, c'est que les tribunaux (notamment, affaire *Mirecourt*, journal *le Droit*, du 28 novembre 1844) ont condamné les directeurs à faire jouer les acteurs qu'ils prétendaient tenir indéfiniment éloignés de la scène. Mais les artistes doivent repousser une clause qui, en les laissant dans l'inaction, les expose à perdre les faveurs du public et qui, par conséquent, est si contraire à l'intérêt de leur avenir.

RÉSILIATION D'ENGAGEMENT.

« Le directeur se réserve le droit de résilier le présent engagement dans le cas où M.   (*l'artiste*), viendrait à ne plus plaire au public. »

124. Mais comment constater les faits prévus par la

clause ? Sans doute qu'il ne doit pas suffire du seul avis du directeur ; car ce dernier serait juge et partie dans sa propre cause. Pour que l'acteur trouvât des garanties suffisantes en ce qui touche l'exécution impartiale de la clause ci-dessus, il faudrait que l'autorité fût appelée à prononcer, autrement l'artiste est tout à fait à la discrétion du directeur, qui a toujours entre ses mains les moyens de succès ou de chute.

CONGÉ.

« S'il est réservé par le présent un congé à M. (*l'artiste*), il ne pourra l'exploiter ni faire usage de ses talents que sur un théâtre distant au moins de 40 kilomètres de la capitale. — Il est expressément convenu que toute espèce d'appointements sont suspendus pendant tout le temps dudit congé, quelle qu'en puisse être la durée. — L'administration aura le droit de retrancher dudit congé tout le temps, quelque court qu'il soit, pendant lequel M. (*l'artiste*) n'aurait pu, par indisposition ou maladie, faire son service. — En conséquence, quelle que soit l'époque du congé de M. (*l'artiste*), ne pourra commencer à en jouir qu'après s'être libéré envers l'administration d'un nombre de jours de service égal à celui pendant lequel il aurait été indisposé dans le courant de l'année (S'agit-il d'un jour ou deux). — Il est bien entendu que dans ce cas l'administration devra à M. (*l'artiste*), un nombre de jours d'appointements égal à ceux qu'elle jugera à propos de lui redemander. »

125. Cette clause est trop rigoureuse. En effet, la maladie est un cas de force majeure qu'il n'est au pouvoir de personne d'empêcher. Si un congé a été stipulé au profit d'un acteur, il doit pouvoir en jouir ; l'obliger à compenser le temps pendant lequel il aura été malade dans le courant de l'année avec le temps du congé, c'est dans la plupart des cas rendre ce congé impossible, surtout s'il est d'une courte durée ; car il est rare, comme nous l'avons déjà fait observer, qu'une personne n'éprouve pas quelque indisposition dans le cours d'une

année. Il est évident que le paiement des appointements d'un nombre de jours égal à ceux que l'administration *jugera à propos de redemander* à l'artiste ne saurait servir à compenser le préjudice que ce dernier éprouvera par suite de la privation du congé qui lui était accordé par l'acte d'engagement; car on sait que l'artiste qui profite du temps de son congé pour aller en représentation, recueille des sommes bien supérieures aux appointements qu'il reçoit de l'administration théâtrale dont il fait partie. La clause ci-dessus doit donc être rejetée comme injuste et arbitraire.

RETENUE DE LA MOITIÉ DES APPOINTEMENTS PENDANT LA SAISON D'ÉTÉ.

« M.   (*l'artiste*) consent, si l'administration le juge convenable, à ne toucher que la moitié des appointements à dater du 1ᵉʳ mai jusqu'au 1ᵉʳ septembre. Cette moitié sera reversible sur les mois de décembre, janvier, février et mars suivants. »

126. A Paris, le cautionnement que l'autorité exige des directeurs de théâtre suffit pour assurer chaque mois l'acquit des appointements des artistes et employés; mais quelle garantie aura l'artiste pour le paiement de la portion retenue en vertu de la clause ci-dessus? pas d'autre que celle qui résulte du cautionnement. Si donc, on suppose que l'artiste ait subi, pendant les quatre mois d'été la retenue de la moitié de ses appointements, et qu'ensuite le directeur vienne à tomber en faillite ou fasse de mauvaises affaires, le cautionnement ne pouvant servir à assurer, en général, qu'un mois ou deux d'appointements, l'artiste est exposé à perdre les sommes qui auront été ainsi réservées. Les artistes auront donc à examiner avec soin s'ils doivent accepter cette clause ; on comprend combien la moralité de l'entreprise exercera d'influence sur leur détermination. Au reste, comme nous l'avons déjà dit, les acteurs ne participant point aux bénéfices de la direction ne doivent pas avoir de mauvaises chances à

courir. Ces incertitudes, qui tiennent de la nature de toute entreprise commerciale, sont l'affaire du directeur, et non celle des acteurs qui restent étrangers à la commercialité de la spéculation. En bonne justice, cette retenue de la moitié des appointements, pendant quatre mois, retenue destinée à n'être ensuite payée que vers la fin de l'année théâtrale, est donc une mesure toute dans l'intérêt des directeurs.

§ III. *Des clauses particulières aux engagements des départements.*

EMPLOIS.

« M. (*l'artiste*) déclarant être libre de tout engagement au mois de mil huit cent s'engage à consacrer ses talents, exclusivement et sans réserve d'aucun, pour les services des théâtres dépendant du privilége de M. (*le directeur*), et ce, dans les emplois de . »

127. Telle est, dans les actes d'engagements de province, la formule dont se servent les directeurs pour désigner l'emploi des acteurs.

La détermination de l'emploi auquel l'artiste appartient est, dans les engagements de province, d'une grave importance; car ces engagements, contenant toujours une clause par laquelle l'artiste s'oblige à se fournir de tous les habits et accessoires de vêtements, nécessaires à son emploi dans tous les genres et sans rien pouvoir exiger des magasins de l'administration, il suit de là que c'est la désignation de l'emploi qui sert à fixer l'obligation relative à la fourniture des costumes.

DISTRIBUTION DES PIÈCES, ROLES DE COMPLAISANCE, FOURNITURE DE COSTUMES ET DE ROLES.

« M. (*l'artiste*) s'oblige à tenir ledit emploi en chef, alternative ou partage du tout ou partie, au choix du directeur, qui se réserve le droit de distribuer les pièces nouvelles, sans avoir égard aux emplois qui tiennent leurs noms des artistes de Paris. Seront considérés comme pièces nouvelles, celles qui n'auront pas été jouées sur le théâtre de   .

» Lorsqu'il y aura, dans une pièce, plusieurs rôles s'annexant à son emploi, M.   acceptera et jouera celui que la direction croira devoir lui donner en vue du succès de l'ouvrage.

» M.   promet, en outre, de jouer, dans le courant de l'année, six rôles de complaisance au choix de la direction.

» M.   s'oblige à se fournir de tous les habits et accessoires de vêtements, nécessaires à ses emplois, tant dans les pièces nouvelles que dans celles du vieux répertoire ; M.   ne pourra, en conséquence, demander à l'administration que les costumes réputés de magasin, et il se contentera de ces derniers dans l'état où ils seront.

» M.   s'oblige à se pourvoir de ses rôles de poème et de musique, la direction se chargeant de fournir seulement les rôles des poèmes nouveaux et de faire enseigner, au théâtre, la musique des pièces qui n'auront pas un an de date, lesquels rôles seront rendus à la direction à la fin de l'année théâtrale, sous peine d'en payer la valeur. »

128. Ainsi, le directeur se réserve la faculté de distribuer les rôles des pièces nouvelles sans qu'ils puissent être refusés (Jugement du tribunal de commerce de Rheims, rapporté dans le journal *le Droit*, du 25 octobre 1836, affaire Mlle *Eugénie M....* contre *Nestor de Bienne*). En outre, il est toujours stipulé dans l'acte d'engagement que tout rôle joué par un acteur, soit pour l'administration, soit pour une représentation au bénéfice d'un artiste, alors même que ce rôle ne serait point de l'emploi de l'acteur qui l'a rempli, sera désormais considéré comme faisant partie du répertoire de ce dernier et qu'il ne pourra se démettre de ce rôle que du consentement du directeur.

L'artiste ne peut aussi refuser les rôles dits de complaisance stipulés dans l'engagement, mais il ne saurait être forcé d'en remplir un plus grand nombre que celui fixé par la convention.

Le nombre des rôles de complaisance n'est pas le même dans tous les engagements ; il varie de six à dix rôles, mais ce dernier chiffre est évidemment trop élevé. Remarquez combien cette obligation relative à l'acceptation des rôles dits de complaisance peut entraîner avec elle de graves conséquences pour l'artiste ; car une fois qu'il a joué un de ces rôles, ce rôle, alors même qu'il n'est point de son emploi, est considéré comme faisant partie du répertoire de l'artiste, et ce dernier peut être obligé à continuer de jouer le rôle dont il s'agit jusqu'à la fin de l'année théâtrale ; l'acteur est à cet égard soumis à la volonté du directeur.

HABITS DE VILLE ET ACCESSOIRES DE COSTUMES.

« M.   (*l'artiste*) sera tenu de se fournir pour les costumes de nos jours, autrement appelés habits de ville, toutes les parties d'habillement sans aucune exception et sans pouvoir exiger aucun habit du magasin ; de se contenter, pour les costumes dits de caractères ou costumes étrangers ou d'une autre époque que la nôtre, de ceux qui lui seront présentés, s'obligeant à fournir pour ce genre de costumes, tout aussi bien que pour ceux de ville, les bas blancs et noirs, et toute espèce de gants, bottes et souliers qui pourraient être réputés gants et chaussures de ville. »

129. Ainsi, d'après la clause ci-dessus, il faut distinguer les costumes de nos jours appelés habits de ville et les costumes dits de caractères ou étrangers. Par *habits de ville*, on doit entendre les vêtements dont se servent les gens du monde de notre époque. L'acteur doit se pourvoir des premiers, l'administration est tenue de lui fournir les seconds. Mais lors même qu'il s'agit des costumes de caractères ou étrangers, l'acteur est obligé de se procurer les bas blancs et noirs et toute espèce de gants, bottes et souliers qui pourraient être réputés gants et chaussures de villes, c'est-à-dire qui seraient semblables à ceux dont on se sert de nos jours.

Il y a des engagements qui portent que les costumes de ville de toute nature et de *toute époque* seront fournis par l'artiste; certains engagements exigent que l'acteur se pourvoira des costumes de ville de toute nature, *à dater de l'empire;* enfin, d'autres engagements soumettent l'acteur à se procurer à ses frais *tous les effets quelconques d'habillement,* excepté les costumes des pays étrangers en tant qu'ils n'auront *aucun rapport* avec les costumes français *actuels* ou *de toute autre époque.* Il est évident que les clauses contenues dans cet alinéa sont trop onéreuses pour les artistes; elles comportent des obligations dont l'étendue dépend entièrement de la volonté du directeur. Les acteurs qui, relativement à la fourniture des costumes, acceptent des clauses de la nature de celle-ci, se mettent donc sous ce rapport à la discrétion de l'administration à laquelle ils sont engagés. Ainsi, c'est aux artistes à ne pas signer des clauses telles que celles que nous signalons, à moins d'en avoir préalablement bien pesé toutes les conséquences.

130. L'acteur n'étant tenu de fournir à ses frais que les costumes de son emploi, c'est l'administration qui doit lui procurer ceux nécessaires pour remplir les rôles dits de complaisance.

Dans le cas où l'artiste aurait accepté la clause par laquelle, lorsqu'il n'y a pas de rôle de son emploi, il s'oblige à y jouer un autre rôle, il est évident que cet acteur ne serait point tenu de fournir à ses frais les costumes nécessaires pour remplir le rôle qui n'est point de son emploi, et qu'il ne joue que passagèrement, mais que l'administration devrait, dans cette circonstance, les lui procurer.

Nous avons vu cependant quelques engagements imprimés dans lesquels l'acteur *s'oblige à se pourvoir à ses frais de tous les costumes exigés par les rôles mêmes hors de son emploi.* Sans doute, lorsque l'artiste a eu l'imprudence d'accepter une pareille obligation il doit l'exécuter; mais, ce n'est là, il faut le dire, qu'une clause exceptionnelle et que les artistes doivent généralement rejeter comme contraire aux habitudes du théâtre et aux obligations ordinairement insérées dans les engagements.

REMISE DE RÉPERTOIRE.

« M.   (*l'artiste*) s'engage à remettre, lors de la signature du présent engagement, son répertoire général avec la désignation des rôles qui peuvent être remis par lui du matin au soir, ceux qui exigent deux jours, trois jours et pour dernier délai quatre jours, et à apprendre les rôles qui lui seront distribués à raison de trente-cinq lignes d'impression (prose ou vers), sans répliques, par jour sous peine d'une amende de   francs, par chaque jour de retard provenant de son fait. »

131. Il y a même des engagements dans lesquels il est stipulé que l'artiste s'oblige à jouer du soir au lendemain *tous les rôles portés sur son répertoire*. A l'égard des amendes, voyez p. 64.

APPOINTEMENTS PAYÉS D'AVANCE, CHUTE DANS LES DÉBUTS.

« Dans le cas où M.   (*l'artiste*) ne serait pas accepté par le public dans ses débuts, le mois des appointements payé à titre d'avances lui serait acquis pour toute indemnité sans qu'il puisse exiger rien de plus de l'administration. »

132. Ne voulant point scinder ce que nous avons à dire sur les débuts, nous renvoyons le lecteur à la page 87, où nous avons traité cette matière.

Dans certains engagements il est même stipulé que si l'artiste n'a point réussi dans ses débuts, il sera tenu d'achever le mois commencé sans autre indemnité que l'abandon des avances reçues. C'est pour faciliter les débuts des autres acteurs que le directeur se réserve cette faculté.

Au reste, l'acteur n'a droit de garder les avances, par lui reçues lors de la signature de son engagement, qu'autant qu'il a fait ses débuts (Jugement du tribunal de commerce de Marseille, rapporté dans le journal *le Droit* du 17 janvier 1839; affaire *Brun* contre *Théodore*).

DÉLAI RÉSERVÉ POUR LE PAIEMENT DES APPOINTEMENTS

« Le directeur se réserve huit jours à la fin de chaque mois pour le solde des appointements. »

133. Lorsqu'il s'agit des obligations imposées aux artistes, les mesures employées contre eux ne semblent jamais assez promptes, assez rigoureuses, mais lorsque c'est au contraire le directeur qui doit accomplir l'objet de ses promesses, il y a toujours dans l'acte quelque clause destinée à retarder l'exécution de la convention. C'est là ce que la bonne foi doit proscrire d'un contrat synallagmatique. Il est aussi injuste qu'arbitraire que le directeur réclame un délai quelconque pour acquitter les appointements échus et nécessaires aux besoins des artistes.

ENTRÉE DANS LES COULISSES OU LOGES D'HABILLEMENT.

« M.   (*l'artiste*) ne pourra, sous aucun prétexte, faire entrer au théâtre, dans les coulisses ou loges d'habillement, ni parents, ni domestiques, ni perruquiers, à moins de payer la valeur d'un billet de première par chaque personne ; cependant il pourra, lorsqu'il jouera, et seulement pendant la pièce, faire entrer son domestique. »

134. Cette clause est insérée dans plusieurs actes d'engagement de province. Nous avions pensé jusqu'ici que l'entrée des coulisses et des loges d'habillement était interdite dans un but moral, mais nous étions comme l'on voit tombé dans une grave erreur. En effet, de la part de l'entreprise, cette interdiction est toute fiscale et peut être levée moyennant finance. Heureusement pour les bonnes mœurs que l'autorité locale, qui a, dans ses attributions, la police des théâtres met une barrière à l'exécution de semblables clauses, en enjoignant, par des arrêtés, aux entrepreneurs de théâtre de faire fermer pendant toute la durée du spectacle, les portes de communication de la salle aux coulisses, aux foyers particuliers et aux loges des artistes, dans lesquels il ne

doit être admis aucune personne étrangère au service du théâtre.

OUVERTURE DES BALS.

« Les artistes devront faire l'ouverture des bals par un grand galop; ceux qui refuseraient seraient passibles d'une amende de vingt-cinq francs. »

135. Nous n'avons vu figurer cette clause que dans quelques actes d'engagement de province. On comprend toute l'immoralité d'une pareille stipulation; aussi, croyons-nous que les tribunaux appelés à en apprécier la valeur n'hésiteraient pas à déclarer non recevable dans sa demande le directeur qui viendrait en réclamer l'exécution. Les observations faites p. 64, à l'égard des amendes stipulées dans les actes d'engagement, se présentent ici dans toute leur force; d'ailleurs, l'article 6 du Code civil, aux termes duquel on ne peut déroger par des conventions particulières aux lois qui intéressent l'ordre public et les bonnes mœurs, serait évidemment applicable à la clause ci-dessus.

REPRÉSENTATION A BÉNÉFICE DONNÉE PAR LE DIRECTEUR SOUS LE NOM DE L'ACTEUR.

« L'administration se réserve le droit d'annoncer une représentation sous le nom de l'Artiste, sans que ce dernier puisse prétendre à aucune portion de la recette, ni à aucune indemnité. »

136. Cette clause, qui d'abord ne semble renfermer qu'une immoralité, peut cependant entraîner beaucoup plus loin qu'ils ne le pensent, les directeurs de théâtre qui l'insèrent dans leurs actes d'engagement et les acteurs qui les signent. On pourrait y voir un de ces moyens de fraude que nos lois criminelles prévoient et répriment par des peines sévères. En effet, l'article 405 du Code pénal punit d'un emprisonnement d'un an à cinq ans, et d'une amende de 50 fr. à 3,000 fr. quiconque, en employant des manœuvres frauduleuses pour persuader l'existence de fausses entreprises, se sera fait

remettre ou délivrer des fonds et aura, par ce moyen, escroqué ou tenté d'escroquer tout ou partie de la fortune d'autrui.

L'expression *manœuvres*, disent MM. Chauveau et Faustin Hélie (*Théorie du Code pénal*, t. 7, p. 289), suppose une certaine combinaison de faits, une machination préparée avec plus ou moins d'adresse, une ruse ourdie avec plus ou moins d'art, pour surprendre la confiance. C'est la fraude que la loi veut atteindre, aussi se sert-elle des mots *manœuvres frauduleuses*. Les mêmes auteurs (p. 300) font observer avec raison que, par *fausses entreprises*, il faut entendre non-seulement celles qui n'existent pas, mais même celles qui ont une existence réelle, si elles ont été présentées sous un faux jour ou si leur importance a été exagérée avec une mauvaise foi évidente.

N'est-ce pas une *manœuvre frauduleuse, une fausse entreprise* de la nature de celles indiquées par les auteurs précités, que la conduite du directeur, lorsqu'il fait annoncer par des affiches une représentation au bénéfice d'un acteur et qu'en réalité la recette est perçue au profit de l'entreprise? Le directeur n'en impose-t-il pas à la bonne foi du public qui croyait apporter son argent à un artiste dont il apprécie le talent et qu'il voulait encourager? Il nous semble que ce sont des faits de cette nature que la loi pénale a voulu punir, en édictant les dispositions de l'article 405 dont nous avons ci-dessus rapporté le texte. L'artiste lui-même qui signe un acte d'engagement dans lequel se trouve la clause ci-dessus n'est pas exempt de blâme, et même on pourrait aller jusqu'à le considérer comme le complice du directeur, lorsqu'il concourt avec ce dernier à tromper le public par l'annonce d'une représentation théâtrale faussement qualifiée de représentation *à bénéfice*.

Mais c'est le directeur qui a conçu la pensée première de la fraude exercée envers le public; et c'est cette manœuvre qui nous semble rentrer sous l'application de l'article 405 précité.

137. Quant à la clause ci-dessus, nous croyons qu'elle doit être déclarée nulle comme contraire aux lois qui intéressent les bonnes mœurs et l'ordre public (Code civil, art. 6 et 1133). En effet, quelle que soit d'ailleurs l'opinion que l'on puisse embrasser sur la question que nous avons examinée dans le numéro précédent, toujours est-il que les bonnes mœurs s'opposent à ce qu'il soit inséré dans un contrat une clause par laquelle une partie puisse s'obliger envers l'autre à tromper le public, en lui annonçant comme vrai un fait dont la fausseté résulte de la convention même.

ARRIVÉE DE L'ARTISTE, RETARD PAR FORCE MAJEURE.

« M.   (*l'artiste*) s'oblige à être rendu à   le   . En cas de retard, M.   (*l'artiste*) sera passible d'une amende de   pour chaque jour, sans préjudice de tous autres dommages et intérêts, si le retard dépasse le jour de l'ouverture du théâtre. »

138. Il y a des engagements qui obligent l'artiste à être rendu au lieu de sa destination un certain nombre de jours avant l'ouverture du théâtre afin d'assister aux répétitions des pièces de début et sans que pendant ce temps les appointements soient payés à l'artiste.

Si le retard, dans l'arrivée de l'artiste, avait eu pour cause un évènement de force majeure, il est évident que l'artiste ne devrait aucune indemnité au directeur; mais l'artiste est tenu de fournir la preuve du cas de force majeure qu'il allègue (Argument tiré des articles 1148 et 1302 du Code civil).

ENREGISTREMENT DE L'ENGAGEMENT.

« La direction est autorisée par le présent engagement à le faire enregistrer aux frais de l'artiste qui aura nécessité cette mesure. »

139. Pour que cette clause fût juste il faudrait que de son côté le directeur supportât les frais d'enregistre-

ment dans le cas où l'infraction à l'exécution de l'engagement provenant de son fait nécessiterait cette formalité. Dans les contrats synallagmatiques l'équité exige que les charges soient réciproques. La clause suivante que nous avons vue figurer dans le modèle d'engagement d'un théâtre de province, exploité par une association en participation, nous semble fort sage : « Il est convenu que dans le cas de contestation, le droit de timbre sera à la charge du premier contrevenant. »

140. L'acte d'engagement théâtral, lorsqu'on le fait enregistrer, est assujéti, comme un bail d'industrie, au droit de 20 cent. par 100 fr. (Loi du 16 juin 1824, article 1er).

§ IV. *Des caractères généraux des actes d'engagement imprimés.*

141. Après avoir passé en revue dans les paragraphes précédents les clauses principales que l'on rencontre dans les modèles d'engagement imprimés, il convient de préciser et d'apprécier les caractères généraux de ce contrat.

A l'exception des appointements que le directeur s'oblige à payer à l'acteur, tout l'acte d'engagement théâtral tel qu'il existe aujourd'hui, d'après les formules imprimées qui en révèlent la nature exceptionnelle, n'est comme nous l'avons déjà dit, qu'une longue série d'obligations imposées par le directeur. En cas d'infraction de la part de l'artiste, le directeur se réserve exclusivement le droit de résiliation. Armé de vingt ou trente clauses, plus exhorbitantes les unes que les autres, le directeur peut donc, à son gré, résilier ou maintenir l'engagement.

Cet acte, ainsi imprimé à l'avance sur un modèle donné par le directeur, a-t-il ce caractère de réciprocité qui doit constituer une convention synallagmatique ? Il est permis d'en douter et d'y voir plutôt un de ces contrats léonins où tous les avantages sont pour un seul au détriment des autres.

Ce qui fait la force d'un contrat synallagmatique, c'est cet échange d'obligations réciproques, c'est cette égalité de charges respectives, c'est ce lien qui résulte de la ferme intention d'accomplir la promesse jurée. Alors on peut dire avec vérité que les conventions stipulées dans de telles circonstances doivent tenir lieu de loi entre ceux qui les ont faites, parce que la bonne foi a présidé à leur formation.

Mais quand la convention que l'on décore du nom de contrat synallagmatique ne contient en réalité que de nombreuses obligations imposées à une seule des parties, quand on s'aperçoit que, captieuses pour la plupart, les clauses principales que l'acte d'engagement renferme ne peuvent supporter le choc d'un examen juridique, et que malgré le ton de menace qui les caractérise, elles sont presque toutes frappées d'autant de nullités légales, il y a là quelque chose dont la délicatesse de l'honnête homme s'afflige, que la morale condamne et que le législateur est appelé à corriger.

En effet, l'engagement théâtral n'est soumis à aucune règle particulière qui détermine les rapports entre le directeur et l'acteur. Il est nécessaire que des dispositions législatives viennent protéger le faible et lui assurer les garanties qui lui manquent aujourd'hui. Peut-être dira-t-on que ces dispositions porteraient atteinte à la liberté des contrats. Il faut repousser cette erreur. La liberté des contrats ne peut aller jusqu'à la négation des droits des uns au profit des autres, et les législateurs de tous les temps ont apporté des restrictions dans l'usage de cette liberté. Pour n'en citer que des exemples connus de tous, il suffit d'ouvrir notre Code civil et ces restrictions vont apparaître en foule. C'est qu'il y a là un droit de protection que l'État ne saurait abdiquer sans inconvénient. Si l'État ne doit pas intervenir dans les contrats librement débattus, il lui appartient toujours d'en régler la forme, d'en assurer la loyale exécution, de déterminer les devoirs respectifs des parties, de prévenir et de réprimer les abus. Il y a là une question de moralité et d'ordre public digne de toute la sollicitude du législateur, qui a pour mission d'arrêter les progrès du mal et d'opposer à la lutte des intérêts privés la limite de son pouvoir modérateur.

La loi sur les théâtres, qui doit être présentée dans le courant de cette année, réglera sans doute, par de sages dispositions, les rapports entre le directeur et l'acteur.

SECTION IV.

Des Débuts.

142. Le *début* désigne la première apparition d'un acteur sur la scène. C'est l'entrée dans la carrière dramatique. On débute dans un *emploi*.

Le *début* est aussi, pour un acteur ayant déjà joué, le premier rôle qu'il remplit sur un théâtre auquel il n'appartenait pas.

La *rentrée* est pour ainsi dire le retour d'un artiste sur une scène où il avait déjà joué.

143. Dans les départements — et cette habitude y est rigoureusement conservée — l'acteur fait trois débuts dans des rôles de son emploi qu'il désigne à l'avance. Ce sont les épreuves auxquelles il se soumet pour savoir si l'engagement qu'il a passé avec le directeur sera ratifié ou annulé par le public, juge souverain en cette matière. Aussi, les engagements ne sont-ils en général valables qu'après les débuts.

Il n'y a qu'un seul début pour les artistes qui font leur rentrée.

Mais c'est de cette épreuve triple ou unique, suivant la circonstance, que dépend l'admission ou le rejet du débutant.

Ordinairement, dans les villes de département où il existe des théâtres, l'autorité municipale prend des arrêtés pour en régler la police. Ces arrêtés contiennent le plus souvent des dispositions relatives aux débuts des artistes et déterminent le mode qui sera suivi à cet égard.

Il y a des villes où le jugement du public sur l'admission ou le rejet de l'artiste, lors de son début, est constaté et proclamé par le commissaire de police; c'est ce qui a lieu par exemple à Rouen (*Réglement sur la police des théâtres de Rouen*, du 5 juin 1849, art. 33).

Dans d'autres villes, par exemple à Nantes, d'après un arrêté municipal, du 5 juillet 1850, l'admission ou le rejet des artistes débutants est soumis à un scrutin auquel prennent part les abonnés et les spectateurs désignés par le sort. L'assemblée se forme sous la présidence du maire. Deux scrutateurs pris dans l'assemblée, se joignent au président pour composer le bureau. Le vote a lieu au scrutin secret. Il faut la majorité des trois cinquièmes des suffrages exprimés pour prononcer l'admission des artistes remplissant les premiers rôles. La simple majorité suffit pour l'admission des autres artistes. Les résultats de chaque scrutin sont constatés par un procès-verbal, signé de chacun des membres du bureau.

Un arrêté du maire d'Orléans, du mois d'avril 1845, contient, sur cette matière, les dispositions suivantes :

« Art. 2. — Toute manifestation bruyante d'approbation ou d'improbation est interdite pendant les trois premiers débuts, jusqu'à la chute du rideau de la pièce de début du troisième jour.

« La liberté des approbations ou improbations continuera après les débuts comme par le passé et dans les limites des règlements en vigueur. Immédiatement après la troisième épreuve, le rideau sera relevé, le régisseur nommera chaque débutant, fera connaître les emplois qu'il a tenus et celui pour lequel il est engagé, et annoncera au public qu'il est invité à se prononcer pour l'admission ou l'exclusion. Le commissaire central ou le commissaire de service constatera dans quelle proportion se manifesteront les approbations ou les improbations et proclamera le résultat. En cas d'incertitude, il invitera les spectateurs à voter par assis et levés. En cas de partage apparent, il invitera les abonnés présents à passer immédiatement au foyer pour vider le partage et reviendra de suite en faire connaître le résultat au public. Les mêmes réglements seront observés pour chaque début auquel seront soumis les artistes qui auront déjà paru sur le théâtre d'Orléans. »

Le maire de Marseille a pris aussi, en novembre 1850, un arrêté, relativement aux théâtres de cette ville, dans lequel, entre autres dispositions, on lit : — « Art. 15. Les signes d'approbation ou d'improbation sont formellement interdits ; toutefois, le public pourra se livrer à ces manifestations aux débuts des acteurs et actrices, mais seulement lorsque la pièce dans laquelle ces artistes joueront sera terminée. »

144. A Paris, la plupart des engagements actuels se contractent sans conditions relativement aux débuts.

Voici quelles étaient, pour les débuts sur le théâtre de l'Opéra, les prescriptions du réglement du 5 mai 1821 (art. 48 à 56, 160 à 169) : Tout artiste qui se présentait pour débuter à l'Académie nationale de musique, soit pour le chant, soit pour la danse, devait en adresser la demande, par écrit, au comité d'administration, qui indiquait le jour de l'examen.

L'examen avait lieu sur le théâtre, en présence du comité d'administration, des chefs du chant et de l'orchestre, et des deux premiers artistes ou remplacements pour les chanteurs et des chefs de la danse et de deux premiers artistes ou remplacements pour les danseurs. Après l'examen, les examinateurs se réunissent en comité, afin de donner leur opinion sur les qualités du candidat. Les débuts ne pouvaient avoir lieu que d'après les ordres du Ministre, sur la demande du comité d'administration, appuyée de l'avis de l'intendant des théâtres. Les débuts se composaient de trois rôles ; deux de ces rôles étaient au choix de l'artiste chanteur ; le troisième indiqué par le directeur, d'après le rapport des chefs de chant. Pour la danse, un rôle et un pas étaient au choix du débutant ; le directeur indiquait le troisième, après s'être entendu avec les maîtres de ballets. En outre, et avant tout, le débutant était tenu de danser ou chanter, ce qui ne le privait point de paraître le même jour dans le pas ou rôle à son choix. Mais soit pour le chant, soit pour la danse, le débutant ne pouvait être annoncé sur l'affiche que lorsqu'il était prêt dans les trois rôles ou dans les trois pas (1). Tout artiste des chœurs, ou figurant, ou figurante, qui était admis à débuter, renonçait par cela même à la place de choriste, ou à faire partie du corps des ballets. En cas de non admission comme double, le débutant ne pouvait reprendre son premier emploi qu'autant que cela était reconnu utile au bien du service. Le ministre prononçait, lorsque le comité d'administration jugeait de lui en soumettre la proposition sur la prolongation ou la cessation des débuts. L'artiste qui débutait à l'académie royale de musique et qui, par suite de ses débuts, avait postulé un engagement, une fois engagé et porté sur l'état du personnel comme double, contractait et souscrivait un engagement de quinze années. Tant qu'il était dans la classe des doubles, il avait la faculté de résilier son engagement en prévenant l'administration six mois d'avance à l'époque du 1er avril pour le 1er octobre et à celle du 1er octobre pour le 1er avril de chaque année. L'administration jouissait d'un pareil avantage. Tout artiste double qui recevait sa lettre de retraite ou de réforme, était dans l'obligation de continuer le service avec exactitude, jusqu'à l'expiration de son temps d'activité. Dans le cas où, sans motifs valables et légalement constatés, il aurait refusé de

---

(1) Tout artiste qui, s'étant présenté à la fois comme danseur et pantomime, n'avait point été reconnu avoir le talent nécessaire en cette dernière qualité, pouvait néanmoins, après des études suffisantes et quand l'administration le jugeait convenable, obtenir la faculté de paraître dans deux rôles qu'il avait le droit de jouer chacun deux fois, et dont l'un était à son choix et l'autre à celui du directeur. Ce début n'était point alors annoncé par les affiches.

jouer, ses appointements, après trois avertissements préalables, étaient retenus.

Ce règlement est tombé en désuétude. — Le comité d'administration n'existe plus : le ministre n'est plus consulté sur les débuts, etc.; depuis que l'exploitation de l'Opéra a été donnée à l'entreprise, toutes ces formalités ont été supprimées.

Aujourd'hui, les artistes de chant qui veulent débuter, demandent une *audition*. Elle a lieu au foyer et avec un accompagnateur au piano ; ou le directeur y assiste ou il se fait rendre compte du résultat par un chef du chant. Si elle est satisfaisante, les débuts sont accordés et le débutant choisit un rôle dans le nombre restreint d'ouvrages au répertoire. Si c'est un artiste précédé d'une certaine réputation, il désigne les ouvrages dans lesquels il veut débuter.

Les débuts ont lieu de la même manière pour les danseurs. C'est toujours dans un pas, intercalé dans un ouvrage, que le débutant se montre au public. Les danseuses de talent débutent presque toujours dans des ouvrages nouveaux. C'est tout à la fois dans leur intérêt et dans celui du directeur.

Au Théâtre-Français, le surintendant donnait autrefois les ordres de débuts (Décret du 15 octobre 1812, art. 61). Aujourd'hui. c'est l'administrateur qui, aux termes de l'art. 2 du décret du 27 avril 1850, admet aux débuts et en règle les conditions.

145. Les débuts étaient autrefois un évènement important pour le théâtre et pour ses spectateurs ordinaires. Le jugement du public se manifestait par des applaudissements ou des sifflets. L'auditoire se partageait souvent en deux camps et les épreuves étaient orageuses. Les gens du monde eux-mêmes se prenaient à siffler.

Cette maxime de Boileau :

C'est un droit qu'à la porte on achète en entrant,

recevait habituellement son application, et l'artiste avait

à subir cette humiliante protestation du parterre qui usait largement du droit qu'il avait acheté.

Aujourd'hui, le début dans les théâtres de Paris est moins tumultueux. L'établissement des claqueurs a paralysé l'action des spectateurs. Le directeur achète le succès du soir et l'acteur est obligé sous les peines que l'on sait, de coopérer pour une portion à un marché que la loi frappe de nullité, comme fondé sur une cause illicite (1). Les spectateurs ne prennent plus part au jugement ; ils s'abstiennent de manifester leur opinion qui, si elle était défavorable, pourrait donner lieu, de la part de *juges payés*, à une protestation brutale à laquelle les gens qui se respectent savent se soustraire par le silence. Ce jugement porté dans ces circonstances par des hommes ignorants, embrigadés et soldés, est une des causes les plus actives de la décadence de l'art. Désormais, la presse se charge seule de discuter les qualités et les défauts des débutants.

146. Si l'artiste, dans les localités où il est d'usage de lui faire subir l'épreuve des débuts, a succombé dans cet essai devant le public, la résiliation de l'engagement étant opérée de plein droit et étant d'ailleurs le résultat d'un fait patent, incontestable, n'a pas besoin d'être signifiée par le directeur à l'artiste. (Jugement du tribunal de commerce de Lyon, rapporté par le journal *le Droit*, du 2 juillet 1837).

147. Le directeur ne peut se refuser indéfiniment à faire débuter l'acteur qu'il a engagé, alors surtout que les appointements de l'artiste doivent courir du jour

---

(1) Deux arrêts de la cour de Paris, des 3 juin 1839 et 4 avril 1840, ont jugé que le traité entre un directeur de théâtre et un entrepreneur, à l'effet d'assurer, moyennant salaire, le succès des pièces représentées à ce théâtre est nul, comme illicite et contraire aux bonnes mœurs et à l'ordre public. Cette nullité est absolue et s'applique à toutes les conventions contenues dans le traité, lesquelles ne peuvent produire aucun effet et donner lieu à aucune action en justice. (*Journal du Palais*, t. 1er de 1840, p. 700).

des débuts. L'acteur peut, dans ce cas, contraindre judiciairement le directeur à le faire débuter.

C'est ce que la Cour de Paris (4e chambre), a jugé par arrêt du 22 mars 1850 (*Gazette des Tribunaux* du 23 mai même année).

148. Quand l'acte d'engagement ne contient pas de clauses relatives aux débuts, l'acteur n'est point soumis a en subir les chances aléatoires. Les appointements courent à partir du jour fixé par l'engagement. Si l'engagement est verbal, ils sont dus à dater du jour où l'acteur a paru dans une représentation.

SECTION V.

Du prix de l'engagement.

149. Le prix de l'engagement théâtral prend le nom d'appointements.

§ Ier. — *Des appointements et de leurs diverses dénominations.*

150. Dans le contrat d'engagement théâtral, les appointements sont l'estimation de la valeur pécuniaire du travail que l'artiste s'oblige à faire au profit du directeur.

Les appointements sont désignés de la manière suivante :

1° LES APPOINTEMENTS FIXES, c'est-à-dire payables de mois en mois, par portions égales ;

2° LES APPOINTEMENTS AU PRORATA, c'est-à-dire les appointements proportionnés aux recettes.

3° LES APPOINTEMENTS AVEC ASSURANCE ET PRORATA, c'est-à-dire les appointements dont une portion est fixe et l'autre variable en raison des recettes.

4° LES APPOINTEMENTS AVEC FEUX, c'est-à-dire les appointements dont une portion est fixe et l'autre variable. Cette dernière connue sous le nom de *feux*, se paie en proportion des rôles remplis par l'acteur.

5° LES APPOINTEMENTS PAR REPRÉSENTATION, c'est-à-dire une somme déterminée à l'avance et payable après chaque représentation ou après un certain nombre de représentations.

151. Les engagements des artistes de l'Opéra portent entr'autres clauses, que les appointements des acteurs seront suspendus pour cause d'incendie, ordre de l'autorité supérieure, réparation ou tout autre motif obligé. Le tribunal de commerce de la Seine a décidé, par jument du 27 décembre 1849, que l'acteur qui a donné une quittance pour solde, a reconnu, par là, que l'administration de l'Opéra avait eu, en vertu de la clause ci-dessus, le droit de suspendre les appointements des artistes. (*Gazette des Tribunaux* du 28 décembre 1849.)

152. La femme, qui du consentement de son mari a contracté un engagement théâtral peut, sans autorisation et même malgré l'opposition de ce dernier, toucher sur sa simple quittance les appointements qui lui sont dus comme actrice. (Ordonnance de référé du 12 juin 1807 confirmé sur appel ; jugement du tribunal civil de la Seine, du 27 novembre 1829 ; MM. Vulpian et Gauthier, *Code des théâtres*, p. 227 et 228 ; Vivien et Blanc, *de la Législation des théâtres*, n° 303).

§ 2. — *Des Feux et Jetons.*

153. Autrefois, les chanteurs et les symphonistes de la musique du roi recevaient, en sus de leurs appointements, du pain, de la viande à six bonnes fêtes de l'année. En 1700, chaque musicien reçut en argent la valeur de ces fournitures. Aux appointements supplémentaires désignés par ces mots *pain, vin* et *chaussure*, Devismes, directeur de l'Opéra, substitua, en 1778, une somme de 25, de 30, de 50 livres, comptée à l'acteur chaque fois qu'il paraissait sur la scène. Ces encouragements, appelés FEUX, furent payés, pour la première fois, le

1er avril 1778 ; supprimés en 1784, un Arrêt du Conseil-d'Etat, du 28 mars 1789, les rétablit.

Les loges des acteurs n'étaient pas chauffées à cette époque ; les appointements appelés *feux* furent affectés d'abord à payer le prix du feu et de la bougie des loges, l'administration ne fournissant que des chandelles ; bientôt elle se chargea de cette double dépense, et les FEUX continuèrent à être payés. (M. Castil-Blaze, *Mémorial du Grand-Opéra*, p. 48 et 49).

Il était également alloué à chaque artiste de la Comédie Française, sociétaire ou pensionnaire, sans distinction d'emploi, pour chaque représentation à laquelle il concourait, un feu de deux francs. Cet usage qui remonte au temps de Molière, avait aussi été introduit pour indemniser les artistes des frais d'éclairage et de chauffage de leurs foyers.

Telle est l'origine des feux accordés aux acteurs.

Le jeton qui n'avait aucun rapport avec les feux, était alloué aux artistes sociétaires, les jours d'assemblée générale du comité de lecture, ce jeton était de six francs.

En 1829, l'administration de la Comédie Française décida que les loges des artistes, tant sociétaires que pensionnaires, appelés à concourir à la représentation du jour, seraient éclairés aux frais de la direction. A partir de cette époque, les feux ne subsistèrent plus qu'en faveur des sociétaires, à raison de dix francs pour chacun d'eux, alors même qu'ils concouraient à la représentation de plusieurs pièces dans la même soirée.

Les jetons de présence ont été maintenus à raison de cinq francs, accordés à chaque membre du comité de lecture, pour un ou plusieurs ouvrages.

L'article 3, du décret du 27 avril 1850, relatif au Théâtre Français, prescrit qu'un nouveau réglement sur les feux soit mis à exécution après avoir été approuvé par le ministre de l'intérieur. Ce réglement n'est pas encore adopté.

154. Ainsi, on continue à désigner sous le nom de feux la somme qui, outre les appointements de l'acteur, est stipulée à son profit par chaque ouvrage dans lequel il

joue. Les feux sont stipulés de différentes manières dans les engagements ; ils y sont l'objet de clauses spéciales. Voici à peu près les conditions ordinaires à cet égard :

Un feu de... par chaque ouvrage ;

Un feu de... pour le second ouvrage joué dans la même soirée ;

Ou bien, un feu de... par chaque acte.

L'acteur fait insérer dans l'engagement qu'il ne pourra pas avoir moins d'un certain nombre de feux par mois.

Quelquefois les feux que reçoit un acteur, lorsqu'il joue, sont plus considérables que la partie correspondante de ses appointements fixes. Les feux sont accordés dans de très-larges proportions à l'artiste dont le talent exerce une influence directe sur la recette.

155. Les feux ne sont acquis à l'acteur qu'autant qu'il a joué dans un ouvrage. Cette condition est rigoureusement exigée, quel que soit d'ailleurs le motif de l'empêchement, et lors même qu'il ne s'agirait que d'une indisposition qui n'éloignerait l'artiste de la scène que pour une soirée.

§ 3. — *Du prorata.*

156. Certains directeurs d'entreprises dramatiques des départements ont adopté, depuis quelques années, pour leurs troupes, la forme d'associations en participation dans lesquelles ils font entrer les artistes qu'ils engagent. Le contrat d'engagement contient, soit au commencement, soit à la fin, l'acte de société, de sorte que l'artiste en acceptant les conditions de l'engagement accepte en même temps celles de l'acte de société. D'après ce mode d'association, tous les artistes deviennent sociétaires ; mais les obligations que cette qualité leur impose diffèrent selon les actes de société. Dans quelques-uns de ces actes, les artistes ainsi associés sont *solidaires* entre eux ; dans d'autres ils n'encourent

aucune responsabilité, mais soit qu'il y ait ou non solidarité entre les participants, le directeur est toujours chargé de tout ce qui a rapport à l'administration, et conserve tous les pouvoirs et prérogatives qui lui appartenaient comme directeur. Son traitement est égal à celui de l'artiste le plus rétribué. Les comptes sont réglés et les appointements de tous les artistes payés, ou tous les quinze jours ou mensuellement au prorata des recettes. Plusieurs artistes désignés par le sort sont à leur tour chargés de vérifier l'exactitude des recettes, des dépenses et des répartitions.

Nous venons de citer certains actes de société qui rendaient les associés *solidaires* entre eux, il est nécessaire d'indiquer les conséquences légales de cette expression. « Il y a solidarité entre les débiteurs, porte l'art 1200 du Code civil, lorsqu'ils sont obligés à une même chose, de manière que chacun puisse être contraint pour la totalité, et que le paiement fait par un seul libère les autres envers le créancier. » Ainsi, à proprement parler, les co-débiteurs solidaires sont les uns vis-à-vis des autres, des cautions mutuelles qui ont renoncé au bénéfice de discussion et au bénéfice de division. (Argument tiré des art. 1216 2022 et 2026 du Code civil). Dès-lors, on comprend toute l'étendue que comporte un engagement stipulé dans de telles limites. — La solidarité ne se présume point ; il faut qu'elle soit expressément stipulée. Cette règle ne cesse que dans les cas où la solidarité a lieu de plein droit en vertu d'une disposition de la loi. (Code civil, art. 1202). La solidarité est donc conventionnelle ou légale. Mais lorsque la solidarité ne résulte pas de la convention, et que l'acte d'association en participation n'a point été publié et affiché ainsi que l'exige l'article 42 du Code de commerce, pour les actes de société en non collectif et en commandite, l'association en participation, qui est ignorée des tiers ou du moins ne leur est pas notifiée, n'entraîne point la solidarité entre les associés. Ainsi, la solidarité, en matière d'association en participation est une exception au droit commun. L'artiste qui consent à s'engager dans une association de ce genre ne doit donc pas y entrer comme associé *solidaire*, parce que, comme nous l'avons déjà dit, une qualité semblable peut entraîner de trop graves conséquences. Si l'artiste, en acceptant de faire partie de l'association vient à ne pas recueillir le fruit de ses travaux, il ne faut point qu'il puisse être exposé à payer en outre les dettes de l'association. C'est au directeur, qui est chargé de l'administration, à encourir cette responsabilité.

157. Il y a des directeurs de départements — et le nombre en est considérable — qui sans mettre leurs troupes en société insèrent dans leurs actes d'engagement une clause d'après laquelle une portion des appointements est fixe et l'autre indéterminée. Suivant le langage adopté dans les formules d'engagements imprimés, la partie fixe des appointements de l'artiste est désignée sous le nom d'ASSURANCE, et la partie indéterminée desdits appointements sous celui de PRORATA. La portion fixe est payée à l'artiste de mois en mois, mais la portion indéterminée à laquelle il a droit, c'est-à-dire le montant de sa part au prorata des sommes restant en caisse, ne lui est distribuée qu'à la fin de l'année théâtrale. En outre, la clause ci-dessus stipule qu'au directeur *seul* appartient l'administration générale, l'appréciation des dépenses à faire, des traités de tous genres, le choix des ouvrages à représenter, le droit de conclure les engagements des artistes, et employés, etc.

158. Si, d'après ce mode d'engagement, une portion des appointements est fixe et assurée, la portion stipulée au prorata ne doit être le plus souvent qu'un leurre pour l'artiste.

Le directeur, qui dispose à son gré des finances de l'administration, peut ordonner toutes les dépenses qu'il juge nécessaires aux besoins de l'entreprise; le seul contrôle que puissent exercer les artistes par leurs délégués, c'est de vérifier si les dépenses annoncées ont été réellement faites. Hors de là ils n'ont rien à dire et leurs observations ne seraient pas judiciairement admises. Dans la situation qu'il a su se ménager au moyen de la clause dont nous parlons, le directeur qui a seul le droit de commander les décors et les costumes peut très-facilement augmenter le matériel de ses magasins : comme aucun inventaire n'est dressé au commencement de l'année et que l'excédant ne peut lui être imputé d'après estimation, dans sa part au prorata, il s'ensuit de là que tout cet accroissement de matériel est fait à son profit avec les fonds des sociétaires. Il s'attribue souvent en outre une somme mensuelle avant tout partage, pour sa garantie, son privilége, son cautionnement, sa mise de fonds, etc., etc.

Il a donc des avantages considérables dans l'affaire. Quels risques court-il ? Les recettes quotidiennes sont employées à payer le personnel et les frais : il a droit à sa part sur ce prélèvement. Les artistes ont-ils des garanties suffisantes pour le paiement intégral de leur quote-part ? Elles n'existent que dans les recettes dont nous venons de parler ; car ils n'ont aucun recours contre le directeur. La portion qui leur est *assurée* est toujours calculée de manière à être fournie par les bureaux de recettes. Le directeur ne court aucune chance de perte et il multiplie ainsi les conditions de bénéfice : part assurée et égale à la plus élevée, — prélèvement d'une somme mensuelle pour garantie, etc., — augmentation de son matériel, — chance commune de bénéfices généraux.

L'artiste n'a de certain que cette part appelée *assurance*, et qui n'est en général que la moitié des appointements qu'il gagnait ou gagnerait avec les directeurs exploitant à leurs risques et périls.

Ainsi, toutes les clauses des engagements rédigés en vue de ce mode d'exploitation théâtrale sont favorables au seul directeur et les intérêts des artistes, loin d'y trouver la compensation d'une garantie quelconque, sont le plus souvent sacrifiés.

§ 4. — *Du paiement des appointements.*

159. L'artiste peut exiger le paiement de ses appointements aux époques fixées par l'acte d'engagement, ou à défaut, par l'usage du théâtre.

160. Le directeur d'un théâtre, sous prétexte qu'il a des réclamations à élever contre l'acteur, n'a pas le droit de se refuser au paiement des appointements de ce dernier. En effet, la compensation ne peut s'établir qu'entre deux dettes également liquides et exigibles, lors donc que cette circonstance indispensable ne se présente pas, la compensation ne saurait être admise. (Jugement du tribunal de commerce de la Seine, du 4 juillet 1845, journal *le Droit* du 5 juillet, même année. Affaire *Arnal* contre *Ancelot*).

La Cour d'appel de Bordeaux, par arrêt du 11 août 1829, s'est prononcée dans le même sens en jugeant que le commettant ne peut, sur la demande en remboursement d'avances *liquides* et *exigibles* faites par le commissionnaire, opposer en compensation des dommages et intérêts qu'il réclame contre ce commissionnaire, pour altération des marchandises dont il lui a confié la vente.

161. Lorsqu'il est stipulé dans l'engagement que les appointements doivent courir seulement du jour du début de l'acteur, ce début ne saurait être arbitrairement différé. Si donc l'acteur engagé avait sujet de craindre un semblable calcul, il devrait envoyer au directeur une sommation de le faire débuter en déclarant qu'il entend qu'en cas de refus, les appointements commenceront à courir du jour de cette mise en demeure. (MM. Vivien et Blanc, de *la Législation des théâtres*, n° 230).

162. D'après l'usage, le paiement des appointements se constate par la signature de l'artiste apposée sur la feuille d'émargement du registre de l'administration.

§ 5. — *De la saisie et du transport des appointements.*

163. Aux termes de l'article 557 du Code de procédure civile, tout créancier peut, en vertu de titres authentiques ou privés, saisir-arrêter entre les mains d'un tiers les sommes et effets appartenant à son débiteur ou s'opposer à leur remise. L'article 558 du même Code ajoute : s'il n'y a pas de titre, le juge du domicile du débiteur, et même celui du domicile du tiers-saisi, pourront, sur requête, permettre la saisie-arrêt et opposition.

164. Il n'y a d'exceptions à ce principe que celles que la loi a elle-même indiquées, et ce n'est qu'en faveur des fonctionnaires et employés du gouvernement qu'elle a établi qu'une certaine portion de leurs appointements serait seule saisissable. (Décret du 21 ventose, an IX).

Il suit de là qu'en règle générale la totalité des appointements des artistes attachés à un théâtre peut être saisie et arrêtée entre les mains du directeur.

164. Mais la jurisprudence a apporté un sage tempérament à l'excessive rigueur de ce principe. En effet, permettre la saisie totale, ce serait mettre le débiteur dans la triste alternative ou d'abandonner son emploi ou de travailler indéfiniment sans avoir l'espoir de retirer de son travail même ce qui lui serait strictement nécessaire pour sa subsistance et celle de sa famille. Sous ce rapport, ce système de saisie totale serait inadmissible; d'un autre côté, il serait même contraire aux intérêts des créanciers en ce qu'il mettrait le débiteur dans l'impossibilité même de subsister et par suite de remplir ses engagements. Aussi, la jurisprudence qui n'autorise la saisie que d'une portion des appointements, nous paraît-elle pleine de sagesse, puisqu'elle tend à concilier à la fois les droits des créanciers et ceux du débiteur. Au reste, les décisions rendues conformément à cette jurisprudence ne sont pas uniquement fondées sur des considérations d'équité,

et les termes de l'article 1244 du code civil, qui donnent aux juges le droit d'accorder des délais au débiteur, viennent prêter à ces décisions une grande force de légalité.

Les tribunaux règlent d'ordinaire la quotité saisissable du traitement des artistes attachés à des entreprises de théâtre, d'après l'importance des dettes et des appointements, et d'après les exigences de la position du débiteur.

Nous citerons comme ayant limité les effets de la saisie à une portion des appointements de l'acteur, les décisions judiciaires que voici : Arrêts de la cour de Paris des 29 juillet 1814, 7 juillet, 25 octobre 1843. (*Gazette des Tribunaux* des 8 juillet et 26 octobre 1843); de la Cour de Lyon, du 28 juin 1837. (*Journal du Palais*, t. 1er de 1838, p. 188, et *Gazette des Tribunaux* du 17 juillet 1837) ; Jugements du tribunal civil de la Seine des 18 août et 30 décembre 1842, 7 mars et 19 septembre 1844, 3 janvier, 11 mars et 24 octobre 1845, 27 janvier 1846 (*Gazette des Tribunaux*, des 28 mars 1828, 19 août 1842, 8 mars et 20 septembre 1844, 12 mars, 25 octobre 1845, 28 janvier 1846); du tribunal civil de Lyon, 2e chambre, 22 janvier 1845, présidence de M. Sériziat; Ordonnance de référé rendue par M. le président du tribunal civil de la Seine, le 9 juin 1846 (*Gazette des Tribunaux* du 10 juin même année.

165. L'opposition sur les appointements d'un acteur ne peut être formée qu'entre les mains du directeur; elle est nulle si elle est formée entre les mains du caissier de l'administration théâtrale. En effet, c'est le directeur et non le caissier qui est le véritable débiteur. (Arrêt de la cour de Paris du 18 juin 1831).

166. Les appointements de l'acteur sont saisissables pour les termes échus ; ceci ne saurait être l'objet d'aucun doute, mais le sont-ils également pour les termes à écheoir ?

Assurément, on peut soutenir que jusqu'à l'échéance les appointements ne sont point acquis à l'artiste, puisque, soit par son fait, s'il ne travaille pas, soit par des circonstances indépendantes de sa volonté, s'il est dans l'impossibilité de travailler, il peut se faire qu'il n'y ait pas droit. Mais cela n'empêche point qu'il y ait au profit de l'artiste une créance conditionnelle évidemment saisissable, sauf au créancier à suivre les chances qui peuvent se trouver attachées à la réalisation de la condition. Quel serait d'ailleurs le résultat du système qui tendrait à forcer ce créancier à réitérer la saisie-arrêt à l'échéance de chaque terme échu, sinon de ruiner le débiteur en frais de justice. Disons-donc avec les auteurs (M. Roger, *Traité de la saisie-arrêt*, no 170, le *Journal du Palais*, t. 1er de 1838, p. 188, note), que les termes non échus des appointements de l'acteur, bien que dus seulement conditionnellement, sont saisissables de même que les termes échus de ses appointements.

167. La saisie-arrêt est-elle praticable sur les appointements d'un acteur qui se fait payer avant chaque représentation? Il est évident que si des conventions interviennent entre le directeur et l'acteur dans le but de soustraire les appointements de ce dernier aux poursuites de ses créanciers, ce qu'il y a lieu de supposer, lorsque l'acteur reçoit avant chaque représentation une somme déterminée, les tribunaux peuvent ne pas avoir égard à cette stipulation insolite, et ordonner que la saisie-arrêt pratiquée par le créancier sur les appointements de l'acteur, déclarés payables à l'avance, n'en produira pas moins son effet. C'est ce que le tribunal civil de la Seine a décidé par jugements de la 5e chambre des 6 mai 1843 et 17 janvier 1846 (*Gazette des Tribunaux* du 7 mai 1842 et journal *le Droit* du 18 janvier 1846).

168. On ne peut pratiquer de saisie-arrêt sur les bagages d'un acteur lorsqu'il est établi, d'après les circonstances de la cause, que terme et délai lui ont été accordés par son débiteur. La main-levée de la saisie qui aurait eu lieu peut être prononcée dans ce cas par le tribunal; mais il peut ordonner par le même jugement qu'une partie des appointements de l'acteur soit déléguée à son créancier (Jugement du tribunal de la

Seine, 3ᵉ chambre, du 23 juin 1842, *Gazette des Tribunaux* du 24 juin même année).

169. Un acteur ne peut s'opposer à la saisie de ses costumes, en alléguant qu'ils sont nécessaires à ses travaux et engagés au service du théâtre. Mais il a le droit, conformément à l'article 592, § 4, du code de procédure civile, d'en conserver jusqu'à la valeur de 300 francs.

170. Le transport fait par un artiste du produit de la recette d'une représentation donnée à son bénéfice est valable, lorsque d'ailleurs il est exempt de simulation et de fraude. Ce transport ne doit pas être considéré comme ayant pour objet une créance non encore existante ; il constitue une obligation conditionnelle valable aux termes de l'art. 1179 du code civil. (Jugement du tribunal civil de la Seine 2ᵉ chambre, du 1ᵉʳ février 1843, *Gazette des Tribunaux* du 2 février 1843).

SECTION VI.

Des Obligations et des droits que l'engagement théâtral fait naître pour l'acteur.

171. L'engagement théâtral se forme, comme nous l'avons dit plus haut (p. 37) par le consentement mutuel de l'acteur et du directeur ; il suit de là que les contractants peuvent étendre ou restreindre leurs obligations par toutes les conventions licites qu'ils jugent à propos d'insérer dans le contrat.

L'engagement ainsi arrêté devient pour le directeur et l'artiste une loi commune à laquelle tous deux sont obligés de se soumettre, mais en l'absence de conventions particulières, ils demeurent sous l'empire du droit commun, et la loi civile détermine leurs obligations et leurs droits respectifs. Ce qui constitue un droit en faveur de l'un, devient pour l'autre une obligation, et c'est de la combinaison de ces droits et de ces obligations que sont nés les principes qui servent de base en matière d'engagement théâtral. Nous allons développer dans les deux sections suivantes les obligations et les droits que ce contrat fait naître pour l'artiste.

§ 1er. — *Des obligations qui naissent de l'engagement théâtrale.*

172. D'après l'examen que nous avons fait des diverses clauses que renferment les actes d'engagement imprimés, on a déjà vu quelles sont les obligations générales auxquelles ces actes soumettent les artistes. Mais afin de bien préciser ces obligations et d'en montrer l'ensemble, nous allons les énumérer ici.

L'acteur est obligé de remplir les rôles que lui assigne l'acte d'engagement ;

De jouer même dans divers théâtres le même jour et de se rendre en tout lieu désigné par le directeur (1) ;

De se trouver à toutes les répétitions générales et particulières aux heures indiquées ;

D'être rendu au théâtre également aux heures indiquées pour le service des représentations ;

---

(1) Cette clause est généralement insérée dans les engagements imprimés. MM. Vivien et Blanc (*de la législation des théâtres*, n° 258), ont donc commis un erreur en disant que l'acteur engagé dans une troupe sédentaire ne peut être obligé de voyager même pour le service de l'entreprise. Il résulte au contraire de la clause ci-dessus, que l'artiste est tenu de se transporter *en tous lieux* désignés par le directeur. Dans ce cas il est seulement dû à l'artiste une indemnité pour frais de déplacement.

Il importe de remarquer que le directeur ne peut faire déplacer tout ou partie de sa troupe d'une ville dans une autre sans une permission de l'autorité supérieure. Mais l'obtention de cette autorisation est indépendante de la clause ci-dessus dont le directeur peut réclamer l'exécution.

De ne rien changer, ni ajouter, ni retrancher aux rôles qu'il est chargé de remplir (voyez p. 27);

De se fournir des habits de ville et accessoires compris sous cette dénomination;

De ne point faire usage de ses talents sur un autre théâtre, ni jouer ou chanter dans aucun concert public ou particulier;

De ne pouvoir s'absenter du lieu où se trouve le théâtre sans permission du directeur;

De prévenir l'administration en cas de maladie;

Enfin, de se conformer aux règlements du théâtre dans lequel il est engagé.

Telles sont les obligations générales qui pèsent sur l'acteur. Ce qui va suivre complètera ce que nous avons à dire à cet égard.

173. Lorsque l'engagement donne à un acteur le titre de chef d'emploi, cet acteur pourra réclamer les rôles qui appartiennent à cet emploi, ce qui, toutefois, n'empêche pas le directeur de prendre un autre chef pour le même emploi, si une clause contraire n'a pas été stipulée dans l'engagement ; le chef d'emploi qui a été ainsi suppléé est donc tenu de jouer les rôles dans le cas où le directeur l'exige. (Jugement du tribunal de commerce de la Seine, du 10 septembre 1829. Dans cette affaire il s'agissait du rôle de Marino Faliero qui avait été retiré à M. Frédéric Lemaître, donné à M. Ligier, joué par ce dernier, et imposé ensuite à M. Frédéric Lemaître, qui fut condamné à le remplir de nouveau).

174. Lorsqu'un acteur a négligé d'apprendre son rôle, l'inexécution de cette obligation peut donner lieu à des dommages-intérêts contre lui. Par exemple, le tribunal de commerce de la Seine, par jugement du 25 août 1829, a condamné la dame Moreau-Sainti, engagée au théâtre de l'Odéon, à apprendre le rôle de la duchesse de Villeroy, dans la pièce intitulée *le Clerc de la Basoche*, à assister aux répétitions, sinon à payer une somme de 10,000 fr. de dommages-intérêts et aux dépens. (*Gazette des Tribunaux* du 26 août 1829). Un

autre jugement du même tribunal, du 1er septembre 1829, a condamné la demoiselle Prost, à reprendre son service, dans le délai d'un mois, à peine de 1,500 fr. de dommages intérêts (*Gazette des Tribunaux* du 2 septembre 1829.)

175. Un acteur ne peut refuser de jouer un rôle qui lui a été distribué, sous prétexte qu'il n'est pas prêt et qu'il n'y a pas eu assez de répétitions. C'est ce qu'a décidé un jugement du tribunal de commerce de la Seine du 1er avril 1845. Le dispositif de ce jugement fait suffisamment connaître les circonstances de la cause : « Attendu que la pièce des *Deux Tambours* a été distribuée aux acteurs le 24 février ; qu'il y a eu quinze répétitions ; que M. Arnal a eu le temps nécessaire pour apprendre son rôle et que d'autres acteurs, qui jouent dans la même pièce et ont des rôles plus longs, sont prêts à jouer, le tribunal condamne M. Arnal à jouer le soir même dans la pièce des *Deux Tambours*, sinon à payer 2,000 fr. de dommages-intérêts au directeur. » (*Gazette des Tribunaux*, du 2 avril 1845.)

176. C'est aux tribunaux qu'il appartient d'apprécier l'indemnité due par un acteur qui a fait manquer par sa faute une représentation. Des précédents judiciaires ont fixé, dans ce cas, les dommages et intérêts, tantôt au-dessus, tantôt au-dessous de la recette qui avait été faite et qu'on s'était trouvé obligé de restituer au public.

Ainsi un jugement du tribunal de Rouen, rendu en décembre 1828, a condamné Mme Dangremont, artiste du théâtre de cette ville, à payer au directeur une somme de 500 fr. La recette rendue ne s'était élevée qu'à 400 fr. De même, un jugement du tribunal de commerce de la Seine du 13 août 1828 a condamné M. Caré, acteur de la troupe Seveste, à 100 fr. d'indemnité, pour avoir fait manquer une représentation et forcé le directeur à rendre 300 fr. au public. Ces décisions sont également rapportées par MM. Vivien et Blanc, *De la législation des théâtres*, n° 244.

177. L'acteur, comme on l'a vu ci-dessus, ne doit point, sans la permission du directeur, s'absenter du lieu où le

théâtre est situé; l'infraction à cette défense peut donner lieu à la résiliation de l'engagement. Cependant, le tribunal de commerce de la Seine, par jugement du 22 mars 1843, a admis une exception à cette règle pour le cas où il s'agit d'une cause très-grave, telle que, par exemple, la nécessité de remplir un devoir de famille. Mais il a décidé en même temps que si l'absence de l'artiste, lorsque le motif est reconnu légitime, n'entraîne pas la résiliation de l'engagement, l'artiste n'en doit pas moins des dommages et intérêts au directeur, pour le préjudice que cette absence lui a fait éprouver. Voici au reste, les termes du jugement que nous indiquons :

« En ce qui touche la demande de Dejean (*le directeur du Cirque-Olympique*), tendant à la résiliation de l'engagement verbal des sieur et dame Lejars, — Attendu que cet engagement consenti solidairement pour les sieur et dame Lejars, le 12 novembre 1840, ne doit expirer que le 1er avril prochain; que néanmoins, Dejean, directeur du Cirque-Olympique, se fondant sur une absence de vingt jours, faite en décembre dernier, par Lejars, demande la nullité du contrat, à partir dudit mois de décembre, — Attendu qu'en quittant Paris pendant vingt jours pour aller à Francfort-sur-l'Oder, il est constant que Lejars n'avait pas l'intention de rompre son engagement; qu'à son retour il s'est mis à la disposition de son directeur; qu'il ne s'est d'ailleurs absenté que pour un devoir de famille, et que dès-lors il n'y a pas lieu de résilier, pour ce fait, les conventions verbales établies entre les parties.

« En ce qui touche les dommages-intérêts réclamés par Dejean : — Attendu que si le demandeur prétend avoir épouvé un préjudice, ne pouvant employer Lejars dans leur pièce nouvelle, intitulée le *Prince Eugène*, il faut reconnaître que le concours de cet habile écuyer aurait ajouté au succès de la représentation ;—Attendu qu'il appartient au tribunal d'apprécier le tort causé au directeur du Cirque, par le fait de Lejars, mais en ayant toutefois égard aux circonstances de la cause ; — En ce qui touche les dommages-intérêts réclamés par les sieur et dame Lejars : — Attendu que l'engagement étant maintenu, les appointements des sieur et dame Lejars leur sont acquis pour les mois de décembre, janvier et février, mais qu'ils demeurent solidairement responsables envers Dejean, des dommages-intérêts qui peuvent être mis à la charge de l'un ou de l'autre, jusqu'au terme de leur engagement ; — Par ces motifs, déclare Dejean mal fondé dans sa demande en résiliation de l'engagement verbal des sieurs et dame Lejars, et l'en déboute ; — Condamne, par les voies de droit et par corps, Dejean à payer à la dame Lejars la somme de 1,500 fr. pour ses appointement jusqu'au 1er mars courant, et pareille somme à Lejars, au même titre ; — Autorise Dejean à retenir sur les 1,500 fr. par lui dûs à Lejars, une somme de 800 fr., à laquelle le tribunal fixe les dommages-intérêts pour le préjudice que ce dernier lui a causé par son absence ; — Ordonne qu'il sera fait masse des dépens qui seront partagés entre Dejean et Lejars. (*Gazette des Tribunaux* des 10 et 23 mars 1843.)

178. Lorsque l'acte d'engagement désigne un *emploi* spécial et qu'une clause *imprimée*, qui vient à la suite, porte que l'acteur sera tenu de jouer tous les rôles, jugés par le directeur, convenables au talent et au physique de l'acteur, la fixation de l'emploi ne met point obstacle à l'effet de cette clause, et l'artiste demeure obligé de jouer tous les rôles qui lui sont distribués par le directeur. C'est ce que la Cour de Paris a jugé par arrêt du 20 janvier 1829, en condamnant l'acteur Philippe à jouer le rôle qu'il avait refusé, ou à payer au directeur, à titre d'indemnité, une somme de 10,000 fr. (*Gazette des Tribunaux* du 21 janvier 1829).

MM. Vulpian et Gauthier, *Code des Théâtres*, p. 250, critiquent à tort cette décision, qui nous semble, au contraire, conforme aux vrais principes en matière d'engagement théâtral. En effet, dès que l'acteur a accepté la clause par laquelle il se soumet à remplir, sans pouvoir les refuser, tous les rôles qui lui seront confiés, c'est assez dire que la désignation de l'emploi doit fléchir devant les obligations plus étendues qui résultent de cette dernière clause, peu importe qu'elle soit imprimée ou écrite à la main ; dans l'une ou l'autre circonstance elle a la même valeur légale. C'est à l'acteur, s'il ne veut point accepter cette condition à la faire retrancher de l'engagement ; mais, dans le cas où aucune modification n'a été faite à cet égard, la clause ainsi rédigée doit être exécutée suivant sa forme et teneur. L'arrêt rapporté ci-dessus est donc, selon nous, à l'abri de tout reproche et parfaitement juridique.

179. Un acteur de province, engagé pour l'opéra, mais qui s'est obligé de jouer, en outre, les rôles que le directeur jugera convenable à son physique et à ses moyens, ne peut refuser un rôle qui lui est donné, en alléguant que ce rôle ne rentre pas dans le genre de son emploi ordinaire (Jugement du tribunal de commerce de Besançon, du 1er octobre 1831 ; *Gazette des Tribunaux* du 12 octobre 1831, affaire *Carré, artiste*, contre *le directeur du théâtre de Besançon*).

180. Lorsqu'il a été convenu qu'un acteur tiendrait dans un théâtre l'emploi de premier ténor en chef et sans partage, avec faculté pour la direction de faire jouer les rôles par un autre en cas de refus de l'artiste, provenant de maladie ou de toute autre cause, et qu'il est en outre stipulé que l'acteur se réserve le droit de ne jamais jouer entre les représentations d'un artiste de Paris tenant son emploi, ces clauses, quoique ayant entre elles une corrélation, doivent cependant être considérées comme distinctes. En effet, si la première de ces clauses consacre, en faveur de l'acteur, le droit de tenir seul, pendant la durée du traité, l'emploi de premier ténor, c'est-à-dire si elle interdit au directeur d'engager, à titre permanent, un autre ténor pour le même emploi, ainsi que cela se pratique dans les théâtres de quelques grandes villes, il n'en résulte pas une prohibition absolue à l'usage qui se pratique dans tous les théâtres, de faire paraître exceptionnellement dans quelques rôles des artistes non pensionnés par la direction et engagés seulement pour un nombre de repré-

sentations restreint et limité. D'ailleurs, le droit de faire paraître d'autres artistes dans le même emploi, se trouve consacré formellement en faveur du directeur par la dernière clause qui, en ce sens, affranchit le pensionnaire de l'obligation de jouer pendant la durée des représentations de ces artistes. Encore bien qu'il n'ait été question que des artistes de Paris, il n'en parait pas moins évident qu'on a voulu désigner tous les artistes d'un mérite suffisant pour être considérés comme hors ligne, et non comme suppléants de l'artiste titulaire. La dénomination d'artistes de Paris est purement indicative et s'applique à la classe des artistes que l'on produit exceptionnellement, dans des cas extraordinaires, sur les théâtres de province. Enfin, cette seconde clause ne consacre pas un droit actif en faveur de l'acteur, mais seulement une faculté purement passive d'abstention dans un cas prévu (Jugement du tribunal de commerce de Lille, du 1er décembre 1846; *Gazette des tribunaux*, du 4 décembre 1846).

181. Le refus de jouer, lorsqu'il n'est pas motivé par des faits de nature à être admis comme excuse valable, peut entraîner pour l'artiste des conséquences graves sous le rapport des condamnations pécuniaires qu'il encourt. Nous citerons à ce sujet les décisions suivantes : Jugement du tribunal de commerce de la Seine, du 2 mars 1831, qui condamne M. Gobert à payer à M. Crosnier, directeur du théâtre de la *Porte-Saint-Martin*, la somme de 9,960 fr., équivalent à la quotité de deux des plus fortes recettes, pour refus de continuer à jouer le rôle de *Napoléon* dans la pièce de ce nom. (M. Dalloz, *Recueil périodique de Jurisprudence*, année 1833, 3e partie, p. 35). — Jugement du tribunal civil de Lorient, du 24 novembre 1836, qui condamne la demoiselle Hyacinthe au paiement de 300 fr. envers son directeur à titre de dommages et intérêts, pour refus de jouer, sans justifier d'aucune cause jugée légitime. (*Le Droit*, du 4 février 1837).—Jugement du tribunal de commerce de la Seine, du 4 juin 1837, qui condamne M. Révial, artiste de l'*Opéra-Comique*, à 500 fr. de dommages et intérêt au profit de M. Crosnier, son

directeur, par suite de refus de jouer pour cause de maladie non constatée par les médecins de l'administration (*Le Droit*, du 6 juin 1838). — Arrêt de la cour de Paris, 1re chambre, du 6 août 1838, qui condamne mademoiselle Héléna Gaussin à payer à M. Nestor de Biesne, directeur du 3e arrondissement théâtral à Rheims, la somme de 2,000 fr. stipulée à titre de dédit d'engagement (*Le Droit*, du 7 août 1838). — Jugement du tribunal de commerce de Nancy, qui condamne M. Masson, premier ténor, à 200 fr. de dommages et intérêts envers le directeur, pour refus de jouer *Jean de Paris*, le samedi, et *Robert-le-Diable*, le dimanche. L'artiste alléguait pour défense qu'il serait trop fatigant pour lui de jouer successivement dans ces deux ouvrages (*Le Droit*, du 9 octobre 1839). — Jugement du tribunal de commerce de la Seine, du 9 octobre 1844, qui condamne M. Laferrière à jouer, dans la quinzaine du jour du jugement, le rôle d'*Edmond Senneterre*, dans la pièce de *Nelly*, sinon à payer 100 fr. par chaque jour de retard (*Gazette des Tribunaux*, du 11 octobre 1844). — Jugement du même tribunal, du 1er avril 1845, qui condamne M. Arnal à jouer le rôle à lui distribué dans la pièce des *Deux Tambours*, et, en cas de refus, à payer la somme de 2000 fr. réclamée par le directeur (*Le Droit*, du 2 avril 1845). Voyez ci-dessus p. 107.

182. Les acteurs d'un théâtre, alors même que leurs appointements ne sont pas payés, ne peuvent, en alléguant ce motif, refuser de jouer. Ils doivent accomplir cette obligation tant qu'ils ne sont pas déliés de leurs engagements. Ceci résulte d'un jugement du tribunal de commerce de la Seine, du 6 avril 1849. Dans cette affaire, plusieurs artistes du théâtre de la Porte-Saint-Martin avaient fait signifier au directeur qu'ils ne joueraient pas, attendu que leurs appointements n'étaient pas payés. Le directeur les avait fait assigner devant le tribunal de commerce, en payement des dédits stipulés dans leurs divers engagements. Les artistes, de leur côté, s'étaient portés demandeurs en déclaration de faillite. Le tribunal avait mis la cause en délibéré, mais,

le jour où le jugement devait être prononcé, le directeur a déposé son bilan au greffe ; il n'y avait plus, dès lors, à statuer sur la demande en déclaration de faillite, et le tribunal, tout en blâmant la conduite des artistes qui avaient refusé de jouer alors qu'aucune décision judiciaire ne les avait déliés de leurs engagements, a néanmoins reconnu que cette conduite n'avait causé en fait au directeur aucun préjudice appréciable, et les a seulement condamnés aux dépens. (*Gazette des Tribunaux*, du 7 avril 1849). Cette décision se rapproche de l'arrêt de la cour de Lyon, cité p. 70.

183. Un acteur ne peut abandonner un rôle qu'il a accepté, répété et joué. (Arrêt de la cour de Paris, 1re chambre, du 9 mai 1843, *Gazette des Tribunaux*, du 10 mai, même année.) Dans cette affaire, il a été jugé que M. Duprez, quoique premier sujet, muni d'un engagement particulier, était cependant soumis aux réglements généraux de l'Académie royale de musique, qui n'autorisaient, au profit d'aucun artiste, l'abandon d'un rôle accepté. M. Duprez fut condamné à payer, à titre de dommages-intérêts, la somme de 12,000 fr. équivalant à un mois de ses appointements.

184. Pareillement, un jugement du tribunal de commerce de la Seine, du 23 avril 1845, a condamné Mlle Grisi, à payer au directeur du théâtre Italien, la somme de 10,000 fr., à titre d'indemnité, pour avoir refusé de jouer dans une représentation au bénéfice de Lablache, le rôle d'*Elisetta* dans le *Matrimorio Segreto*, de Cimarosa. (Journal *le Droit* et *Gazette des Tribunaux*, du 24 avril 1845).

Le même jugement a reconnu que *la prima dona soprano* (première chanteuse) exécute dans chaque pièce le rôle de *soprano* le plus important, que cette règle souffre toutefois exception, quand il s'agit des chefs-d'œuvre de l'art musical ; que d'après cet usage fondé sur le respect dû aux grands compositeurs, et sur les exigences du public, l'exécution des divers rôles de ces chefs-d'œuvre est confiée habituellement aux artistes les plus distingués ; que, par exemple, les trois rôles de femme qui se trouvent dans le *Matrimonio Segreto*, de Cimarosa, bien qu'ils ne soient pas d'égale proportion, sont considérés comme appartenant à l'emploi de *prima dona*.

185. Les acteurs ne peuvent se refuser à jouer un prologue ou une pièce qui les obligerait à se placer parmi les spectateurs. (MM. Vivien et Blanc, n° 257, et Dallos, n° 26.) Ceci résulte, d'ailleurs, de l'acte d'engagement imprimé, qui renferme toujours une clause d'après laquelle les acteurs s'obligent à jouer tous les rôles qui leur sont distribués.

186. En général, les actes d'engagement imprimés contiennent une clause qui oblige les acteurs à paraître dans toutes les pièces à spectacle et à chanter dans les chœurs. Aux termes de certains engagements, la clause va jusqu'à astreindre les artistes à danser dans les ballets, si le directeur le requiert. Il est évident que l'acteur, qui a signé un engagement qui renferme des clauses semblables, est tenu de s'y soumettre. En effet, c'est à lui d'examiner préalablement s'il veut ou non accepter les conditions qui se trouvent dans l'engagement, car, une fois cet acte signé, l'artiste ne peut se soustraire à l'exécution des clauses qui y sont insérées, lorsqu'elles n'ont, d'ailleurs, rien de contraires à la loi ni à l'ordre public; et, en cas de refus, il est passible de l'amende fixée par le règlement du théâtre auquel il est attaché. Le tribunal de commerce de la Seine s'est prononcé dans le même sens, notamment par jugement du 28 octobre 1845 (Journal *le Droit* et *Gazette des Tribunaux* du 29 octobre 1845, affaire *Tournemine, directeur*, contre *les jeunes premières du théâtre du Luxembourg*).

Mais que faudrait-il décider, si l'engagement gardait le silence sur ce point ou était verbal? Le directeur pourrait-il alors contraindre l'artiste à paraître dans les pièces à spectacle, à chanter les chœurs ou à danser dans les ballets? Il nous semble que l'usage de la troupe à cet égard, l'importance du théâtre, la position que l'artiste y occupe, doivent être appelés à exercer une grave influence sur la solution d'une question de ce genre. Notre opinion s'appuie sur l'article 1135 du Code civil qui est ainsi conçu : « Les conventions obligent non-seulement à ce qui y est exprimé, mais encore à toutes les suites que l'équité, l'usage ou la loi donnent à l'obligation d'après sa nature. » Toutefois, il est évident que les tribunaux, appelés à prononcer dans l'espèce que nous examinons, repousseraient les prétentions du directeur, si elles avaient pour but de vexer l'artiste en voulant le contraindre à se soumettre à un travail en dehors des habitudes du théâtre où il est engagé.

187. L'artiste dramatique qui s'est engagé envers un directeur à donner des représentations dont les jours sont déterminés à l'avance, est passible de dommages-intérêts lorsqu'il manque à son engagement. (Arrêt de la cour de Paris, du 27 août 1850, *Gazette des Tribunaux*, du 28 août, même année.) Dans cette affaire, la cour a condamné M. Barroilhet à payer 1,500 fr. de dommages-intérêts à M. Suzanne, directeur du théâtre d'Angers, pour inexécution de l'engagement contracté envers ce dernier.

188. L'acteur ne peut réclamer de congé qu'autant qu'il en a été stipulé à son profit dans l'acte d'engagement. Lorsqu'il a été convenu qu'un congé lui serait accordé annuellement, il peut, pendant le temps de ce congé, jouer sur un autre théâtre, à moins de stipulation contraire. Le directeur n'a pas le droit de désigner pour le temps du congé une époque autre que celle déterminée dans l'acte d'engagement.

L'espèce suivante s'est présentée : par conventions verbales du 26 octobre 1844, M. Chollet et Mlle Prévost avaient été engagés au théâtre de l'Opéra-Comique pour trois ans, du 1er mai 1845, au 1er mai 1848. Entr'autres stipulations, il avait été dit que le directeur pourrait résilier leur engagement à sa volonté au commencement de chaque année, à la charge par lui de les prévenir deux mois à l'avance. Il était dit, en outre, que M. Chollet et Mlle Prévost, prendraient, chaque année, deux mois de congé, à la désignation du directeur, à la charge par celui-ci de les prévenir également deux mois à l'avance, et que ces deux mois pourraient être reportés et joints à ceux de l'année suivante. Un dédit de 50,000 fr. avait été stipulé dans l'engagement passé avec M. Chollet, et un dédit de 30,000 fr. avec Mlle Prévost. — Le 28 février 1846, M. Basset, directeur du théâtre de l'Opéra-Comique, signifia à M. Chollet et à Mlle Prévost, qu'ils eussent à considérer leur engagement comme terminé au 1er mai suivant, et à faire des deux mois de congé à expirer jusque là, les deux mois de congé de leur année théâtrale. — En agissant ainsi, M. Basset, se conformait rigoureusement aux termes des conventions, quant à la résiliation des engagements, mais M. Chollet et Mlle Prévost, se plaignaient d'être pris au dépourvu et de n'avoir pas le temps de faire leurs dispositions de manière à rendre leur congé et leur excursion en province aussi fructueuse que possible. Le tribunal de commerce de la Seine, saisi de cette contestation, a prononcé en ces termes, par jugement du 20 mai 1846 : Attendu que la fixation des époques de congé, deux mois à l'avance, était l'une des principales obligations imposées à Basset; — Que la stipulation du dédit perdrait son caractère de réciprocité, si on la déclarait inapplicable dans l'espèce au fait d'inexécution qui s'y rapporte ; — Attendu qu'en présence de l'infraction qu'il a commise, il ne reste aujourd'hui à Basset la possibilité de la réparer, qu'en donnant de la suite aux engagements des parties pour une seconde année ; — Qu'en s'y refusant, il fait un acte volontaire de résistance à l'exécution des conventions et se rend passible du dédit ; — Attendu, toutefois, qu'il y a lieu d'en modérer la rigueur, partie des obligations principales ayant été exécutées ; — Et attendu que les demandeurs laissant au défendeur l'option entre payer le dédit ou donner suite à leurs engagements ; — Par ces motifs, le tribunal condamne Basset, par les voies de droit, même par corps, à payer à Chollet, à titre de dédit, la somme de 20,000 fr., et à la demoiselle Prévost, celle de 12,000 fr., si mieux il n'aime donner suite aux conventions verbales du 26 octobre 1846 ; ordonne qu'il sera tenu d'opter dans la huitaine de la signification du présent jugement ; que faute de ce faire, les présentes condamnations deviendront exigibles ; et le condamne aux dépens. » (*Gazette des Tribunaux*, du 25 mai 1846.)

189. L'artiste étant tenu de se rendre au théâtre aux heures indiquées, soit pour les répétitions, soit pour les représentations, doit, s'il ne peut pas, pour cause de maladie ou indisposition, accomplir cette obligation, donner de suite avis de cette circonstance au directeur et attendre la visite du médecin du théâtre qui seul a capacité légale pour constater cet empêchement. (Voyez pag. 60 et 61.

190. Lorsque, par une clause de l'engagement, l'acteur s'est obligé, dans le cas où le directeur prendrait la direction d'un second théâtre, à jouer sur deux théâtres pendant toute la durée dudit engagement, et lorsque, par suite de l'obtention de cette autorisation, une division des artistes, attachés aux deux théâtres, a eu lieu et a été approuvée par l'autorité supérieure, l'acteur est tenu d'exécuter cette clause, et il devient passible de dommages et intérêts si, avant l'expiration de son engagement, il a passé sur un autre théâtre, et le directeur de ce dernier théâtre peut être condamné, solidairement avec l'acteur, aux dommages et intérêts envers l'autre directeur (Jugement du tribunal de commerce de la Seine, du 29 octobre 1839, *Gazette des Tribunaux* du 30 octobre même année, affaire *Mayer et Montigny*, *directeurs*, contre *Serré Saint-Firmin*, *artiste*).

191. Lorsqu'il a été stipulé dans un acte d'engagement théâtral, que dans le cas où l'artiste quitterait le théâtre pour se marier, le dédit stipulé ne serait pas exigible, en prévenant le directeur un mois à l'avance ; mais que dans le cas où l'artiste, après avoir donné un avis, quitterait le théâtre et passerait sur un autre, le dédit serait exigible ; il ne saurait dépendre de la volonté de l'artiste de suspendre indéfiniment l'exécution

de l'engagement, sous prétexte qu'il est toujours dans l'intention de se marier. Il y a lieu de condamner l'artiste au paiement du dédit s'il a quitté le théâtre sans justifier d'aucuns actes sérieux, ni même d'aucunes tentatives pour arriver prochainement à la réalisation du mariage annoncé.

Le Tribunal de commerce de la Seine, appelé à apprécier les circonstances ci-dessus, a condamné, par jugement du 6 avril 1846, Mlle Maria Violet, artiste des Variétés, à payer solidairement avec M. Coralli, son tuteur, la somme de 10,000 francs, stipulée dans l'engagement à titre de dédit (*Gazette des Tribunaux* du 7 avril 1846).

§ II. — *Des droits qui résultent pour l'acteur de l'engagement théâtral.*

192. Nous avons vu dans le paragraphe précédent quelles sont les obligations que l'acte d'engagement théâtral impose à l'acteur, occupons-nous maintenant des droits que ce contrat fait naître au profit de l'artiste.

193. Les droits de l'acteur ont pour point de départ l'engagement intervenu entre lui et le directeur. Ces droits résultent ou des termes mêmes de la convention, ou de la nature particulière du contrat.

194. L'engagement donne à l'acteur le droit d'exiger du directeur le paiement des appointements convenus. Ce paiement doit être exactement effectué à son échéance, sinon l'acteur peut en poursuivre judiciairement l'exécution.

195. Lorsqu'il a été stipulé que les appointements ne courront que du jour des débuts de l'artiste, il ne dépend point du directeur de suspendre indéfiniment le paiement de ces appointements, en retardant les débuts. L'acteur devrait, en pareil cas, mettre le directeur en demeure de le faire débuter. Cette mise en demeure a lieu au moyen d'une sommation signifiée par huissier.

Si des difficultés s'élèvent sur ce point, c'est aux tribunaux qu'il appartient de les décider.

Nous rapporterons à ce sujet l'espèce suivante : Le 2 août 1849, Mme Halley s'était engagée pour vingt mois au théâtre de la Gaîté, moyennant 3,600 fr. par an ; mais il était dit que ses appointements ne courraient que du jour de ses débuts. La réouverture du théâtre de la Gaîté avait eu lieu le 20 septembre 1849. Au mois de décembre, Mme Halley n'ayant pu, après une attente de plusieurs mois, obtenir de débuter, et ne touchant par conséquent aucun traitement, assigna M. Hostein, son directeur, devant le tribunal de commerce de Paris, pour le faire condamner à lui payer ses appointements depuis le 1er décembre. Le tribunal, par jugement du 20 décembre 1849, accueillit cette demande, et condamna M. Hostein, même par corps. — Appel par M. Hostein. — Appel incident par Mme Halley, demandant 1,200 fr. de dommages et intérêts, à raison du retard apporté à ses débuts par M. Hostein. Mais la cour de Paris, par arrêt de la 4e chambre du 22 mars 1850, a confirmé purement et simplement le jugement du tribunal de commerce (Journal *le Droit*, des 22 décembre 1849 et 23 mars 1850).

196. L'artiste qui, outre son emploi, consent à en remplir un autre, a droit à une indemnité pour cette augmentation de travail ; c'est ce que le tribunal de Rheims a jugé, en condamnant M. Lefèvre, directeur du théâtre de cette ville, à payer la somme de 200 fr. par mois, pour appointements, à M. Abadie, engagé comme deuxième ténor, qui avait consenti à remplir l'emploi de premier ténor et qui ne touchait précédemment que 150 fr. par mois. Le même jugement prononçait la résiliation de l'engagement, avec 600 fr. de dommages et intérêts contre le directeur, pour le cas où celui-ci ne paierait pas mensuellement les appointements fixés par la sentence (*Gazette des Tribunaux* du 12 juin 1845.

197. Il est d'usage, pour les représentations à bénéfice, de choisir le spectacle d'accord avec le bénéficiaire,

et de l'annoncer, plusieurs jours à l'avance, par des affiches spéciales. La malveillance du directeur à cet égard peut donner lieu contre lui à des dommages et intérêts. C'est ce que le tribunal de commerce de la Seine a décidé, par jugement du 25 mars 1850. Les termes mêmes de ce jugement indiquent suffisamment les faits de la cause sur lesquels il a statué. » Le tribunal, attendu qu'il résulte des explications des parties et des pièces produites, qu'outre un appointement en qualité de première basse chantante en chef (*au théâtre des Italiens*), Morelli avait droit à la moitié du produit d'une représentation à bénéfice et sans frais ; — Que, dans l'usage, les représentations à bénéfice sont annoncées plusieurs jours à l'avance, et la composition du spectacle arrêtée entre le directeur et le bénéficiaire, ce qui n'a pas eu lieu dans l'espèce ; — Qu'en effet il est justifié que la représentation en question n'a été annoncée que le samedi soir pour le lundi suivant, et sans que Morelli ait été consulté sur la composition du spectacle ; — Qu'en effet Ronconi, dûment prévenu dès cinq heures du soir de l'impossibilité où se trouvait Morelli de chanter ce jour-là, n'en a pas moins fait ouvrir les portes de son théâtre, et n'a prévenu le public de l'indisposition de Morelli que trois quarts d'heure après l'heure ordinaire du lever du rideau ; — Qu'en agissant ainsi, non-seulement Ronconi a nui d'une manière notable aux intérêts de Morelli, mais encore a porté atteinte à sa considération, en lui attribuant une inconvenance vis-à-vis du public, dont il n'était nullement coupable ; — Attendu encore que cette atteinte au caractère de Morelli a été rendue publique par un article de journal ; que si Ronconi prétend n'en avoir pas été l'auteur, il est constant pour le tribunal qu'il émane de son administration ; que dès-lors il en est responsable : — Attendu que cet article a causé un grave préjudice à Morelli, que le tribunal possède les éléments nécessaires pour déterminer l'indemnité qui lui est due, et qu'il fixe à 2,000 fr.— Par ces motifs, le tribunal dit que, dans le délai de quinzaine, Ronconi sera tenu de donner une représentation sur son théâtre au bénéfice de Morelli, et dans les conditions de son engagement verbal ; que cette représentation sera annoncée au public au moins cinq jours à l'avance, et qu'il devra s'entendre avec Morelli sur la composition de ladite représentation ; sinon, et faute par lui de ce faire dans ledit délai, le condamne dès aujourd'hui, par le présent jugement, et sans qu'il en soit besoin d'autre, à payer à Morelli la somme de 1,000 fr., pour lui tenir lieu de ladite représentation ; condamne Ronconi, par toutes les voies de droit, et même par corps, à payer à Morelli la somme de 2,000 fr., à titre de dommages et intérêts, et condamne Ronconi aux dépens » (Journal *le Droit*, du 26 mars 1850).

Lorsqu'il a été convenu que pour chaque acteur ayant droit à une représentation à son bénéfice, le jour auquel cette représentation devrait avoir lieu serait tiré au sort, l'acteur a droit d'exiger que la représentation soit donnée au jour indiqué sur le billet qui lui est échu, sous peine de dommages et intérêts contre le directeur (Jugement du tribunal de commerce de Nancy, du 21 décembre 1836 ; Journal *le Droit*, du 25 décembre, même année).

198. Un acteur a-t-il le droit de porter des moustaches et de paraître ainsi sur la scène ? Le journal *le Droit*, dans son numéro du 19 septembre 1838, annonçait que cette singulière question devait être déférée aux tribunaux. Nous ne savons pas si elle y a été décidée ; mais, pour notre compte, la solution ne saurait être douteuse. Il est évident que l'acteur doit se soumettre à toutes les conditions nécessitées par son emploi ; il est donc tenu de faire le sacrifice de ses moustaches, si le rôle qu'il remplit les exclut.

199. Lorsque le directeur a définitivement engagé un acteur sans le soumettre à l'épreuve des débuts, le directeur, si l'artiste n'est point agréé par le public, doit s'imputer de ne pas avoir exigé cette condition ; mais lorsque l'engagement est définitif et complet, sa rupture, occasionnée par le mauvais accueil du public, donne

droit à des dommages et intérêts au profit de l'artiste (Jugement du tribunal de Rouen, du 19 mai 1829 ; arrêt de la cour de Lyon, du 23 juillet 1829 ; MM. Vivien et Blanc, *de la Législation des Théâtres*, n° 279).

200. Quand les artistes d'un théâtre sont tenus, aux termes de leurs engagements, de rester à la disposition du directeur tous les jours de représentation jusqu'à huit heures du soir, alors même qu'ils ne joueraient pas dans les pièces annoncées, ces artistes, s'ils n'ont reçu aucun avertissement, sont libres après l'heure ci-dessus indiquée, et n'ont plus le devoir de répondre à l'appel du directeur (Arrêt de la cour d'appel de Paris, 1re chambre, du 5 mai 1850 ; *Gazette des Tribunaux*, du 6 mars, même année).

201. L'artiste dramatique qui a éprouvé une altération dans sa santé, non pas sur la scène et en jouant un rôle de son emploi, mais en voyageant pour se mettre à la disposition de l'administration théâtrale, a-t-il droit, sinon au paiement intégral des appointements promis, du moins à une indemnité contre cette administration, encore bien qu'il soit hors d'état de remplir son engagement? Une sentence arbitrale, rendue par MM. Berryer et Poncelet, et rapportée dans la *Gazette des Tribunaux*, du 2 avril 1834, a jugé affirmativement cette question. Le texte même de cette sentence arbitrale fait connaître suffisamment les faits qui y ont donné lieu. « Nous, arbitres, considérant qu'il est constant en fait que, pendant le mois de janvier dernier, Mlle Fanti, après s'être mise à la disposition de l'administration du Théâtre-Italien, a été attaquée d'un rhume de poitrine qui ne lui a pas permis de continuer les répétitions, mais que cette indisposition n'a pas duré plus d'un mois ; — Que, dans les premiers jours de février, Mlle Fanti a repris les répétitions de la *Semiramide*, et qu'elle a chanté cet opéra dans la soirée du samedi 15 février 1833 ; — Que, depuis cette époque, elle a allégué une in... sposition nouvelle, laquelle n'est pas justifiée ; qu... e 21 du même mois, le sieur Robert (*directeur du Théâtre-Italien*) a fait offrir à

la demoiselle Fanti le rôle de *Rosina*, dans le *Barbier de Séville*; que ce rôle était dans son emploi, ayant été originairement écrit pour *contralto*; que la demoiselle Fanti a refusé de le recevoir ; mais que cependant son refus n'a pas été absolu, et qu'elle a demandé à faire juger par des arbitres, si ce rôle devait être considéré comme appartenant à son emploi, promettant de se soumettre à la décision desdits arbitres ; — Qu'il résulte des faits que le changement de climat et la température de Paris ne permettent pas à la demoiselle Fanti de satisfaire aux conditions de son engagement ; — Que dès-lors il y a lieu de résilier le traité, mais que cette résiliation provenant d'un fait de force majeure, il ne peut y avoir lieu à condamner la demoiselle Fanti à des dommages et intérêts ; qu'il y a donc lieu pour nous, arbitres, de régler entre les parties le montant des sommes dues à la demoiselle Fanti pendant le séjour qu'elle a fait à Paris, et jusqu'au jour de la résiliation; considérant, en outre, que le fait qui motive la résiliation du traité, ne pouvant être imputé à la demoiselle Fanti personnellement, il y a lieu de fixer l'indemnité de son déplacement. — Par ces motifs, disons que l'engagement de la demoiselle Fanti avec l'administration du Théâtre-Italien, à Paris, est résilié à dater de ce jour ; — Ordonnons que l'administration paiera à la demoiselle Fanti son traitement mensuel pendant les mois de janvier, février et mars de la présente année, à raison de 1,333 fr. 33 c. par mois ; fixons les frais de voyage de la demoiselle Fanti à la somme de 3,000 fr., dans lesquels entreront les 2,000 fr. reçus par elle à Imola, le 28 juillet 1833; compensons les dépens entre les parties. »

202. Le directeur d'un théâtre ne peut, même en payant les appointements d'un acteur, refuser de le faire jouer et le tenir indéfiniment éloigné de la scène. En effet, il est certain que l'artiste a intérêt à paraître devant le public pour acquérir ou conserver ses faveurs ; en le tenant éloigné de la scène, on lui fait éprouver un notable dommage, et ce préjudice est encore plus grave lorsque des feux ont été stipulés en sa faveur. Si donc, il arrive que

sans motifs raisonnables, par suite d'un système arrêté et par une évidente malveillance du directeur, un artiste soit condamné à une inaction aussi fâcheuse pour ses intérêts pécuniaires que pour sa réputation, il est évident qu'il serait fondé à réclamer une indemnité. C'est au reste ce que le tribunal de commerce de la Seine a décidé, par jugement du 6 février 1828, dont voici le dispositif : « Attendu que pour la saine interprétation des effets légaux des contrats synallagmatiques, il convient de consulter l'intention des parties ; — Attendu qu'en matière d'engagement avec une administration théâtrale, le directeur s'oblige, non seulement à payer les appointements convenus, mais encore à maintenir l'artiste engagé dans le droit de jouer les rôles de l'emploi que cet artiste s'est chargé de remplir ; — Attendu qu'il résulterait de l'inobservation de cette clause par le directeur, que l'artiste engagé serait réduit à une inactivité forcée qui nuirait à ses moyens acquis et à leur perfectionnement, et le priverait d'exercer ultérieurement son état ; — Attendu que, dans l'espèce, des conditions onéreuses avaient été imposées à la demanderesse, Mlle Cœlina Fabre (*artiste du théâtre du Vaudeville*), et qu'il importe de lui accorder la réparation du préjudice que lui a causé le refus du directeur de lui laisser les rôles qui lui étaient attribués d'après les clauses spéciales de l'engagement ; — Attendu qu'il convient d'appliquer aux faits de la cause les principes de droit qui viennent d'être rappelés ; — Par ces motifs, vu le rapport de M. Picard, membre de l'académie française, nommé par le tribunal pour donner son avis sur l'objet du litige, et ayant en partie égard à ce rapport ; — Le tribunal reçoit Guerchy (*directeur du théâtre du Vaudeville*), opposant, quant au chef de la résiliation de l'engagement, et le condamne, envers la demanderesse, à 5,000 fr. de dommages et intérêts et aux dépens. » (*Gazette des Tribunaux* du 8 février 1828.) Un autre jugement du tribunal de commerce de la Seine, en date du 27 novembre 1844, a admis les mêmes principes et a condamné M. Lireux, alors directeur de l'Odéon, à

5,000 fr. de dommages-intérêts envers M. Mirecourt, que ce directeur avait arbitrairement tenu éloigné de la scène. (Journal *le Droit*, du 28 novembre 1844.)

203. Un artiste peut refuser de concourir à une représentation extrordinaire, si le rôle qu'on veut l'obliger de jouer ne fait pas partie du répertoire du théâtre auquel il est attaché, et si le directeur ne lui a pas laissé le temps nécessaire pour étudier ce rôle. Cette solution résulte d'un jugement du tribunal de commerce de la Seine, du 8 décembre 1845 : « Attendu que, Achard, artiste du théâtre du Gymnase, refuse de jouer dans une représentation à bénéfice, annoncée pour ce soir à ce théâtre, le rôle de *Jean Grivet* dans la pièce intitulée la *Marquise de Prétentailles*; — Attendu que, par conventions verbales qui régissent les parties, Achard est engagé à jouer à toute réquisition, mais dans la troupe composant le théâtre du Gymnase, et que si d'après l'article 41 du réglement de ce théâtre, les artistes sont passibles de peines pécuniaires lorsqu'ils refusent de jouer vingt-quatre heures après avoir été prévenus, tout rôle qu'ils auraient rempli précédemment, il est évident que ce réglement ne peut s'appliquer qu'à des pièces faisant partie du répertoire du théâtre auquel ils appartiennent ; — Attendu que la pièce de la *Marquise de Prétentailles* ne fait pas partie du répertoire du Gymnase, mais bien de celui du Palais-Royal, sur lequel Achard avait créé le rôle de Jean Grivet ; — Attendu en fait, qu'il est établi que ce n'est que vendredi 5 décembre, à minuit, que le directeur du Gymnase a donné avis à Achard du rôle qu'il aurait à remplir dans la représentation fixée au lundi 8 décembre ; qu'à l'instant même ce dernier a écrit à la personne qui avait conçu et organisé cette bonne œuvre, pour l'avertir qu'il ne lui serait pas possible de jouer le rôle de Jean Grivet, offrant de jouer toute autre pièce, ou celle-là même quelques jours plus tard ; — Attendu que les autres artistes du Gymnase avaient été prévenus dès le mardi, 2 décembre, lorsqu'il ne s'agissait pour eux que de jouer des pièces de leur répertoire ; que quant à ceux du Pa-

lais-Royal, ils sont au courant de la pièce annoncée ; — Que dans cette position, il y a lieu de s'étonner que le directeur du Gymnase ait donné un avis si tardif à Achard, le seul de ses artistes auquel il demandait un service en dehors du réglement ; — Qu'au point de vue de la réputation de l'artiste vis-à-vis du public, il doit y avoir solidarité entre les intérêts de l'acteur et ceux du directeur ; que son désir de rendre service et de le rendre promptement, lui a fait trop présumer des forces d'Achard, il faut pourtant reconnaître que sa mémoire peut le trahir, alors que depuis plus de dix-huit mois il n'a pas joué le rôle, alors qu'il s'agit de jouer sur une autre scène, avec une autre actrice que celle qui avait créé le personnage principal de la pièce, alors que des répétitions incomplètes ont eu lieu ; — Que ce ne sont pas là des considérations secondaires et purement d'amour-propre, qu'elles intéressent l'avenir, la réputation de l'artiste et sa fortune, et par conséquent celle du théâtre auquel il est attaché ; — Par ces motifs, déclare Achard fondé sur son refus, et condamne Lemoine Montigny aux dépens ; ordonne l'exécution provisoire sur minute avant l'enregistrement. » (Journal *le Droit* et *Gazette des Tribunaux* du 9 décembre 1845.)

204. Si l'acteur reçoit une blessure pendant son service au théâtre, a-t-il le droit de réclamer des dommages-intérêts ? Il faut distinguer :

Si la cause de l'accident survenu à l'artiste pendant son service est le résultat d'un fait qui lui soit personnel, il n'y a pas lieu à des dommages et intérêts. En effet, l'artiste en contractant un engagement théâtral a dû savoir les accidents auxquels l'expose sa profession et les exigences matérielles qu'elle peut entraîner. Il doit donc attribuer à l'exercice de son art l'évènement malheureux dont il est victime.

Mais si, au contraire, la blessure que l'artiste a reçue également dans l'exercice de son art, est le résultat de la négligence ou de l'imprudence d'un machiniste ou de tout autre employé de l'administration dramatique, l'acteur aura droit à des dommages et intérêts contre l'auteur de cette négligence ou de cette imprudence, et par suite, contre le directeur, comme civilement responsable des personnes qu'il emploie. (Code civil, articles 1382, 1383 et 1384.)

205. Les acteurs ont-ils, pour le paiement de leurs appointements, le droit d'invoquer la disposition de l'article 2101 § 4 du Code civil, qui accorde un privilége sur la généralité des meubles aux salaires des gens de service pour l'année échue, et ce qui est dû pour l'année courante?

La solution du point que nous avons à examiner dépend entièrement de la question de savoir si, légalement parlant, les acteurs doivent être compris dans la classe des personnes que l'article précité désigne sous la dénomination de *gens de service*.

La loi du 11 brumaire an VII, sur le régime hypothécaire, n'avait, ainsi que l'indiquait son texte (art. 11), entendu accorder le privilége que pour les *gages des domestiques*. Mais, venu après cette loi, le Code civil a, dans l'article 2101, remplacé les mots *gages des domestiques* par les expressoins *salaires des gens de service*.

Cette substitution des termes *gens de service* au mot *domestiques* démontre que le législateur du Code civil a voulu étendre le privilége à des catégories de personnes autres que celles que la loi du 11 brumaire an VII, y admettait.

Les termes *gens de service*, que le Code civil a employés, s'appliquent évidemment à tous ceux qui sont attachés au service, soit de la personne, soit de la maison, soit de l'établissement.

Écoutons à cet égard M. Troplong (*des Priviléges et Hypothèques*, n° 142) : « La loi du 11 brumaire an VII, dit-il, ne parlait que des *domestiques*. Notre article emploie une expression plus large : il se sert des mots *gens de service*, ce qui s'étend à toute espèce de service salarié et résultant d'un contrat de louage annuel. Je ne fais donc pas difficulté d'appliquer notre article, non-seulement aux domestiques et gens attachés à la personne, mais encore aux commis, secrétaires, agents, qui, moyennant un traitement fixe à l'année, font tourner la totalité de leur travail au profit de celui qui les paie. »

M. Zachariœ professe une opinion semblable sur le sens de ces mots : *gens de service*: « Ces termes, écrit-il dans son *Cours de droit civil français*, t. 2, § 260, p. 101. ne sont pas restreints aux domestiques proprement dits, c'est-à-dire, principalement attachés au service de la personne : ils comprennent tous ceux qui, en engageant leurs services à temps et moyennant des gages fixes, se placent d'une manière plus ou moins absolue, sous l'autorité de celui chez lequel ils entrent, et qui devient pour eux maître, chef ou principal. Tels sont, par exemple, les clercs de notaires et d'avoués, les contre-maîtres, les commis-négociants. »

M. Duranton (*Cours de droit français*, t. 19, n° 58) fait aussi ressortir dans les termes suivants la différence qui existe à l'égard de la question dont nous nous occupons, entre les termes employés par le Code civil, et ceux dont s'est servie la loi de brumaire. « La disposition du Code civil, dit-il, ne parle pas des *domestiques*, mais bien des *gens de service* en général : ce qui est très différent, puisque, si tout domestique est un homme de service, on ne peut pas dire que tout homme de service est un domestique ; car, celui qui loue un service est un homme de service, et l'on peut louer ses services à tout autre titre que celui de domestique : les commis, les facteurs louent leurs services, et ne sont pas, dans le langage usuel, des domestiques, même dans le cas où ils demeurent dans la maison de celui qui les emploie, *in domo*. »

Les mêmes principes sur cette matière sont également admis par MM. Tarrible, (*Répertoire de Merlin*, au mot *privilége de créance*, section III, § 1er, n° 5, Persil, (*Question sur les priviléges et hypothèques*, t. 1er, p. 26), Delvincourt, (*Cours de droit civil*, t. III, 270, *notes*).

La jurisprudence vient confirmer les opinions des auteurs.

En effet, le privilége de créance est accordé par les Cours de Metz, arrêt du 4 mai 1820, de Lyon, arrêt du 1er février 1832, de Paris, arrêt du 19 août 1834, et 15 février 1836, aux commis-marchands; — par la Cour de Colmar, arrêt du 10 décembre 1822, au contre-maître ou chef-ouvrier; — par le Tribunal civil de la Seine, jugement du 28 décembre 1849, aux maîtres d'étude d'un pensionnat; — par la Cour de Lyon, arrêt du 25 avril 1836, aux ouvriers d'une fabrique.

Il importe de rapporter les expressions mêmes dont la Cour de Paris, dans l'arrêt du 19 août 1834 précité, a fait usage pour motiver sa décision. « Considérant que l'article 2101, § 4, du Code civil, range dans la classe des créances privilégiées sur la généralité des meubles, les salaires des gens de service pour l'année échue et ce qui est dû de l'année courante; — Considérant que du rapprochement de ces termes, « gens de service » avec celui de la loi brumaire, an VII, qui n'accordait privilége qu'aux gages des domestiques, il résulte clairement que la loi nouvelle a étendu le privilége généralement à tous les individus qui louent leur travail et engagent leur service à l'année, au mois ou à la journée, quelle que soit d'ailleurs la nature de ces services. »

La cour de Lyon, dans l'arrêt du 25 avril 1836, ci-dessus mentionné, s'exprime aussi dans le même sens : « Attendu qu'il est manifeste que les gens de service désignés par la loi ne sont pas, proprement dit, attachés au service intérieur ou personnel de celui qui les salarie, mais sont généralement tous les individus qui font pour lui, d'une manière continue et moyennant salaire, un travail, un service quelconque. »

Ceci établi, voyons maintenant si le privilége doit être accordé aux artistes dramatiques ?

L'affirmation ne nous semble pas douteuse.

Telle est aussi, à cet égard, l'opinion de M. Rolland de Villargues, *Répertoire du notariat*, au mot *Engagement d'acteur*, n° 21.

Si, comme ce point est d'ailleurs constaté par le rapport de M. Grenier, orateur du Tribunat, un motif de prudence et d'humanité, a fait admettre dans le Code civil le privilége des gens de service, non seulement pour assurer leurs salaires, mais encore pour ne point exposer le chef à être abandonné par ceux dont le concours lui devient indispensable dans une situation difficile; ce motif est applicable, alors surtout qu'il s'agit d'un artiste attaché à une entreprise dramatique, aussi bien qu'aux domestiques attachés à la personne du maître; et nous dirons même qu'envisagée sous ce point de vue, la position de l'artiste doit encore avoir quelque chose de plus favorable que celle du domestique, puisque ce dernier n'est utile qu'à la personne du maître, tandis que les services de l'artiste tournent au profit de l'entreprise, et influent d'une manière toute directe sur la fortune du chef.

Ainsi, l'acteur a le droit de réclamer le bénéfice du privilége de créance établi par le § 4, de l'article 2101 du Code civil.

Les autorités que nous venons de rapporter, justifient cette solution d'une manière aussi claire que logique.

Ceci n'est point d'ailleurs en contradiction avec les principes que nous avons développés p. 32 et suiv., relativement à la position légale de l'artiste vis-à-vis de son directeur, M. Troplong qui, comme on le voit ci-dessus, (p. 127) accorde le privilége de l'article 2101, § 4, du Code civil, aux secrétaires et à tous ceux exerçant chez autrui une profession libérale, est aussi d'avis, ainsi que nous le soutenons également (p. 35), que la section première, du chapitre III, du titre du louage, demeure étrangère à ces dernières personnes.

206. Il importe de remarquer que le privilége de créance établi par l'article 2101 § 4, du Code civil, s'étend sur les meubles, et même sur les immeubles du débiteur. Mais tous les auteurs s'accordent à dire que ce n'est qu'en cas d'insuffisance du mobilier qu'il peut y avoir lieu à recourir sur les immeubles. Cette doc-

trine est consacrée par deux arrêts, l'un de la Cour de Bruxelles, du 21 août 1810, l'autre de la Cour d'Amiens, du 24 avril 1822.

207. Lorsqu'il est établi que, conformément à l'engagement qu'il a contracté, l'artiste s'est tenu à la disposition du directeur, ce dernier ne peut se refuser au paiement des appointements échus. C'est ainsi que l'a décidé le Tribunal de commerce de la Seine, le 15 février 1849, en condamnant le directeur du théâtre de Covent-Garden, à Londres, à payer la somme de 15,000 fr. par mois à M. Roger, qui s'était engagé pour deux mois à ce théâtre et qui, durant tout ce temps, était demeuré à Londres, conformément aux clauses de son engagement.

Sur appel formé par les directeurs du théâtre de Covent-Garden, ce jugement a été confirmé par arrêt de la Cour de Paris, 1re Chambre, du 20 novembre 1849 (*Gazette des Tribunaux* des 16 février et 21 novembre 1849).

208. Pareillement, lor qu'un directeur de théâtre a engagé un acteur pour donner successivement des représentations dans différentes villes et qu'un dédit a été stipulé pour assurer l'accomplissement respectif de ce traité, le directeur, dans le cas où il se refuse à laisser jouer l'artiste, est tenu au paiement intégral du dédit ainsi fixé, et en outre, au remboursement des frais de voyage de cet artiste (Arrêt de la cour de Dijon, du 3 avril 1845, affaire *Petit* contre *Rault, directeur*).

209 L'absence du théâtre pendant un mois, pour cause de grossesse et d'accouchement, de la part d'une actrice mariée, ne peut donner lieu à aucune retenue d'appointements. Ainsi jugé par le Tribunal de commerce de Nancy.

Ce jugement est ainsi motivé : « Attendu qu'un directeur de théâtre, qui contracte avec une femme légitimement mariée, doit s'attendre à une interruption probable pour survenance d'enfants ; — Que s'il est d'usage de retenir aux artistes leurs appointements, en raison du temps qu'ils restent éloignés du théâtre pour cause de maladie, l'éloignement par suite des couches est un cas trop spécial pour qu'à défaut de stipulations, le tribunal le confonde avec celui occasionné par toute autre espèce de maladie et n'y supplée d'office; — Que la grossesse, et par conséquent les couches, est chez une femme mariée un état normal; — Que si Miroir (*le directeur*) eut voulu y trouver un motif de retenue, il aurait dû en convenir avec ladite dame Bernard; — Attendu qu'à Paris, il est d'usage de n'opérer aucune retenue en pareilles circonstances, quand les engagements sont muets à ce sujet; et quand l'interruption du service se prolonge au delà d'un mois, par suite de rechute ou de maladies, suites de l'accouchement, de ne retenir que la moitié du mois; — Qu'en l'absence de tout règlement sur la matière, il est équitable d'adopter l'usage des théâtres de Paris en ce qui concerne les femmes mariées seulement; — Le Tribunal condamne le sieur Miroir, par corps, à payer à Mme Alexandre Bernard la somme de 700 fr. réclamée, avec intérêts à partir du jour de la demande et aux dépens. »

La clause de l'engagement que le tribunal avait à apprécier portait expressément que l'artiste renonçait à tout traitement pendant tout le temps qu'elle serait absente du théâtre, ou qu'elle aurait interrompu l'exercice ordinaire de ses talents pour cause de *maladie* ou circonstance provenant de son fait (*Gazette des Tribunaux* du 15 mai 1845).

210. Si un acteur a successivement contracté des engagements, pour la même époque, avec les directeurs de divers théâtres, le premier directeur avec lequel il a traité a le droit d'exiger l'exécution de l'engagement, à l'exclusion des autres directeurs lesquels peuvent, toutefois, réclamer des dommages et intérêts. Ceci est conforme aux principes du droit romain en matière de louage (Digeste, *locati conducti*, t. 26).

Mais si le directeur avec lequel l'acteur a traité savait que cet artiste était déjà lié par un précédent engagement pour le même temps, avec une autre administration théâtrale, l'engagement, ainsi contracté avec ce second directeur est nul, et il n'y a lieu, au profit de ce dernier, à aucune indemnité. C'est ce que le tribunal de commerce a admis par jugement du 25 avril 1828.

MM. Vivien et Blanc rapportent de la manière suivante les faits qui ont donné lieu à cette décision :

« L'acteur Arnal, engagé au théâtre du *Vaudeville* pour trois ans, sous un dédit de 12,000 fr., s'était encore engagé envers les *Variétés;* mais ce dernier théâtre connaissait le contrat qui liait l'acteur au *Vaudeville*. Cependant on voulait le contraindre à exécuter l'engagement contracté envers les *Variétés*. Une demande, portée dans ce but devant le tribunal de commerce de la Seine, fut écartée, le 25 avril 1828, par le motif que l'administration du théâtre des Variétés avait traité avec le sieur Arnal en connaissance de son engagement au *Vaudeville*; que cet acteur n'était pas libre d'en contracter un nouveau, et que ni l'un ni l'autre ne pouvait contracter ni conditionnellement, ni pour un temps, tant que les conditions du *Vaudeville* subsisteraient. »

Ce jugement nous paraît, au fond, bien rendu, et, sous ce rapport, nous lui donnons notre assentiment; mais un des motifs sur lequel il est basé nous semble susceptible de critique. En effet, il n'est pas exact de dire qu'un acteur n'est pas libre de contracter un engagement pour le temps où il ne sera plus dans les liens de l'engagement qui le retient actuellement. Au contraire, l'artiste peut légalement user de ce droit; car, loin d'y mettre obstacle, les textes de nos lois autorisent formellement l'artiste à l'exercer. Si l'artiste contracte un engagement avec un autre théâtre pour le temps où il ne sera plus lié à l'entreprise dramatique à laquelle il est actuellement attaché, c'est là une obligation résultant d'un contrat ayant pour objet une chose future, c'est-à-dire l'accomplissement d'un fait à une époque déterminée, et la validité d'une semblable obligation est reconnue et consacrée par les articles 1126 et 1130 du Code civil.

211. L'ordre écrit, de l'autorité municipale au directeur d'éloigner de la scène un de ses artistes, ne

donne pas le droit à ce directeur de rompre, sans dommages et intérêts, l'engagement qu'il a contracté avec cet artiste, alors surtout que cet dernier a terminé ses débuts et a même joué postérieurement, et n'a aucune négligence ni incapacité à s'imputer. Ce point a été décidé par arrêt de la cour d'Orléans du mois de novembre 1826, qui a condamné M. Chaillon, directeur, à payer à Mademoiselle Elisa Martin, une indemnité de 150 fr. par mois jusqu'à la fin de l'année théâtrale (*Gazette des Tribunaux* du 2 décembre 1826); par arrêt de la cour de Toulouse, du 28 novembre 1829, qui condamne M. M..., directeur, à payer à M. L..., artiste, la somme de 1800 fr., à titre de dommages et intérêts (*Journal du Palais*, année 1829, à sa date), et par Jugement du tribunal de commerce d'Amiens, du 24 juin 1827, qui a condamné M. Touring, à payer à M. Frédéric, artiste, un mois d'appointements et 300 fr. de dommages et intérêts (*Gazette des Tribunaux* du 19 juin 1827).

212. L'acteur a-t-il le droit de s'opposer au retrait d'un rôle qui lui a été confié? La jurisprudence offre des décisions contradictoires sur cette question. Nous citerons pour la négative un jugement du tribunal de commerce de la Seine, du 6 septembre 1827, ainsi conçu : « Attendu, en ce qui touche la demande en réintégration (des rôles), que le demandeur s'étant obligé à jouer tous les rôles à la volonté du directeur, il ne peut le contraindre à autre chose qu'au paiement de ses appointements. » (*Gazette des Tribunaux*, du 8 septembre 1827, affaire Camille Daussigny, artiste, contre Bérard, directeur.) et un autre jugement du même tribunal, du 2 juin 1829, motivé en ces termes : « Attendu que l'engagement passé entre les parties porte que le sieur Frédéric Lemaître s'engage à remplir les premiers rôles, soit en chef, soit en partage, avec des doubles pour la totalité ou partie des pièces qui seraient jouées au théâtre à l'option du directeur, qui s'est réservé le droit de distribuer les rôles de concert avec les auteurs ; mais que la condition relative aux feux ne peut

forcer le directeur à distribuer ou conserver à un acteur des rôles qu'il lui convient de confier à un autre ; que celui-là résulte seulement de cette distribution, et que celui-ci n'a aucun moyen de réclamer contre la volonté du directeur; par ces motifs, le tribunal déclare le demandeur non-recevable, et le condamne aux dépens. » (*Gazette des Tribunaux*, du 3 juin 1829.)

Dans le sens de l'affirmative, nous rapporterons un jugement du tribunal de commerce de la Seine, du 29 octobre 1850, dont la teneur suit : « Le tribunal, attendu que la demoiselle Person, artiste dramatique, demande à Dolon et Doligny, directeurs du Théâtre-Historique, d'être remise en possession du rôle d'*Hélène*, du drame intitulé : *le Capitaine Lajonquière*, sinon 20.000 fr. de dommages-intérêts ;— Attendu qu'en effet il résulte de la correspondance que, la veille de la première représentation de ce drame, les défendeurs, s'appuyant uniquement sur une exigence de l'auteur, ont retiré le rôle dont il s'agit à la demanderesse ;— Attendu qu'il est établi au procès que ce n'est pour aucune convenance dramatique, dans l'intérêt, soit du théâtre, soit du drame lui-même, que cette exigence s'est produite ;— Attendu qu'il est du droit et du devoir du directeur d'y résister, la demoiselle Person ayant été agréée par l'auteur, ses répétitions ayant été suivies et épuisées, toutes les insertions annonçant son apparition dans le rôle d'*Hélène* ayant été faites ; — Attendu que, s'il faut reconnaître en principe qu'un auteur est libre d'exiger le retrait d'un rôle des mains d'un artiste, dans l'intérêt réel de son œuvre, le droit de l'artiste, en vue de sa réputation, doit être également protégé, quand il est constant que c'est pour des causes étrangères à l'art et à l'intérêt de la représentation, qu'il est privé du fruit de ses études et de son travail; — Et attendu que, dans l'espèce, le rôle dont il s'agit a été retiré sans motifs légitimes à la demoiselle Person ; qu'un préjudice, dont la réparation lui est due, et susceptible d'être évalué à 2,000 fr., lui est causé par le retrait dudit rôle ;— Par ces motifs, ordonne que la demanderesse sera remise en possession du rôle d'*Hélène* dans le drame du *Capitaine Lajonquière*, sinon, et faute de ce faire dans la huitaine du présent jugement, condamne les défendeurs, par les voies de droit et même par corps, à lui payer la somme de 2,000 fr., à titre de dommages et intérêts, et aux dépens. » (Journal *le Droit* et *Gazette des Tribunaux*, du 30 octobre 1850.)

L'auteur peut-il, *dans l'intérêt de son œuvre*, comme le dit ce dernier jugement, retirer à un artiste un rôle ou qu'il a créé ou qui fait partie de son répertoire, et le donner à un artiste nouvellement engagé. — Nous ne le pensons pas. Comme le dit ce même jugement : *Le droit de l'artiste doit être également protégé en vue de sa réputation et l'artiste ne saurait être privé du fruit de ses études et de son travail.* N'est-ce pas déclarer publiquement son incapacité que de lui retirer tout-à-coup un rôle qu'il avait joué jusques là, pour le donner à un artiste nouvellement engagé. Nous comprenons parfaitement que pour les débuts de cet artiste tout le répertoire de l'emploi soit mis à sa disposition, mais après son admission le chef d'emploi doit reprendre possession de son répertoire. Il appartient alors au directeur, dans l'intérêt de son exploitation, de faire doubler le rôle par le nouvel engagé.

Il nous semble que le décret du 15 octobre 1812, sur le Théâtre-Français, a parfaitement défini les droits du directeur et de l'auteur dans cette circonstance.

L'article 43 porte qu'aucun acteur en chef ne pourra *abandonner* tout-à-fait à son double aucun des premiers rôles de son emploi, et l'art. 54, ajoute que le comité prendra les mesures nécessaires *pour que les doubles soient entendus par le public dans les rôles de leurs emplois respectifs.* Ces dispositions consacrent, d'après leur texte même, la possession des rôles par le chef d'emploi.

MM. Vivien et Blanc (*de la Législation des Théâtres*, n° 410), ont aussi très nettement établi les droits de l'acteur. Ils prétendent, avec raison, que lorsque l'auteur confie un rôle à un acteur, il s'établit entre eux un contrat qui doit les obliger tous deux. L'acteur, disent-ils, s'est engagé à jouer, et l'auteur, à prendre l'acteur pour interprète. Il ne serait pas juste que celui-ci pût être exposé à des travaux sans résultat, et que quand il aurait donné tous ses soins à l'étude du rôle, il fut permis de l'en dépouiller, de le priver du fruit de ses peines, et de lui ravir les avantages attachés à la création d'un rôle nouveau. Il est bien entendu que les droits de l'acteur cesseraient s'il négligeait l'étude du rôle, s'il se montrait incapable de le remplir, si, en un mot, il rompait par son fait l'espèce de contrat formé entre l'auteur et lui.

Ce qui précède est également applicable, selon nous, aux rôles de pièces nouvelles qui n'ont pas été *créés* par l'acteur qui les joue, mais qui lui sont tombés en partage par suite de la retraite ou de l'éloignement du théâtre de l'artiste qui a joué le rôle pour la première fois. L'auteur a renouvelé, pour ainsi dire, le contrat moral dont parlent MM. Vivien et Blanc, et il ne peut le rompre. Si un débutant produit un grand effet dans le rôle, le directeur peut le lui faire jouer, mais concurremment avec le chef d'emploi. C'est surtout au Théâtre-Français que le maintien de ces principes est nécessaire. Leur violation peut avoir pour motif des caprices, des fantaisies d'auteur, ou comme le dit fort bien le jugement précité (procès de Mlle Person), *des causes étrangères à l'art et à l'intérêt de la représentation ;* et c'est à l'administrateur, qui représente l'autorité supérieure, à s'opposer à ce que des artistes d'un talent reconnu, aimés du public, puissent être dépouillés en un instant, par la volonté d'un auteur, de rôles qui forment, pour ainsi dire, leur *patrimoine dramatique.* Du reste, lorsqu'un ouvrage a été joué sur un théâtre, il devient, jusqu'à un certain point, la propriété de ce théâtre, en ce sens que le directeur a le droit de le mettre au répertoire, de l'en retirer, d'y faire paraître des débutants, et de modifier, s'il y a lieu, la distribution des rôles.

C'est ce qui nous semble résulter d'ailleurs de la clause insérée dans tous les actes d'engagement imprimés, et d'après laquelle les artistes s'obligent à remplir, à toute réquisition de l'administration, et sans pouvoir en refuser aucun, tous les rôles qui lui sont distribués.

SECTION VII.

De l'effet de la démission ou de la révocation du Directeur, sur les engagements des Acteurs.

213. Une entreprise dramatique doit être, au point de vue légal, considérée sous deux aspects différents : 1° sous le rapport de l'autorisation ou privilége concédé par le Gouvernement ; 2° sous le rapport commercial.

C'est la nomination par l'autorité qui confère à l'entrepreneur de théâtre le droit de l'exploiter. En effet, sans cette autorisation préalable, l'ouverture d'un théâtre est une contravention punie par la loi (voyez p. 1 et suiv.).

Le Gouvernement, dans des vues d'ordre public et de police, accorde l'autorisation et impose au concessionnaire certaines conditions, dans l'exécution desquelles il est strictement tenu de se renfermer. L'autorisation du Gouvernement, à cet égard, est libre et n'a pour limite que l'intérêt général. Aussi, suivant les circonstances, ces conditions sont-elles accordées au concessionnaire dans un cercle plus ou moins restreint.

Envisagée sous le rapport commercial, l'entreprise d'un théâtre est dans la position de tout autre établissement industriel; toutefois avec cette différence remarquable que, quant aux conventions que le directeur d'un théâtre a le pouvoir de contracter, ses droits sont renfermés dans les limites déterminées par l'autorité, laquelle, comme nous venons de le voir, peut, dans la concession qu'elle accorde, apporter des restrictions plus ou moins nombreuses à la capacité légale du directeur. Ainsi, sauf ces exceptions, le directeur a le droit de contracter tous les actes civils et commerciaux.

214. Après avoir rappelé ces principes généraux, passons à l'examen de cette section qui présente deux ordres de faits bien distincts : d'un côté, la démission du directeur ; d'un autre, sa révocation. Il convient de traiter séparément ces deux hypothèses ; tel sera l'objet des deux paragraphes suivants.

§ 1ᵉʳ. *De la démission du directeur.*

215. La démission du directeur d'un théâtre est, de sa part, un acte volontaire. C'est entre les mains de l'autorité qu'elle doit être remise ; mais l'autorité, n'admettant pas la présentation d'un successeur comme un droit en faveur du titulaire (voyez p. 68), il arrive souvent que, préalablement à cette démission, il intervient une convention conditionnelle par laquelle le directeur cède, moyennant un prix déterminé, sa position à un tiers, et que, pour dénaturer cette cession, qui est interdite par les termes mêmes des arrêtés ministériels, les contractants la désignent sous le nom de *cession du matériel du théâtre et du droit au bail.*

Quant à la transmission de la partie commerciale de l'exploitation faite au profit d'un tiers, moyennant un prix déterminé, la validité n'en saurait être contestée. Par ces mots : *transmission de la partie commerciale de l'exploitation*, nous entendons la cession de tout le matériel du théâtre.

216. Mais les engagements des artistes peuvent-ils faire l'objet d'un contrat de cette espèce ?

Sans doute, les conventions privées, lorsqu'elles sont légalement formées, doivent produire leur effet entre ceux qui les ont faites. Tels sont, à cet égard, les principes du droit commun (Code civil, art. 1134). Mais, lorsqu'il s'agit d'une législation exceptionnelle, les principes du droit commun fléchissent, et cette législation exceptionnelle devient seule applicable. Son influence sur les contrats privés est telle que ces derniers ne peuvent avoir de valeur qu'autant qu'ils ne sont pas contraires aux règles spéciales qu'elle a établies.

Arrivant maintenant à la question qui nous occupe, nous y répondons négativement.

Les engagements des acteurs ne sauraient être considérés comme faisant partie du matériel du théâtre; ce sont des actes qui sont liés au sort de l'autorisation conférée au directeur, et qui tiennent d'elle leur valeur et leur existence. La concession, ou privilége est le titre sans lequel l'entrepreneur de théâtre ne pourrait légalement contracter, comme directeur, aucun engagement dramatique. L'exploitation d'un théâtre n'est pas une industrie libre; elle est subordonnée à des règles spéciales, auxquelles les divers contrats qui interviennent entre le directeur et les personnes qu'il emploie pour la mise en valeur du théâtre doivent être nécessairement soumis. Ce sont donc les conditions imposées par l'autorité au directeur qu'il faut d'abord examiner. Or, comme les actes de concession ministérielle défendent textuellement toute cession ou aliénation quelconque de l'autorisation ou privilége, il suit de là que la même prohibition existe à l'égard de la cession des engagements d'acteurs, puisque ces engagements sont une dépendance de l'autorisation ou privilége personnellement accordé au directeur. Ainsi, le privilége faisant retour à l'autorité, par suite de la démission du directeur, cette circonstance entraîne la résiliation des engagements des acteurs passés avec celui-ci.

Ces engagements ne peuvent être valables que pour le temps pendant lequel le directeur est investi de l'autorisation; ils finissent donc en même temps qu'elle. Qu'importe que l'autorisation cesse volontairement ou forcément, c'est-à-dire par la démission du directeur, ou par sa destitution? Cet événement a toujours pour effet de rompre l'engagement théâtral, qui ne peut avoir d'existence que pour la durée du privilége et qui périt avec lui.

Si quelquefois, par des raisons de bonne police administrative, l'autorité a cru devoir enjoindre au directeur d'exécuter les engagements de son prédécesseur, il importe de bien déterminer le caractère de cette obligation. Les injonctions de l'administration publique, dans ce cas, n'atteignent que le directeur et ne s'appliquent point aux acteurs. L'autorité ne s'immisce pas dans les contrats privés, quand elle impose une condition de la nature de celle que nous indiquons, ce qui est d'ailleurs assez rare maintenant ; — c'est là une mesure toute en faveur des acteurs, car, lorsque le nouveau titulaire prend l'administration du théâtre, les artistes sont libres, soit de continuer, pour le temps qui en reste à courir, l'engagement contracté entre eux et le précédent directeur, soit de se retirer. Voilà le seul effet que peut produire, sur les engagements des acteurs, l'obligation imposée au nouveau directeur d'exécuter les engagements contractés par son prédécesseur.

Mais, en principe, chaque concession que l'autorité accorde aux directeurs successifs d'un même théâtre, place pour ainsi dire des points d'intersection entre les diverses administrations qui se sont suivies. Une administration théâtrale est distincte et séparée de celle qui l'a précédée: elle ne succède point aux charges ni aux avantages qui ont pu être stipulés par les entreprises qui se sont formées avant elle.

Au surplus, tels sont, en cette matière, les vrais principes et la saine doctrine que la jurisprudence a elle-même reconnus et constatés. (Voyez ci-après p. 146).

En résumé, la démission du directeur titulaire a pour effet de mettre fin aux engagements des artistes avec lesquels il avait contracté.

217. La démission du directeur — circonstance qui provient exclusivement du fait de celui-ci — peut entraîner contre lui des dommages et intérêts au profit de l'acteur, par suite du préjudice que la rupture de l'engagement fait éprouver à ce dernier. Cette hypothèse est différente de celle relative à la révocation du directeur, car, dans ce dernier cas, comme il s'agit

d'un évènement de force majeure, il n'y a lieu, par conséquent à aucuns dommages et intérêts au profit de l'artiste. Voyez ci-après n° 220.

218. La cour de Paris a jugé, par arrêt du 3 juillet 1840 (*Journal du Palais*, tome 2, de 1841, p. 191, affaire *de Tully, directeur*, contre *David, Violet et autres artistes*), que l'entrepreneur de théâtre qui, en cédant son exploitation, reste titulaire du privilége, ne cesse pas de demeurer garant de plein droit des engagements contractés par son cessionnaire, quand même il serait tout-à-fait étranger à ces engagements. Cet arrêt est conçu dans les termes suivants : « La cour ; — Considérant qu'aux termes du décret du 8 juin, 1806, tout entrepreneur de théâtre qui veut obtenir l'autorisation nécessaire est tenu de justifier des moyens qu'il a pour assurer l'exécution de son engagement ; que cette disposition est d'ordre public ; qu'en effet, l'ordre public est intéressé, sous plusieurs rapports, à ce que les représentations théâtrales ne soient pas interrompues par le fait des entrepreneurs, ce qui arriverait si les moyens d'exploitation n'étaient pas assurés, et notamment si les artistes employés dont le concours est nécessaire, n'avaient pas de garanties pour le paiement de leurs appointements ; qu'il suit de là qu'il ne peut être porté aucune atteinte à la disposition impérative dudit décret par des traités que l'entrepreneur pourrait faire avec des tiers pour le partage et la cession de son exploitation, et que ce dernier ne cesse pas tant qu'il est titulaire du privilége, de demeurer garant, de plein droit, des engagements contractés par son cessionnaire pour ladite exploitation, quand même il resterait tout-à-fait étranger à ces engagements ; que si l'administration intervient pour approuver les traités faits par l'entrepreneur, cette approbation n'est qu'une mesure de police qui ne l'affranchit pas des obligations que le décret a imposées à l'obtention de son privilége ; — Considérant, en fait, que de Tully, qui a obtenu, en décembre 1839, le privilége d'exploitation du théâtre de la Porte-St-Antoine a loué, en 1839, la salle à Lebrun et Déadé,

et leur a cédé en même temps le droit d'exploiter en son lieu et place ; — Qu'en admettant que ce bail et cette cession aient été soumis à l'approbation de l'autorité, de Tully, qui n'avait pas cessé d'être titulaire, et qui était toujours reconnu en cette qualité, est demeuré responsable des engagements contractés par Lebrun pour l'exploitation dudit privilége ; que c'est donc avec raison que David-Violet s'est adressé à de Tully pour le paiement de ce qui lui était dû par Lebrun et Déadé, à raison des engagements contractés par ces derniers ; — Confirme. »

Ainsi cet arrêt pose nettement en principe que l'intervention de l'autorité n'est qu'une mesure de police et n'affranchit pas le directeur de son obligation tant qu'il reste titulaire ; dans ce cas les cessionnaires ne sont, aux yeux de l'autorité, que des mandataires purs et simples du directeur.

219. Cependant le tribunal de commerce de la Seine s'est prononcé en sens contraire, dans un jugement du 2 février 1849, dont voici le texte : « Attendu que, par conventions verbales du 15 octobre 1848, Berou a contracté, envers Lajariette, l'obligation de jouer sur le théâtre des Délassements-Comiques tous les rôles qui lui seraient distribués, moyennant la somme de 1,200 francs par an, et sous la réserve de 2,000 francs à la charge du premier contrevenant ; — Attendu que, par acte extrajudiciaire, en date du 8 décembre 1848, Berou a fait signifier à Marc Rohée, nommé gérant provisoire du théâtre, qu'il regardait son engagement comme résilié : 1° en raison de la mort de Lajariette, avec lequel il avait entendu contracter ; 2° en raison d'un retard de trois jours apporté dans le paiement des appointements du mois ; — Attendu que, depuis ce moment, Berou s'est engagé au Gymnase dramatique et qu'il fait aujourd'hui partie des pensionnaires de ce théâtre ; — Attendu qu'il résulte de l'engagement précité que Berou était tenu de reconnaître pour directeur celui avec lequel le titulaire transigerait de ses droits ou priviléges et s'était interdit de se prévaloir de toute cession ou

abandon de ce privilége;—Attendu que Lajariette n'a été que le directeur-gérant d'une société qui a tenu constamment le théâtre ouvert et que les paiements n'ont été différés que du 5 au 17 décembre, ce qui ne donnait à Berou que le droit de poursuivre le paiement de ses appointements;—Attendu que, depuis l'ouverture de l'instance, Marc-Rohée a été remplacé par Simont en qualité de gérant provisoire, et qu'enfin Rimbault, nommé directeur, se présente aujourd'hui dans la cause et demande acte de son intervention, et que Rimbault, en ladite qualité reprend les conclusions de ses devanciers, demande la résiliation du traité verbal du 15 octobre 1848 et le paiement à titre de dédit d'une somme de 2,000 francs ainsi que les intérêts; par ces motifs, reçoit Rimbault intervenant dans la demande, et, statuant au fond, condamne Berou à retourner, dans les trois jours de la signification du présent jugement, pour tout délai, au théâtre des Délassements-Comiques, pour y reprendre son service, à défaut par lui de s'exécuter, déclare les conventions verbales du 15 octobre 1848 résiliées; condamne Berou à payer à Rimbault la somme de 2,000 francs stipulés; condamne Berou aux dépens. (*Gazette des Tribunaux* du 3 février 1849.)

Ce jugement nous paraît mal rendu et fondé sur de faux principes en matière de législation théâtrale.

D'abord il n'est pas exact de dire que Berou étant, aux termes de son engagement, obligé de reconnaître pour directeur celui envers lequel le titulaire transigerait de ses droits ou priviléges, Berou ne pouvait pas, par conséquent, se prévaloir de cette cession pour demander la résiliation de son engagement. Une clause pareille est nulle; les arrêts ministériels de concession interdisent de la manière la plus formelle toute cession ou transaction sur le privilége. Le tribunal ne peut donc pas invoquer, contre l'artiste, les termes d'une clause dont la nullité est prononcée d'avance par l'acte même qui confère au directeur l'autorisation nécessaire pour exploiter un théâtre, et qui règle les conditions auxquelles il est tenu de se soumettre.

D'un autre côté Lajariette n'avait pas été nommé directeur-gérant d'une société. Les autorisations conférées par l'administration désignent toujours nommément les personnes auxquelles elles sont accordées; or, Lajariette était nommément directeur; lui seul, aux yeux de l'autorité était responsable; s'il avait transmis l'administration du théâtre à un tiers, il était toujours légalement directeur. Puisque lui seul restait titulaire du privilége, celui qui administrait le théâtre en son lieu et place ne pouvait être qu'un mandataire pur et simple. Le tribunal a donc commis, à notre sens, une grave erreur en avançant que Lajariette n'avait été que le directeur-gérant d'une société. Si, en fait, la société a tenu le théâtre ouvert, c'était toujours Lajariette qui était légalement directeur et par conséquent responsable.

Le tribunal ne pouvait pas recevoir Raimbault comme intervenant; en voici le motif: les termes mêmes des arrêtés de nomination interdisent aux héritiers, associés, successeurs ou autres de faire revivre l'autorisation à leur profit. Ajoutons que la nomination de Raimbault à la direction du théâtre était un acte distinct et séparé, que les engagements de Lajariette ne lui ont pas été imposés par l'autorité. Comment le tribunal a-t-il pu accorder à Raimbault de reprendre les conclusions de ses devanciers? Pour que Raimbault eût ce droit il aurait fallu qu'il fût le cessionnaire ou le successeur des précédents directeurs. Les arrêtés ministériels interdisent formellement toute cession du privilége qu'ils confèrent. Le directeur ne peut donc se prévaloir de la cession qui a eu lieu entre son prédécesseur et lui, il n'est donc pas légalement *cessionnaire*, et par conséquent il ne peut pas être intervenant au procès, puisque les arrêtés de nomination le défendent en termes exprès.

Ainsi le jugement du tribunal de commerce que nous venons de rapporter au commencement de ce numéro doit être repoussé comme contraire aux vrais principes en cette matière.

§ 2. *De la révocation du directeur.*

220. Occupons-nous maintenant de l'effet que produit la révocation du directeur sur les engagements qu'il a contractés avec les acteurs.

Les engagements des acteurs passés avec le directeur d'un théâtre sont subordonnés au sort de la concession ou privilége qui lui a été conféré par l'autorité ; en sorte que si ce privilége vient à être retiré avant le temps prévu (par exemple, par l'effet de la faillite du directeur titulaire), les engagements des artistes consentis pour ce temps cessent également de plein droit et sans indemnité au profit des artistes ; et ceux-ci ne peuvent exercer aucune action en garantie contre les directeurs qui, durant le cours du privilége, depuis anéanti, se sont succédé dans l'exercice de ce même privilége. Ceci résulte d'un arrêt très remarquable que la première chambre de la cour d'appel de Paris a rendu le 25 janvier 1850, sous la présidence de l'un de nos plus profonds jurisconsultes, le savant M. Troplong. Cet arrêt est conçu en ces termes :

« La Cour, — Considérant qu'il ne s'agit pas dans l'espèce de la question de savoir si l'engagement souscrit par Hippolyte Worms et Ancelot a dû être exécuté, pendant toute la durée du privilége, par les concessionnaires de ce dernier, exécution qui n'a pas souffert de difficulté, mais bien de savoir si ledit privilége ayant été éteint par la faillite de Lefèvre, dernier titulaire aux droits d'Ancelot, et Hippolyte Worms ayant été congédié par l'administration qui a pris de nouveau l'administration du Vaudeville, le même Hippolyte Worms a une action contre Ancelot pour se faire indemniser, sous prétexte que les neuf ans de son engagement ne sont point encore expirés ; — Considérant, en droit, que les entreprises théâtrales ne sont point une industrie libre ; que cette industrie est soumise à des règles spéciales pour l'ordre et l'intérêt publics, et notamment l'obtention d'un privilége sans l'existence duquel toute exploitation d'un théâtre est impossible et illicite (art. 1 et 2 du décret du 8 juin 1806); — Que les artistes, qui traitent avec un directeur, ne peuvent ignorer que leurs contrats n'ont de force et d'objet réel qu'autant que ce privilége subsiste légalement; qu'il suit de là que, soit par la nature des choses, soit par la commune intention des parties, leurs engagements sont subordonnés au sort du privilége; qu'ayant été uniquement contractés dans le but précis de le faire valoir, ils en sont une dépendance nécessaire; de telle sorte que c'est en vue du privilége même et comme moyen et instrument de l'exploitation qu'ils sont intervenus; que, s'il arrive que le privilége vienne à cesser avant le temps par une raison légale, les engagements des artistes, mesurés sur ce même temps, doivent cesser également sans indemnité, d'après la règle de droit: *cessante causâ cessat effectus*; — Qu'il est de principe que le contrat de louage s'éteint par la perte de la chose à laquelle ce contrat est attaché; qu'il n'est pas moins certain que le contrat prend fin quand la force majeure empêche l'artiste d'accomplir son œuvre; que sous ce double rapport, il est évident que lorsque le privilége fait retour à l'autorité, et que l'entreprise ne peut plus fonctionner, les engagements manquent désormais de cause et d'objet, et ne sauraient avoir plus de valeur que le privilége qu'ils étaient destinés à mettre en mouvement; — Considérant, en fait, que Lefèvre, dernier titulaire régulier du privilége, a fait faillite; — Qu'à la suite de cet évènement, le gouvernement s'est ressaisi du privilége, et l'a transporté, à titre provisoire, à un autre directeur, par des raisons de bonne police théâtrale, et pour assurer au public et aux auteurs la continuation des représentations; — Que l'ancienne administration ou ses ayant-cause ont été empêchés par là de l'utiliser; — Que, dans cet état, il ne serait pas juste d'exiger d'eux à l'avenir, et à raison d'un privilége éteint, l'accomplissement d'obligations qu'ils ne peuvent plus remplir, moins par insuffisance des ressources que par le fait de l'autorité supérieure; — Que d'un autre côté, Hippolyte Worms ne peut objecter qu'il est prêt à s'acquitter de son ouvrage, car une impossibilité radicale, provenant de l'anéantissement du privilége, y met un obstacle légal et d'ordre public; — Considérant que Lefèvre représente Ancelot, concessionnaire originaire du privilége, et tous les autres directeurs auxquels Ancelot a transmis ses droits, avec le consentement du gouvernement, et pour le plus grand avantage du théâtre, qui eût probablement succombé beaucoup plus tôt sans cette substitution; — Que le privilége ayant péri entre les mains de Lefèvre, par suite de sa mauvaise fortune, il a péri aussi pour Ancelot, et a entraîné, à l'égard de ce dernier, auquel on ne saurait reprocher aucune faute, la cessation de toutes les charges théâtrales au nombre desquelles sont les engagements des artistes; — Que si le contrat passé avec Hippolyte Worms a attaché cet artiste à l'exploitation du Vaudeville pour neuf ans, ce n'a été que pour faire coïncider cet engagement avec la durée du privilége, qui était de neuf ans; — Mais qu'il est clair que le privilége cessant avant ce temps, par un retrait légal et forcé, sans aucune fraude des titulaires, l'engagement d'Hippolyte Worms doit périr aussi par la liaison intime du privilége et de l'engagement; — En ce qui touche les demandes en garantie; — Considérant qu'elles n'ont plus de fondement, d'après ce qui vient d'être décidé; — Sans qu'il soit besoin de s'occuper desdites demandes, — Confirme. »

221. La *Gazette des Tribunaux*, dans son numéro du 28 janvier 1850, fait précéder des réflexions suivantes l'arrêt que nous venons de rapporter ci-dessus :

« On remarquera, dit ce journal judiciaire, que cet arrêt tranche la difficulté en principe, et qu'il écarte les questions de fait et de novation qui avaient été posées dans les plaidoiries, questions périlleuses et incertaines dont la solution pourrait servir, tantôt à aggraver la position des comédiens, tantôt à mettre les directeurs dans l'embarras, en disloquant leurs troupes. La Cour a pris un parti plus net et plus juridique. Voici le résumé de la doctrine à laquelle elle s'est rattachée :

« En thèse ordinaire, la force majeure qui frappe le maître ne rompt pas le louage (M. Troplong, *du Louage*, n° 879, et *du Mandat*, n° 630). Toutefois, il y a exception à cette règle, quand le contraire résulte, soit tacitement, soit expressément, de la volonté des patrons (M. Troplong, *du Louage*, même numéro). On voit que la Cour trouve son exception dans la circonstance que le directeur et l'artiste dramatique traitent toujours sous la condition nécessaire de l'existence d'un privilége, lequel peut être retiré au directeur par des causes diverses, et que dès-lors il est entendu que l'engagement ne saurait survivre à la perte du privilége dans les mains du directeur.

« Mais il y a plus. Pourquoi l'ouvrier n'est-il pas atteint en principe général par la force majeure qui frappe le maître ? Parce qu'étant prêt à faire l'ouvrage, il ne tient pas à lui que l'ouvrage ne soit pas fait. *Quod per eum non evenit quin operas non præstasset*, dit Casaregis. Or, l'artiste peut-il tenir ce langage ? peut-il dire qu'il est prêt à jouer, lorsque la cessation du privilége met à l'exploitation théâtrale un obstacle de police publique ? Évidemment non. Il suit donc de là que, dans l'espèce donnée, il n'y a plus seulement une force majeure qui atteint le maître, le directeur, il y a encore une force majeure qui lie les mains de l'artiste, et qui va même jusqu'à faire condamner comme illicite sa participation à des représentations théâtrales sans privilége. Or, on sait que le louage d'ouvrage est rompu, quand la force majeure empêche l'ouvrier de l'accomplir (M. Troplong, *du Louage*, n° 878, et *du Mandat*, n°ˢ 643 et 645).

» Enfin, sous un autre point de vue, on peut dire que le louage est rompu, dans l'espèce, par la perte de la chose même à laquelle le louage d'ouvrage est attaché (M. Troplong, *du Louage*, n°ˢ 853 et 880) ; les parties ont stipulé, en vue du privilége, pour le faire valoir, pour l'exploiter ; sans le privilége, il n'y aurait pas eu de traité ; après le privilége, il ne saurait plus rester d'engagement pour l'avenir ; le privilége est le principe de l'exploitation dont les engagements des artistes ne sont que les moyens. Donc, si le privilége périt, il semble juste de dire que les contrats qui en sont une dépendance, périssent aussi. Car, comme le dit l'auteur précité, avec les lois romaines, une cause de rupture du contrat de louage de services, c'est la destruction de la chose à laquelle les services étaient consacrés.

» Tels sont les différents aspects de l'arrêt que l'on vient de lire : droit spécial dérivant de la nature des choses et d'une législation exceptionnelle ; perte de la chose pour laquelle le contrat avait été fait ; impossibilité de l'artiste, autant que du directeur, de remplir leurs engagements réciproques. L'importance de la matière nous a suggéré ces observations ; elles sont d'autant plus utiles, que les jurisconsultes qui ont écrit sur les matières théâtrales, n'ont pas traité la question à ce point de vue, faute d'avoir fait attention à l'influence que doit exercer le retrait du privilége par l'autorité supérieure. »

Le tribunal de commerce de la Seine a également jugé le 26 novembre 1850, que les engagements contractés par un artiste avec un directeur frappé de destitution périssent avec le privilége retiré par l'autorité et ne donnent lieu à aucuns dommages et intérêts de la part du directeur révoqué (Journal le *Droit* et *Gazette des Tribunaux* du 27 novembre 1850; affaire *Bocage, directeur de l'Odéon*, contre M. et Mme *Deshayes, artistes*).

222. Il importe de remarquer que bien qu'un directeur de théâtre doive être considéré, même après sa révocation ou l'abandon de son privilége, comme responsable de tous les faits accomplis pendant sa gestion, ainsi que de toutes les conséquences résultant du fait même de sa retraite, néanmoins les acteurs ou employés qui consentent à continuer leur service avec un nouveau directeur, renoncent par cela même aux droits qu'ils peuvent avoir à exercer contre l'ancien directeur.

La Cour de Paris l'a ainsi jugé par arrêt de la troisième chambre le 14 décembre 1844 (*Journal du Palais* tome 1ᵉʳ de 1845. p. 101, affaire *Chantagne et autres, artistes*, contre *Dutertre et Chabot, directeurs*). — Un autre arrêt de la même Cour, 4ᵉ Chambre, du 10 juin 1848 a prononcé dans le même sens (Journal le *Droit et Gazette des Tribunaux* du 11 juin 1848, affaire *Ballard, artiste*, contre *Lefèvre et Pilté, directeurs*). Ainsi lorsqu'il y a eu stipulation expresse à cet égard ou qu'il est résulté des circonstances de fait que l'artiste a accepté formellement le nouveau directeur comme substitué à l'ancien et consenti une novation, l'artiste perd son recours contre le directeur précédent avec lequel il avait contracté.

223. L'appréciation des circonstances qui peuvent servir à établir la preuve de l'acceptation du directeur nouveau par l'artiste est abandonnée à la prudence des tribunaux appelés à en connaître : mais parmi les présomptions graves, précises et concluantes, il est un fait que, dans la pratique, on admet en général comme probant contre l'acteur, c'est l'émargement, sur les registres de l'administration, des sommes payées pour appointements.

Cependant la Cour de Paris, dans l'arrêt précité du 10 juin 1848, a décidé qu'il ne suffisait pas que l'artiste eût touché ses appointements d'un mois pendant l'administration nouvelle pour qu'on pût en conclure qu'il avait accepté pour directeur définitif celui qui dirigeait en dernier lieu le théâtre; que ce fait n'impliquait nullement novation et ne pouvait pas décharger le précédent directeur de son obligation vis-à-vis de l'artiste, alors surtout que fort peu de temps après ce paiement des difficultés se sont élevées entre le directeur nouveau et l'artiste, et que, par suite, ce dernier a été expulsé du théâtre.

224. Avant de terminer ce paragraphe, nous devons remarquer qu'il arrive quelquefois qu'après la révocation du directeur, l'autorité nomme un administrateur provisoire qui se charge momentanément de l'exploitation. Ce mode transitoire d'administration dra-

matique n'a, au reste, été adopté par l'autorité que depuis fort peu d'années. Nous avons à nous demander quelle est la valeur légale d'une nomination de cette nature.

C'est, dit-on, pour donner aux intérêts engagés dans une entreprise théâtrale le temps de se concilier que l'autorité a adopté cette mesure. L'intention est bonne sans doute, mais cette raison ne saurait suffire ; il faut que le moyen adopté soit autorisé par la loi et appuyé sur son texte. Nous avons vainement cherché dans la législation des théâtres une disposition qui prescrivît ou justifiât une mesure de ce genre. En effet, les monuments législatifs sur la matière ne parlent que de la nomination des directeurs. Nous devons faire observer, en outre, que l'autorité qui se montre toujours gardienne si vigilante des intérêts des artistes, les abandonne complètement dans ce mode de nomination, car elle n'exige de l'administrateur provisoire aucune des garanties qu'elle réclame du directeur titulaire : c'est-à-dire ni cautionnement, ni justification de fonds de roulement. D'après ces observations, la nomination d'un administrateur provisoire nous semble d'une légalité très contestable.

Quoi qu'il en soit, il importe d'examiner dans l'intérêt des artistes quel est l'effet de cette nomination, c'est-à-dire quelle est l'étendue de la responsabilité de l'administrateur provisoire relativement aux engagements qu'il prend vis-à-vis des artistes. La mission ou plutôt le pouvoir que l'autorité confère dans le cas dont il s'agit, c'est d'*administrer provisoirement le théâtre*. Mais quel est le sens de ces expressions ? Elles ne signifient rien autre chose, évidemment, que *faire ce que le directeur du théâtre ferait lui-même*; en d'autres termes, régir l'entreprise, la diriger, engager les artistes et prendre toutes les mesures nécessaires à l'exploitation commerciale.

L'administrateur provisoire est personnellement tenu des obligations qu'il contracte à raison de sa gestion.

Notons ici que les artistes engagés sous la précédente

direction ne sont pas liés vis-à-vis de celui qui, avec le consentement de l'autorité, prend l'administration provisoire du théâtre : car leurs engagements ont été rompus par suite de la révocation du précédent directeur. Si donc les artistes restent au théâtre ce n'est qu'autant qu'ils y consentent ; rien ne les oblige à le faire; ils sont libres de se retirer. Ce n'est que dans le cas où des conventions nouvelles interviennent entre les artistes et l'administrateur provisoire qu'il y a obligation réciproque. Il est donc indispensable que la reconnaissance de l'administrateur provisoire ait précédé ces stipulations.

C'est à l'application de ces principes qu'il faut rattacher un jugement rendu par le tribunal de commerce de la Seine, du 31 octobre 1850, au profit de madame Rey, artiste du Théâtre-Historique contre M. de Dollon, administrateur provisoire de ce théâtre. Voici les termes mêmes du jugement que nous signalons :

« Attendu que si, pour se refuser au paiement de la somme de quatre cent seize francs cinquante centimes qui lui a été réclamée par la demanderesse pour appointements échus, de Dollon excipe des conventions verbales qui doivent l'exhonérer de tout engagement, il résulte des documents de la cause que, dans l'espèce, son allégation n'est pas justifiée ; — Attendu, en outre, qu'il ne justifie pas davantage que la demanderesse ait reconnu qu'il n'administrait plus le théâtre en question qu'officieusement, et qu'en conséquence elle cessait d'avoir aucun droit contre lui, d'où il suit qu'il doit réellement la somme réclamée ; — Par ce motif le tribunal jugeant en dernier ressort, condamne le défendeur à payer à la demanderesse quatre cent seize francs cinquante centimes, montant de la demande, avec les intérêts suivant la loi ; à satisfaire à ce que dessus sera le défendeur contraint par toutes les voies de droit et même par corps, conformément aux lois des 17 avril 1832 et 13 décembre 1848, condamne le défendeur aux dépens, même au coût de l'enregistrement du présent jugement. »

Le tribunal de commerce de la Seine a également condamné par corps M. de Dollon, en qualité d'administrateur provisoire du Théâtre-Historique, à payer à M. Laferrière, acteur de ce théâtre, une somme de 929 francs due pour appointements arriérés. Appel de M. de Dollon; il a prétendu avoir été exonéré de toute obligation envers les artistes qui, vers la fin de juin 1850 avaient refusé d'exécuter l'engagement qu'ils avaient antérieurement pris de continuer à jouer en recevant un traitement au prorata des recettes; en outre, M. de Dollon a soutenu qu'il n'avait été que gérant provisoire, qu'il n'était pas négociant et n'avait pas fait, dans la circonstance, acte de commerce, et que le tribunal de commerce, fût-il aussi compétent qu'il l'était peu, il n'y aurait pas lieu de prononcer la contrainte par corps. Mais la cour d'appel de Paris par arrêt de la 1re Chambre du... juin 1851, présidée par M. Ayliès a repoussé ce moyen de défense et confirmé la sentence des premiers juges.

Rapportons aussi les termes d'un autre jugement du tribunal de commerce de la Seine, du 20 décembre 1850, en ce qui concerne M. de Dollon, mis en cause par des artistes du Théâtre-Historique, à raison de sa qualité d'administrateur provisoire du théâtre. « Le Tribunal, en ce qui touche de Dollon, — Attendu qu'il n'a jamais été directeur titulaire du Théâtre-Historique;—Que s'il l'a administré provisoirement du 24 mai au 29 juin 1850, la mission qu'il avait reçue de l'autorité n'avait pour but que de donner aux intérêts engagés dans cette entreprise le temps de se concilier; — Attendu qu'il résulte des explications et pièces produites que de Dollon n'a administré que dans les limites de l'autorisation précitée, et des conventions verbales, en date du 16 mai 1850, intervenues entre lui et les artistes; —Attendu, d'ailleurs, que, chargé de rendre compte à ces derniers, de leur distribuer le prorata intégral des recettes, sans qu'il lui fût permis de faire aucun engagement en dehors desdites conventions, il est resté dans les limites de ce mandat, n'a couru aucune des chances de l'entreprise, puisqu'il ne bénéficiait dans aucun cas; — Qu'en conséquence, il ne saurait être considéré que comme mandataire, et en aucune façon responsable au-delà de son mandat; — Attendu qu'à la date du 27 juin 1850, les artistes ont refusé d'exécuter plus longtemps les conventions précitées, se fondant sur ce que de Dollon ne voulait pas solliciter en son nom le privilége du Théâtre-Historique; — Que, par suite de leur refus, de Dollon s'est retiré et a rendu compte au ministre de sa mission : — Attendu que de l'ensemble de ces considérations, il appert que les demandeurs sont non-recevables dans leur action à l'égard du défendeur. »

Ainsi, les deux premiers jugements que nous venons de transcrire reconnaissent que M. de Dollon était personnellement obligé envers Mme Rey et M. Laferrière. Pourquoi ? Parce qu'il était administrateur du théâtre, et qu'il ne pouvait dès-lors s'affranchir des charges que cette qualité entraînait avec elle. Le dernier jugement, au contraire, décide que M. de Dollon n'est point tenu, et par quel motif ? Par cette raison qu'il est resté dans les limites des conventions intervenues entre lui et les artistes du théâtre qu'il administrait.

Considérées sous ce point de vue, ces décisions nous semblent juridiques.

Remarquez bien que dans le cas dont nous nous occupons, l'autorisation accordée par le gouvernement à l'administrateur provisoire n'est pas un mandat, c'est une permission spéciale de la nature de celle que reçoit un directeur de théâtre. Cette distinction est importante à faire ressortir; car s'il s'agissait d'un mandat, l'autorité qui l'aurait confié serait elle-même responsable des actes de son mandataire, et on comprend quelle serait la gravité des conséquences qui pourraient en résulter. Il ne s'agit pas ici d'un mandat conféré par l'administration publique, mais d'une autorisation accordée à un individu, pour qu'il puisse remplir, sous sa responsabilité personnelle, l'opération à laquelle il veut se livrer.

Toutefois il est à désirer que l'autorité, dans sa sollicitude pour les artistes, renonce à ce système de nomination d'administrateur provisoire, système dont la légalité, d'ailleurs fort contestable, comme nous l'avons dit, ne fait que retarder de quelques instants la ruine financière dont un théâtre est menacé. L'expérience prouve que cette innovation dans les usages administratifs, en matière théâtrale, est contraire aux intérêts bien compris des artistes, et ne produit que de nombreuses difficultés, et des procès du genre de ceux que nous venons de signaler.

SECTION VIII.

de la fin de l'engagement théâtral, de ses causes et de ses effets.

225. Le contrat d'engagement théâtral finit soit par l'expiration du temps pour lequel il a été consenti, soit par sa résolution arrivée avant cette époque.

§ 1. — *De la cessation de l'engagement théâtral par l'expiration du terme fixé et de la tacite reconduction.*

226. L'engagement théâtral cesse de plein droit par l'expiration du temps pour lequel il a été contracté. Effectivement, la convention sur ce point, comme sur tous les autres, fait la loi des parties.

227. Quand on a fixé comme terme de la durée de l'engagement l'année théâtrale, il faut suivre l'usage pour préciser cette époque, qui ne peut être devancée au préjudice des acteurs. Si donc le directeur juge à propos d'arrêter les représentations avant la fin de l'année, il n'en doit pas moins payer le traitement des artistes jusqu'à l'époque où l'usage amenait la fermeture (MM. Vivien et Blanc, *de la Législation théâtrale*, n° 265; Dalloz, *Recueil alphabétique de jurisprudence*, au mot *Théâtre*, section n° 31).

228. Lorsque, à l'expiration de l'engagement, l'acteur

continue à jouer sur la même scène, il s'opère un nouvel engagement dont l'effet est réglé par l'usage en matière théâtrale. Telle est la conséquence de la présomption légale que l'on désigne dans le langage judiciaire sous le nom de *tacite reconduction*, c'est-à-dire renouvellement du contrat de louage résultant de la volonté supposée des parties.

Les règles de la tacite reconduction étant applicables au contrat d'engagement théâtral, il importe de les indiquer.

La tacite reconduction n'est pas l'ancien bail qui continue, c'est un nouveau bail formé par une nouvelle convention tacite des parties, lequel succède au précédent (Digeste *Locati conducti*, Ulpien, l. 14; Pothier, sur la *Coutume d'Orléans*, t. 19, chap, Ier, n° 76, et *Traité du Louage*, n° 342; M. Troplong, *du Louage*, n° 447). Il suit de là que la caution ou l'hypothèque du bail précédent ne s'étend pas à la tacite reconduction. Il y a aussi à faire observer que la tacite reconduction ne s'opère pas pour le même temps que l'ancien bail. C'est un bail sans écrit, dont la durée est déterminée par les usages sur le terme de ces sortes de baux (M. Troplong, *du Louage*, n° 451). Mais, à part ces différences de temps et la non-continuation des cautions et hypothèques, la tacite-reconduction est censée faite aux mêmes conditions que le bail précédent. Ainsi, le loyer reste le même, et les obligations respectives des parties ne sont pas changées. Toutefois, les clauses extraordinaires ne sont pas censées avoir été reproduites (Pothier, *du Louage*, n° 364; MM. Troplong, ouvrage précipité, n° 452, et Duvergier, continuation de Toullier, t. 18, n°s 506 et 515). Ainsi, c'est l'usage qu'il faut consulter pour déterminer la durée du nouveau contrat de louage qui résulte de la tacite-reconduction. Tel est précisément le sens de l'article 1738 du Code civil, lorsqu'il dit que l'effet du nouveau bail est réglé par l'article relatif aux locations faites sans écrit.

Ces principes posés, revenons au point qui nous occupe. Si l'on admet — ce qui est incontestable — que les règles de la tacite-reconduction soient applicables en matière de contrat de louage d'ouvrage, il suit, comme conséquence nécessaire, que l'usage, dont la loi elle-même reconnait et consacre l'autorité, doit être respecté et strictement observé. Mais pour que l'usage ait force et valeur, il a besoin d'être constaté par des témoignages indubitables. Or, où en trouver de plus certains que ceux qui émanent des décisions judiciaires et de l'avis des personnes compétentes?

La question n'est pas de discuter l'utilité de l'usage, c'est là une autre face sous laquelle nous aurons ensuite à l'envisager. Mais ce qu il importe de savoir à présent, c'est si l'usage existe, et s'il est généralement observé. Dans le cas de l'affirmative, pas de difficulté; l'usage doit être nécessairement suivi, puisqu'il est en vigueur, et que les monuments de la jurisprudence viennent en constater l'existence et en révéler l'observation.

Ainsi, l'acteur qui, après l'expiration d'un engagement écrit, demeure attaché au même théâtre, ne peut être congédié qu'à la charge d'un avertissement donné dans le délai fixé par l'usage, et spécialement à Paris, donné trois mois d'avance. C'est ce que la Cour d'appel de Paris a jugé par arrêt de la 1re chambre du 29 avril 1848, dont voici le texte : « La Cour, — Considérant que si, en 1844, Vachot a été engagé par écrit au théâtre des Folies-Dramatiques pour le délai d'un an, il est reconnu par les parties qu'à l'expiration de ce délai, il est resté attaché à ce théâtre sous des conventions nouvelles, et sans aucun engagement écrit; — Considérant que, dans cette position, Vachot ne pouvait recevoir son congé qu'à la charge par Mourier de le prévenir dans le délai fixé par l'usage; — Considérant qu'il est d'usage constant, pour les directeurs et acteurs dans les théâtres de Paris, de se prévenir trois mois à l'avance, quand l'une des parties veut faire cesser son engagement; qu'aucun avertissement n'a été donné par Mourier dans ce délai; —Infirme le jugement; au principal, condamne Mourier, même par corps, à payer à Vachot ses appointements échus en 1847, et 300 fr. pour indemnité, en raison de l'inexécution des engagements contractés envers lui. » (*Journal du Palais*, t. 1er de 1848, p. 692; Dalloz, année 1849, 2e partie. p. 47; Sirey-Devilleneuve, année 1849, 2e partie. p. 112; *le Droit* et *Gazette des Tribunaux*, du 30 avril 1848).

La Cour reconnaît en termes exprès qu'*il est d'usage constant, pour les directeurs et acteurs dans les théâtres de Paris, de se prévenir trois mois à l'avance, quand l'une des parties veut faire cesser son engagement*. La faculté de s'avertir dans ce délai est réciproque entre le directeur et l'acteur. L'avertissement doit donc être donné avant le 1er janvier. Ceci ressort clairement de l'arrêt que nous venons de rapporter. Dans un débat de cette nature, qui s'est élevé en 1846 entre l'administration de l'Ambigu-Comique et Mme Dupont, artiste de ce théâtre, M. Dormeuil, directeur du théâtre Montansier (Palais-Royal), nommé arbitre, a également décidé qu'il était indispensable de signifier congé formel trois mois avant le 1er avril, époque du renouvellement des engagements dramatiques, et que tel était l'usage constant en cette matière. Un jugement tout récent du tribunal de commerce de la Seine vient encore de se prononcer dans le même sens. (Voyez ci-après pag. 162.)

Il importe de remarquer que la Cour de Paris a cependant jugé, le 3 mars 1827, sur la demande de mesdames Gros, Falcon, Delatre, Gorenflot et Level, actrices de l'Odéon, contre M. Frédéric Dupetit-Méré, alors directeur de ce théâtre, que quand l'acte d'engagement fixe l'époque où il devra prendre fin, le directeur n'est pas tenu de prévenir, dans le délai d'usage, les artistes qu'il n'est point dans l'intention de garder à son théâtre. Cet arrêt est conçu dans les termes suivants : « La Cour, considérant qu'il ne s'agit pas dans la cause de la résiliation d'un contrat dont les parties doivent réciproquement s'avertir dans un délai déterminé, conformément aux règlements, mais d'un engagement synallagmatique dont le terme a été fixé par les contractants, confirme la sentence avec amende et dépens. »

Cette décision semblerait, au premier abord, en opposition avec ce que nous venons de dire au commencement de ce numéro, à l'égard de l'avertissement que le directeur ou l'acteur doivent réciproquement se donner pour faire cesser l'engagement théâtral; mais la contradiction n'est qu'apparente. C'est ce qu'il est nécessaire de faire ressortir. D'abord il faut remarquer que les deux espèces portées devant la Cour ne se ressemblent pas. Dans l'affaire de M. Vachot, il s'agit d'un engagement résultant de la tacite reconduction, d'un engagement sans limitation de temps; dans le procès des actrices de l'Odéon, il s'agit au contraire d'un acte d'engagement dont la durée est fixée par la convention même. Considérés sous ce point de vue, ces deux arrêts nous semblent rendus dans des circonstances tout-à-fait distinctes, et il faut en approuver la décision. Ainsi, sous peine de se jeter dans une funeste confusion de principes en matière de contrats, il n'est pas possible de rapprocher ces deux arrêts et de voir entre eux une application contradictoire des règles du droit en ce qui touche la jurisprudence théâtrale.

Afin d'éviter toute équivoque, expliquons-nous aussi nettement que possible.

Si l'acte d'engagement détermine le temps de sa durée, nulle difficulté ne peut surgir sous ce rapport; l'avertissement dans le délai d'usage n'est point nécessaire: l'engagement cesse à l'époque indiquée dans l'acte. C'est le cas jugé par l'arrêt de 1827, dans le procès des actrices de l'Odéon. Peu importe ici que l'engagement soit verbal ou écrit, car, comme nous l'avons dit précédemment (p. 47), l'écriture ne donne pas à un acte plus de valeur qu'il ne peut en avoir par lui-même; elle n'est utile que pour en constater plus facilement la preuve. Tels sont les vrais principes en matière d'obligations. Mais qu'arrive-t-il lorsque, postérieurement au temps fixé pour la fin de l'engagement dramatique, l'acteur continue à jouer sur le même théâtre? L'engagement se renouvelle par la tacite reconduction, c'est-à-dire au moyen d'une fiction légale en vertu de laquelle les parties sont présumées, en prenant désormais l'usage pour règle de la durée de leur convention, avoir renouvelé l'engagement dans les liens duquel elles se trouvaient précédemment retenues (1).

Mais cet engagement, qui résulte de la tacite reconduction, a-t-il une durée déterminée? Ce point est important à constater, car c'est de la manière dont il peut être envisagé que dépend la solution de la difficulté que nous examinons. L'engagement, dans le cas dont il s'agit, a pour base une présomption qui puise son principe dans le silence des parties. Toutefois l'engagement théâtral ayant ordinairement une durée d'une année, qui commence et finit au 1er avril, doit-on, lorsqu'il provient de la tacite reconduction, le considérer comme stipulé pour cet espace d'une année, ou comme consenti sans limitation de temps? Nous pensons qu'il faut envisager l'engagement comme contracté sans durée fixe. En voici, selon nous, la raison : si l'engagement était réputé fait pour un espace de temps déterminé, il finirait de *plein droit* à l'expiration de l'année théâtrale, sans qu'il fût nécessaire, pour le faire cesser, de donner aucun avertissement préalable dans un délai déterminé. Mais il n'en est point ainsi; ce qui le prouve, c'est que l'usage constant est de donner l'avertissement ou congé dans le délai prescrit, et que si cette prescription n'est point observée, l'engagement nouveau qui a

---

(1) MM. Vivien et Blanc (*de la législation des théâtre*, n° 268.) sont d'avis que quand un acteur dont l'engagement est expiré reste attaché au même théâtre, l'effet de la tacite reconduction qui s'opère est de créer un nouvel engagement semblable au premier. Nous adoptons cette opinion lorsque l'on considère seulement les conditions du nouvel engagement, abstraction faite de sa durée ; mais nous pensons qu'elle est trop absolue, quant à ce dernier point. En effet, si le premier engagement avait été contracté pour plusieurs années, par exemple, pour trois ans, le nouvel engagement produit par la tacite reconduction ne serait point censé fait pour la même durée. Les principes ordinaires en matière de tacite reconduction et que nous avons indiqués ci-dessus sont entièrement applicables ici.

pour base la tacite reconduction lie l'acteur et le directeur de telle façon, qu'ils ne peuvent plus s'en départir qu'après un avertissement ou congé donné dans le délai fixé par l'usage, c'est-à-dire trois mois avant le 1er avril; et ce n'est que lorsque cette formalité préalable a été remplie, que l'engagement cesse. On ne peut donc pas dire que l'engagement nouveau qui résulte de la volonté présumée des parties soit stipulé pour une année, pas plus qu'on ne pourrait soutenir qu'il est contracté pour deux, pour trois, ou pour un plus grand nombre d'années, puisqu'il est au pouvoir de chacune des parties de le faire cesser par un congé, en observant le délai établi par l'usage, et puisque, comme nous l'avons dit ci-dessus (p. 161), la tacite reconduction ne s'opère pas pour la même durée que celle qui avait été assignée à l'engagement précédent. L'engagement nouveau que la tacite reconduction a produit est évidemment un contrat de louage d'ouvrage sans fixation de temps. Les principes admis par les auteurs en matière de tacite reconduction (voyez ci-dessus, p. 157), nous semblent prêter une force nouvelle à l'arrêt de 1848, rendu dans l'affaire Vachot.

Ainsi, pour nous résumer sur la question qui fait l'objet des observations précédentes, nous dirons que l'acteur qui, après l'expiration du temps fixé par son engagement, reste dans le même théâtre, est légalement présumé avoir contracté un nouvel engagement, pour un temps indéterminé, avec faculté réciproque de faire cesser ce nouvel engagement, en s'avertissant dans le délai d'usage, c'est-à-dire trois mois avant le 31 mars.

Pour compléter ce que nous avons à dire sur ce point important, nous reproduisons ici le texte d'un jugement rendu par le tribunal de commerce de la Seine, le 1er mai 1851, au profit de Mlle Courtois, artiste des chœurs de l'Opéra, contre M. Nestor Roqueplan, directeur de ce théâtre. Ce jugement est conçu dans les termes suivants : « Attendu que si, par conventions verbales entre les parties, le 24 avril 1844, la demoiselle Courtois a été engagée pour trois années au théâtre de l'Opéra, comme artiste des chœurs, aux appointements de 1,200 f. par an, il est reconnu par les parties qu'à l'expiration du traité verbal dont s'agit, la demanderesse est restée attachée à ce théâtre, sans conditions et sans aucun engagement écrit, et par conséquent sous le régime des conditions d'usage entre directeurs et artistes; — Attendu qu'il est d'usage constant pour les directeurs et artistes des théâtres de Paris, de se prévenir trois mois avant l'expiration de l'année théâtrale, quand ils veulent faire cesser un engagement dont les délais n'ont pas été déterminés ; — Attendu que Nestor Roqueplan était tenu de prévenir, à la fin de décembre dernier, qu'il entendait faire cesser le service de la demanderesse le 31 mars suivant ; — Attendu qu'il est constaté, par la correspondance, que ce n'est que le 10 mars dernier qu'il l'a fait prévenir; que, son avis étant donné tardivement, la demoiselle Courtois est fondée à exiger que son emploi lui soit maintenu jusqu'au 31 mars 1852 ; — Attendu qu'il est dû à la demoiselle Courtois la somme de 100 fr. pour ses appointements du mois de mars ; — Par ces motifs, condamne Nestor Roqueplan à exécuter, envers la demoiselle Courtois, l'engagement contracté entre eux, et ce, jusqu'à l'époque du 31 mars 1852; sinon, et faute de ce faire, condamne Roqueplan, par toutes les voies de droit, et même par corps, à payer à la requérante la somme de 1,200 fr., à titre de dommages-intérêts ; condamne, en outre, Nestor Roqueplan à payer à la demoiselle Courtois, la somme de 100 fr. pour les appointements échus le 31 mars dernier ; — le condamne en outre aux dépens. » (Journal *le Droit* et *Gazette des Tribunaux* du 2 mai 1851).

229. Mais pourquoi cet usage d'un avertissement donné trois mois avant le 1er avril s'est-il introduit ? C'est, d'un côté, afin de ne point laisser l'artiste dans l'incertitude de sa position et dans l'impossibilité de s'en choisir une nouvelle ; et, d'un autre côté, afin de donner au directeur plus de facilité pour le remplacer. Il y a donc intérêt réciproque à ce que l'année théâtrale

commence et finisse à une époque déterminée. Telle est la raison d'équité qui a fait admettre entre directeurs et acteurs l'usage de se prévenir réciproquement un certain temps avant le 1er avril, qui est l'époque du renouvellement de l'année théâtrale. On comprend toute l'importance de la stricte observation de cet usage. Aussi doit-il être exactement suivi et considéré comme une des règles spéciales que les nécessités du théâtre ont consacrées, et auxquelles la jurisprudence vient, en les sanctionnant, prêter l'appui de son autorité.

230. Combien faut-il qu'il se soit écoulé de temps après l'expiration de l'engagement primitif pour faire présumer qu'il y a tacite reconduction ? Il est nécessaire que le service de l'artiste dans le théâtre, une fois l'engagement achevé, se soit prolongé pendant un délai suffisant pour faire présumer le consentement respectif des parties, d'opérer un nouvel engagement. Ce point est au reste laissé à l'appréciation des tribunaux.

231. De ce que quand un artiste dramatique, comme nous l'avons déjà dit, continue, après l'expiration de son engagement, à jouer sur le même théâtre, est censé avoir contracté un nouvel engagement par tacite recondution, il suit que si l'acteur abandonne la scène sur laquelle il jouait pour passer sur une autre avant l'expiration de l'année théâtrale commencée, il est passible de dommages-intérêts, et le directeur du théâtre qui l'a fait entrer dans son administration peut être condamné solidairement avec lui au payement de cette indemnité. Le tribunal de commerce de la Seine l'a ainsi décidé par jugement du 21 mai 1839, dont voici le texte : « Attendu que Kopp fils, après l'expiration de l'engagement qu'il avait contracté en 1836, alors qu'il était mineur et sans l'autorisation de son père, a continué, étant majeur, depuis le 1er avril 1838, jusqu'au 13 décembre de la même année, à jouer sur les théâtres gérés par la veuve Seveste et fils ; — Attendu qu'à la date du 13 décembre il a quitté les théâtres de la veuve Seveste et fils, et accepté des propositions plus avantageuses qui lui étaient faites par Perrin et Charlet, pour jouer sur le théâtre

Saint-Marcel ; — Attendu que Kopp fils, en continuant de jouer sur les théâtres de la veuve Seveste et fils, après l'expiration de son premier engagement, et à dater du 1er avril 1838, époque d'ouverture de l'année théâtrale, se trouvait engagé tacitement pour toute l'année commencée, et finissant au 30 mars 1839 ; — Attendu qu'en quittant au milieu de l'année théâtrale et alors que les artistes sont placés, Kopp a causé à la veuve Seveste un préjudice dont il doit la réparation ; — Attendu qu'il serait trop rigoureux de prendre pour base de l'indemnité le dédit stipulé dans l'engagement souscrit par Kopp fils, alors qu'il était mineur et qu'il n'a pas renouvelé par écrit à sa majorité ; — En ce qui touche Perrin et Charlet (*les directeurs du théâtre Saint-Marcel*) : Attendu qu'ils n'ont pu ignorer que Kopp fils était attaché au théâtre de la veuve Seveste et fils, et qu'ils ne devaient pas traiter avec un artiste au milieu de l'année théâtrale, sans se faire justifier que la veuve Seveste et fils ne s'opposaient pas à la retraite de leur théâtre ; qu'ils se sont rendus, par ce manque de prévoyance, garants solidaires du préjudice éprouvé par la veuve Seveste et fils ; par ces motifs, le tribunal condamne Kopp, Perrin et Charlet, solidairement, par toutes voies de droit, et même par corps, à payer à la veuve Seveste la somme de 300 fr. et aux dépens. » Ce jugement nous semble fort équitable et nous en approuvons au fond la décision. Mais nous croyons susceptible de critique cette partie du dispositif où il est dit que Kopp fils, en continuant de jouer sur les théâtres de la veuve Seveste et fils après l'expiration de son engagement et à dater du 1er avril 1838, époque d'ouverture de l'année théâtrale, se trouvait tacitement engagé pour toute l'année commencé et finissant au 31 mars 1839. En effet, comme nous croyons l'avoir démontré p. 161 et suiv., c'est une erreur de croire que l'engagement théâtral qui résulte de la tacite reconduction ait une durée déterminée ; le terme d'un engagement de cette nature n'est pas fixe, seulement les parties peuvent mettre fin au contrat par un avertissement donné dans le délai d'usage ; et ce qui le prouve, c'est que si l'engagement que produit la tacite reconduction était présumé avoir une année de durée, comme le prétend le jugement ci-dessus (du 1er avril au 31 mars suivant), cet engagement finirait *de plein droit* à l'expiration de cette année, et il n'y aurait pas besoin d'avertissement donné dans le délai d'usage. Mais l'usage voulant, au contraire, que lorsqu'il y a tacite reconduction on ne puisse rompre réciproquement l'engagement qu'au moyen d'un avertissement donné dans le délai prescrit, il est évident que si un avertissement n'a pas lieu, l'engagement continue, alors même que l'on serait parvenu à la fin de l'année théâtrale. L'avertissement préalable a été établi dans un intérêt réciproque ; aussi est-il convenable de s'en tenir à cet usage dont l'existence est reconnue et constatée d'une manière indubitable par de récentes décisions judiciaires, et notamment par l'arrêt de la cour de Paris du 29 avril 1848, rapporté p. 158. Mais voyez où conduirait le système du jugement que nous combattons : un artiste pourrait, une fois le 1er avril arrivé, être expulsé du théâtre sans avertissement préalable. Voilà ce qu'on ne saurait admettre et c'est cette erreur dont l'arrêt précité a fait justice. Tenons donc pour certain que si, après l'expiration de son premier engagement, l'artiste a continué de jouer sur le même théâtre il ne peut être congédié qu'autant qu'il a reçu un avertissement préalable dans le délai fixé par l'usage.

232. Lorsqu'il a été stipulé que dans le cas où les parties ne se préviendraient pas trois mois avant l'expiration de l'engagement qu'elles ont contracté, cet engagement continuerait à la fin du précédent encore pour une année, le directeur qui prétend avoir dans le délai prescrit, averti par lettre l'artiste qu'il ne veut point conserver dans son théâtre, doit fournir la preuve de cette allégation ; il ne lui suffit point d'invoquer à cet égard l'usage de son administration. C'est ce que le tribunal de la Seine a jugé le 2 juin 1840. Les faits qui ont donné lieu à cette décision se trouvent suffisam-

ment énoncés dans le jugement même, qui est conçu en ces termes : « Attendu qu'il résulte des débats que le 24 novembre 1839, la dame Lecomte s'est engagée verbalement comme actrice au théâtre des Variétés pour y jouer les rôles qui lui seraient distribués par le directeur, que cet engagement devait avoir trois années de durée, lesquelles ont expiré le 1er avril dernier, que pour prix de l'engagement la dame Lecomte recevait des émoluments de 3,000 francs par année et un jeton de 3 francs par chaque pièce qu'elle jouait pour la seconde et dernière année ; — Attendu que la dame Lecomte devait se soumettre aux règlements établis pour la caisse des pensions dont il lui a été donné connaissance et que par ce fait les appointements fixes se réduisaient à 237 fr. 50 c. par mois ; — Attendu qu'il a été arrêté que si trois mois avant l'expiration dudit engagement les parties ne se prévenaient pas réciproquement de l'intention où elles seraient de ne pas le renouveler il serait continué pour un an aux mêmes conditions et par tacite reconduction ; — Attendu que Jouslin Delassalle prétend avoir écrit dans le courant de décembre dernier deux lettres à la dame Lecomte pour la prévenir qu'elle ne devait plus faire partie de la troupe des Variétés, à partir du 1er avril 1840 ; que le motif du renvoi de la dame Lecomte était fondé sur ce qu'elle demandait de l'augmentation ; qu'alors il se croyait en droit de se pourvoir d'une autre actrice pour la remplacer ; — Attendu que Jouslin Delassale ne peut prouver d'une manière péremptoire, soit par une réponse de la dame Lecomte, soit par la copie des lettres qu'il prétend lui avoir écrites, soit enfin par la preuve testimoniale que la dame Lecomte devait quitter le théâtre le 1er avril 1840 ; — Attendu que la dame Lecomte dit, pour détruire les allégations de Jouslin Delassalle, que jamais celui-ci ne lui a écrit ; ou que du moins elle affirme n'avoir point reçu de lettre, qu'au contraire elle prétend avoir écrit à Jouslin Delassalle, en date du 31 décembre dernier, pour lui faire connaître que puisqu'il ne voulait pas lui donner d'augmentation, elle n'en restait pas moins au théâtre pour le même prix que pour le passé, mais qu'elle espérait que plus tard Jouslin Delassalle saurait récompenser son zèle et son bon service en faisant droit à sa juste réclamation. — Attendu que Jouslin Delassalle convient avoir reçu la lettre de la dame Lecomte, mais qu'il prétend n'avoir pas eu besoin de lui répondre ; que les deux lettres qu'il lui avait écrites devaient lui suffire ; que du reste tel était l'usage de son administration ; — Attendu que l'usage invoqué par Jouslin Delassalle n'est pas justifiée, puisqu'à la date du 31 janvier dernier, son employé reconnaissait avoir reçu d'un acteur une lettre qui déclarait ne plus vouloir renouveler son engagement ; — Par ces motifs le tribunal déclare la dame Lecomte bien fondée dans sa demande, condamne Jouslin Delassalle, par corps, à lui payer la somme de 237 fr. 50 c., avec intérêts suivant la loi pour les appointements échus le 1er mai dernier et le condamne aux dépens. (*Gazette des Tribunaux* du 14 juin 1840).

233. Quand un artiste a cessé d'être inscrit sur les registres d'un théâtre, il est présumé n'y être plus engagé, alors surtout qu'il a abandonné, sans réclamations, sa loge d'habillement et n'a plus demandé à reparaître sur la scène (Jugement du tribunal de commerce de la Seine, du 12 septembre 1833, *Gazette des Tribunaux* du 13 septembre même année, affaire Mlle *Vigneron, artiste,* contre *Véron, directeur de l'Opéra*).

§ 2. *De la cessation de l'engagement théâtral avant l'expiration du temps pour lequel il a été contracté.*

234. Des causes aussi multipliées que diverses, dont les unes sont personnelles aux contractants, et les autres indépendantes de leur volonté, amènent souvent la résiliation de l'engagement théâtral sans qu'il ait rempli la période qui lui était assignée.

235. Ainsi, l'engagement théâtral finit de même que

tout autre contrat, par le consentement mutuel des parties. Il n'est point permis à l'une d'elles de se départir du contrat sans le consentement de l'autre; en effet, les mêmes volontés qui ont concouru à la formation de la convention sont nécessaires pour la dissoudre.

236. L'engagement finit aussi par le défaut respectif du directeur et de l'artiste de remplir leurs obligations. Dans ce cas, l'engagement n'est point résolu de plein droit. La partie envers laquelle le contrat n'a point été exécuté, et qui a des motifs suffisants pour le faire résilier, doit demander cette résolution en justice (argument tiré de l'art. 1184 du Code civil); mais jusqu'à ce que cette résiliation soit prononcée, l'engagement doit recevoir son exécution. Ainsi un directeur ne peut pas, en alléguant qu'un artiste a négligé son service, le congédier de la troupe par un simple acte *extrajudiciaire*, c'est-à-dire par un acte d'huissier qui déclare que l'artiste ne fait plus partie du personnel du théâtre. Il faut, dans ce cas, que la résiliation soit demandée devant le tribunal, et l'engagement doit être exécuté jusqu'à ce que l'annulation en ait été judiciairement prononcée. (Arrêt de la Cour de Paris, 26 août 1828, *Gazette des Tribunaux* du 27 août même année, affaire du *Théâtre des Nouveautés* contre Mlle *Vigne*).

237. La faillite du directeur est une cause de rupture de l'acte d'engagement (voy. p. 146 et suiv.), MM. Vivien et Blanc (*De la législation des Théâtres*, n° 269) sont aussi de cet avis; mais ils prétendent que si les créanciers du directeur voulaient diriger l'entreprise et fournissaient des garanties égales à celles que possédaient les acteurs avant la faillite, ceux-ci ne pourraient refuser de continuer leur service, parce que l'acteur est plutôt attaché à l'entreprise qu'au directeur. Toutefois, cette dernière opinion doit être repoussée par la raison exprimée dans l'arrêt rapporté au numéro 120, lequel décide, en termes formels, que les contrats des artistes avec un directeur de théâtre n'ont de force et d'objet réel qu'autant que le privilége subsiste d'une manière légale entre les mains de ce directeur, et qu'une fois que ce

privilége vient à cesser, les engagements des artistes cessent également. C'est donc une erreur d'avancer que l'acteur est plutôt attaché à l'entreprise qu'au directeur.

Si après la faillite du directeur, les artistes consentent à continuer leur service dans le même théâtre, c'est en vertu d'un nouvel engagement qui se forme entre eux et le nouveau directeur, et non par suite de l'engagement contracté avec le directeur précédent.

238. Aux termes de l'article 437 du Code de commerce, tout commerçant qui cesse ses paiements est en état de faillite. Or, cette règle est applicable au directeur d'un théâtre puisque d'après l'article 632 du même Code, il est réputé commerçant. La preuve de la cessation des paiements du directeur peut, résulter notamment de la convocation des créanciers pour leur faire des propositions d'arrangement, et de la saisie des recettes opérée en vertu d'une ordonnance du juge compétent (Jugement du tribunal de commerce de la Seine, du 16 janvier 1849, journal *Le Droit*, du 19 janvier même année).

239. L'incendie du théâtre auquel l'artiste est attaché, peut devenir une cause de résiliation de l'engagement ; car aux termes des arrêtés ministériels, cet évènement peut entraîner la cessation de l'autorisation confiée au directeur, d'où il suit que le sort de l'engagement étant subordonné à celui du privilége théâtral, si ce privilége vient à cesser pour cause de sinistre, l'engagement de l'artiste cesse également ; c'est ici le cas d'appliquer la règle de droit : *Cessante causa, cessat effectus.*

240. Le décès d'un directeur de théâtre entraîne l'annulation de l'engagement passé entre lui et l'artiste ; mais ce dernier, dans ce cas, a-t-il droit à des dommages et intérêts ?

Le tribunal de commerce de la Seine a décidé l'affirmative, par jugement du 12 janvier 1847 conçu en ces termes : « Attendu que la demoiselle Roche, aujourd'hui femme Longueville, a été engagée le 7 octobre

1845, par Pierre Tournemine, directeur du théâtre du Luxembourg, pour une année, à partir du 15 dudit mois d'octobre 1844 jusqu'au 15 octobre 1845, avec stipulation d'un dédit de 600 fr. en cas d'inexécution dudit engagement; — Attendu que Tournemine est décédé avant l'expiration du susdit engagement, et que ce décès a amené la fermeture du théâtre et la rupture de l'engagement de la demoiselle Roche; que la succession doit réparation de ce dommage; — Mais, attendu que l'engagement a reçu un commencement d'exécution, et qu'il est juste de diminuer les dommages et intérêts encourus, condamne le sieur Franquin, en qualité de curateur à la succession vacante de Tournemine, et par toutes voies de droit, à payer aux sieur et dame Longueville la somme de 300 fr., à titre de dommages et intérêts; — Le condamne en outre aux dépens qu'il pourra employer en frais de curatelle. » (Journal *le Droit* et *Gazette des Tribunaux* du 13 janvier 1847.) Cette décision nous semble équitable et juridique.

241. Les traces que la petite-vérole ou variole laisse sur le visage d'un acteur ne sont pas de nature à faire prononcer la résiliation de son engagement. Il suffit que le directeur du théâtre ait été prévenu de la maladie de l'acteur et les prescriptions de l'engagement sur le mode à employer en pareille circonstance ne sont pas de rigueur. Le tribunal de commerce de la Seine l'a ainsi jugé le 25 février 1845 : « Attendu qu'il résulte des débats et pièces produites que Tournemine, directeur du théâtre du Luxembourg a interdit à Vallée de reprendre son service, lui déclarant que son engagement était rompu, sous prétexte : 1° que la variole confluente, dont il avait été atteint, l'avait défiguré; 2o que sa maladie n'ayant pas été constatée dans les formes des règlements établis pour son théâtre, il aurait appointé d'une amende de 20 francs, ce qui, aux termes de leurs conventions verbales du 4 septembre 1844, lui aurait donné le droit de le remplacer; — Sur le premier moyen : attendu que l'engagement de Vallée portait qu'il ne serait résilié que dans le cas d'une maladie de trois mois;

qu'il est acquis au procès que celle dont il a été victime n'a duré que deux mois, et qu'immédiatement après cette époque il s'est mis à la disposition de Tournemine; — Attendu que les traces d'une variole confluente dans des conditions simples, ne sont pas de nature à empêcher un acteur de faire son service; qu'il faudrait, pour en faire un cas de résiliation, des circonstances d'une gravité qui ne se présentait pas dans la cause ; — En ce qui touche le deuxième moyen : Attendu qu'il est constant que Vallée a donné avis de son indisposition au théâtre le jour même où elle lui est survenue; que cela ressort provisoirement de ce qu'il est établi que le régisseur lui a envoyé dès le lendemain le docteur de l'administration; que Tournemine a donc été averti dans la personne de son régisseur , — Que si Tournemine prétend qu'il aurait dû recevoir un certificat du médecin de Vallée; que cette forme d'avertissement n'était pas stipulée dans les conventions verbales des parties; qu'elle n'a été imposée plus tard par Tournemine pour les besoins de la contestation, qu'afin d'avoir un prétexte d'appointer Vallée de 20 francs d'amende et de s'en prévaloir pour rompre son engagement ;—Attendu qu'il suit de ce qui précède que c'est injustement et non du fait volontaire de Vallée, mais du chef de Tournemine que les conventions verbales des parties n'ont pas été exécutées ; — Attendu que le dédit de 1,900 francs demandé par Vallée a été stipulé d'une manière formelle ; qu'il a même été convenu qu'il ne subirait aucune diminution, qu'il fait la loi des parties ; — Attendu que la résiliation de l'engagement de Vallée, demandée réconventionnellement par Tournemine n'est pas combattue par Vallée; — Par ces motifs, résilie les conventions verbales d'engagement intervenues entre les parties le 4 septembre dernier ; condamne Tournemine, même par corps, à payer à Vallé la somme de 1,900 f., montant du dédit stipulé, et le condamne aux dépens. » Ce jugement a été confirmé, sur appel, par arrêt de la première chambre de la cour de Paris de 5 juillet 1845. (*Gazette des Tribunaux* des 13, 26 février et 6 juillet 1845).

Cependant, lorsqu'une maladie ou un accident indépendant de la volonté de l'artiste ont altéré son physique au point de ne pouvoir plus remplir les rôles qui lui étaient habituellement confiés, et pour lesquels il a été spécialement engagé, cette circonstance peut entraîner la résiliation de l'engagement, mais sans dommages-intérêts (argument tiré de l'art. 1147 du Code civil). En effet, il s'agit d'un évènement de force majeure pour lequel on ne peut imputer aucune faute à l'artiste; par conséquent, il n'y a lieu de lui réclamer aucune indemnité.

242. L'ivresse habituelle de la part de l'artiste est une cause qui entraîne la résiliation de l'engagement. Mais il ne suffit pas au directeur d'alléguer ce motif pour expulser un artiste du théâtre où il est engagé : ces faits doivent être prouvés contre ce dernier; et lorsqu'il résulte, au contraire, de certificats émanés des camarades de l'artiste ou autres employés du théâtre, que les reproches adressés par le directeur sont sans fondement, ce directeur peut être condamné judiciairement à rendre à l'artiste son emploi, ou, faute de ce faire, à lui payer une indemnité. C'est ce qu'a décidé un jugement du tribunal de commerce de la Seine, du 10 mai 1832, en condamnant MM. Dormeuil et Poirson, directeurs du théâtre du Palais-Royal, à rendre à M. Vézian, artiste de ce théâtre, son emploi, sinon à lui payer une indemnité de 1,200 francs (*Gazette des Tribunaux*, du 11 mai 1832).

243. La fuite d'un artiste à l'étranger est aussi une cause de résiliation de l'engagement théâtral, et donne lieu, contre lui, à des dommages et intérêts. (Jugement du tribunal de commerce de la Seine, du 6 août 1845, qui condamne M. Bressant, artiste des Variétés, à payer au directeur de ce théâtre, 20,000 fr. de dommages et intérêts pour rupture d'engagement, occasionnée par sa fuite en Russie; arrêt de la cour de Paris, du 4 juin 1847, qui condamne madame Plessy-Arnould, pour des faits de même nature, à payer à la Comédie-Française 100,000 fr. de dommages et intérêts, *Gazette des Tribunaux* des 7 août 1845 et 28 septembre 1847).

SECTION IX.

De la compétence des Tribunaux en matière d'engagement théâtral.

244. Aux termes de l'art. 632 du Code de commerce, les entreprises de spectacles publics sont commerciales. Il suit de là : que les directeurs de théâtre sont justiciables des tribunaux de commerce ; qu'ils sont contraignables par corps pour les engagements qu'ils ont contractés; qu'en cas de cessation de paiement, ils peuvent être déclarés en faillite. Ainsi, la loi elle-même plaçant au nombre des établissements de commerce les entreprises dramatiques, aucune difficulté ne peut s'élever sur la compétence du tribunal devant lequel le directeur d'un théâtre doit être appelé, lorsqu'il s'agit des obligations relatives à l'exercice de son industrie.

245. Mais l'acteur doit-il être, à raison de l'engagement qu'il a contracté avec un directeur de théâtre, justiciable du tribunal de commerce ?

La plupart des tribunaux se sont prononcés pour l'affirmative et ont admis que les contestations auxquelles peut donner lieu l'engagement passé entre un directeur de théâtre et un acteur doivent être déférées à la juridiction commerciale. Voici le texte des décisions intervenues dans ce sens, et que nous rapportons afin d'indiquer les motifs sur lesquels cette jurisprudence est fondée :

« Attendu que les acteurs comme les entrepreneurs sont justiciables du tribunal de commerce pour raison des indemnités auxquelles peut donner lieu l'inexécution de leurs engagements. (Arrêt de la cour de Paris du 5 mai 1808 affaire *Dorli* contre *Morand*.) » — Considérant que les artistes contractant avec un directeur de spectacle doivent être considérés comme concourant à l'exploitation d'une entreprise commerciale. » (Arrêt de la même cour, du 11 juillet 1825, affaire Mmes *Ahn* et *Clouet* contre *Deserres* et *Merle*, directeurs).

« Statuant sur le déclinatoire proposé :—Attendu que par l'article 632 du Code de commerce, l'entreprise de spectacle public est formellement réputée acte de commerce; que dans la cause *Duponchel* et *Léon Pillet* agissent comme directeurs-entrepreneurs de l'Académie royale de Musique ; que d'après l'art. 634, les tribunaux de commerce ont qualité pour connaître des actions contre les facteurs, commis des marchands, ou leurs serviteurs, pour le fait seulement du trafic du marchand auquel ils sont attachés ; que cette disposition est générale et absolue, qu'elle n'admet aucune exception ni pour les tiers ni pour les marchands ; que chacun des acteurs ou actrices engagés à l'administration d'un théâtre concourt en ce qui le concerne à l'exploitation d'une entreprise commerciale ; qu'il y a lieu, dès lors, d'appliquer les articles 632 et 634 du Code de commerce; par ces motifs retient la cause, ordonne qu'il sera plaidé au fond. » (Jugement du tribunal de commerce de la Seine, du 8 septembre 1841, confirmé sur appel par la cour de Paris, le 23 août 1842, *Gazette des Tribunaux* du 9 septembre 1841 et 24 août 1842; affaire *Léon Pillet* contre Mlle *Fanny Elssler*.)

« Considérant que la loi répute acte de commerce les entreprises de spectacles publics ; que l'acteur qui concourt à leur exploitation d'une manière nécessaire fait un acte de commerce en s'engageant avec le directeur d'un théâtre à se charger d'un emploi dans les pièces qui doivent s'y représenter; que la juridiction commerciale est donc compétente pour connaître des contestations relatives à l'engagement contracté par *Lecor* (artiste), envers *Potel* (directeur), confirme. » (Arrêt de la cour d'Amiens du 7 mai 1839, *Journal du Palais* t. 1er de l'année 1844, p. 338).

« Considérant que *Mullot* est choriste à l'Opéra et par conséquent acteur; que tout acteur participe à l'exploitation théâtrale à laquelle il s'est attaché ; que cette entreprise est une entreprise commerciale, et que les relations qui s'établissent et les actes qui interviennent entre le directeur du théâtre et les acteurs ont le caractère d'actes de commerce ; qu'ainsi la juridiction commerciale est compétente. » (Arrêt de la cour de Paris du 27 juin 1840, *Gazette des Tribunaux* et *le Droit* du 28 juin même année). Il importe de faire observer que cet arrêt a été rendu contrairement aux conclusions du ministère public).

« Attendu que l'article 632 du Code de commerce répute actes de commerce les entreprises de spectacles publics ;— Attendu que l'article 634 du même Code dispose que les tribunaux de commerce connaîtront également des actions contre les facteurs, commis de marchands ou serviteurs, pour le fait du commerce du marchand ; —Attendu que quels que soit le talent et le mérite d'un acteur, il intervient comme moyen d'exécution des obligations de l'entrepreneur et comme agent de l'entreprise ; que, dès-lors, les contestations qui interviennent entre l'artiste et l'entrepreneur sont de la compétence du tribunal de commerce ; — Met au néant l'appel interjeté par Dulac (*artiste*) du jugement du tribunal de commerce de Bordeaux du 27 octobre 1841. » (Arrêt de la cour de Bordeaux du 9 décembre 1841, *Journal du Palais*, t. 1er, de 1842, pag. 323).

«Considérant qu'il s'agit entre les parties d'une opération commerciale» (Arrêt de la cour de Paris du 22 janvier 1848, confirmatif d'un jugement du tribunal de commerce de la Seine du 4 mai 1847; Journal *le Droit* et *Gazette des Tribunaux* du 23 janvier 1848, affaire Léon Pillet contre Mlle *Carlotta Grisi*).

« Attendu qu'en matière commerciale, le tribunal est compétent à l'égard des actions formées contre les facteurs, commis et serviteurs de marchands, pour le fait du commerce du marchand auquel ils sont attachés; — Attendu qu'aux termes de l'article 632 du code de commerce, toute entreprise de spectacle est une opération commerciale ; que l'article 634 rend le tribunal compétent à l'égard des personnes qu'une telle entreprise emploie ; qu'il est convenable d'en faire l'application à un musicien qui s'est engagé envers un directeur de spectacle, et dont l'engagement *sert* à l'exploitation du théâtre, par ces motifs retient la cause. » (Jugement du tribunal de commerce de la Seine, du 24 janvier 1834 ; Dalloz, *Répertoire de Législation, nouvelle édition*, t. 1er, au mot *Acte de commerce*, p. 445, note 1 ; affaire *Dormeuil, directeur,* contre *Roque, artiste*).

» Attendu que *Bressot* n'a pas fait acte de commerce en s'obligeant à jouer sur un théâtre moyennant un certain chiffre d'appointements ; que s'il coopérait à l'exploitation d'une entreprise commerciale il n'agissait cependant que, comme facteur de marchand, faisant d'après les ordres pour le compte ou à la place du directeur ; qu'il n'y a pas eu de sa part opération commerciale en mettant son talent à la disposition d'un commerçant ; mais, attendu que la loi a laissé à la prudence du juge de prononcer la contrainte par corps, lorsque le chiffre des dommages-intérêts est au dessus de 300 fr., qu'il y a lieu dans l'espèce de faire cette application. » (Jugement du tribunal de commerce de la Seine, du 6 août 1845; journal *le Droit*, du 7 août 1845).

« Attendu que les entreprises de théâtres publics sont réputées actes de commerce ; — Que les artistes, en contractant avec le directeur, doivent être considérés comme concourant à l'exploitation d'une entreprise commerciale ; — Que la juridiction commerciale était donc seule compétente pour connaître des contestations relatives à l'engagement contracté par *Devos (artiste)*, envers la demoiselle *Picolo (directrice d'un café-concert)*. — Infirme ; — Renvoie la cause et les parties devant les juges qui doivent en connaître, et condamne *Devos* aux dépens. » (Jugement du tribunal civil de la Seine, du 18 juillet 1850, 5me chambre ; journal *le Droit* et *Gazette des Tribunaux*, du 15 août 1850).

Ainsi, parmi les décisions qui attribuent à la juridiction commerciale la connaissance des contestations relatives aux engagements des acteurs, les unes s'appuient sur cette raison que l'acteur, en concourant à l'exploitation d'un théâtre, fait acte de commerce et que, par conséquent, il doit être soumis au tribunal consulaire; les autres se déterminent par ce motif que les facteurs ou commis des marchands étant justiciables du tribunal de commerce, et que l'acteur devant être considéré comme le facteur ou commis du directeur de théâtre, il suit que les contestations qui interviennent entre l'artiste et le directeur sont de la compétence du tribunal de commerce.

La jurisprudence qui précède a été approuvée par plusieurs auteurs; toutefois, il importe de remarquer que ceux même qui en ont admis les principes ne sont point d'accord sur les raisons de décider. Ainsi M. Orillard (*de la Compétence des tribunaux de commerce*, n° 350) et M. Nouguier (*des Tribunaux de commerce*, t. 1er, p. 443) pensent que les acteurs qui concourent à l'exploitation de l'entreprise commerciale étant ses employés, sont considérés comme compris dans les expressions génériques de facteurs ou commis des marchands, qu'il faut leur appliquer la disposition du § 1er de l'article 634 du Code de commerce, et que, sous ce point de vue, on doit approuver les décisions judiciaires qui rendent les acteurs justiciables du tribunal de commerce.

M. Molinier (*Traité du droit commercial*, t. 1er, n° 49, note 2), au contraire, est bien d'avis que les artistes sont soumis à la juridiction commerciale pour tout ce qui concerne les représentations théâtrales auxquelles ils doivent concourir, mais il critique, dans les termes suivants, l'opinion qui considère les acteurs comme les facteurs ou commis du directeur : « Ce point de vue, dit-il, ne nous paraît pas exact. L'artiste qui fournit au directeur l'œuvre de son art ne saurait être assimilé aux facteurs et aux commis que les marchands emploient pour leur négoce. Il est d'ailleurs très-douteux que les simples commis, qui ne sont pas commerçants et qui ont simplement loué leurs services, puissent être actionnés par leurs patrons à raison de leurs engagements devant les tribunaux de commerce. Les dispositions de l'article 634 sont tout exceptionnelles et se réfèrent aux demandes que les tiers auraient à former contre un préposé à l'occasion du commerce du marchand auquel il est attaché. »

Si nous avons mentionné la controverse qui existe à cet égard entre les auteurs, c'est pour montrer que la question est délicate et difficile et que la jurisprudence, qui l'a tranchée, n'est pas assise sur des bases aussi solides que pourraient le faire penser les nombreuses décisions sur lesquelles elle s'appuie. Au reste, l'examen de cette question est du plus grave intérêt pour les artistes; aussi, pour discuter ce point de droit avec toute l'impartialité convenable, croyons-nous indispensable de reproduire les arguments présentés par les partisans de l'opinion qui est contraire à la nôtre et qui admet, dans le cas dont il s'agit, la compétence du tribunal de commerce. M. Molinier (ouvrage précité, n° 49) a présenté, dans les termes suivants, le résumé de cette doctrine : « L'acteur, dit-il, qui perçoit des gages fixes n'en concourt pas moins, avec le directeur qui le paie, à l'entreprise qui a pour objet d'offrir un spectacle au public; quoiqu'il ne soit pas associé, quoiqu'il ne perçoive pas sa quotité des bénéfices, il n'en est pas moins vrai que l'entreprise n'existe que par son concours, et qu'il s'engage avec elle vis-à-vis du public. Il n'est plus dans la position de l'artiste qui fait librement valoir son talent par lui-même : il a spéculé sur l'engagement de ses services, sur l'habileté du directeur de la troupe dont il fait partie, et il a fait de l'exercice de son art l'objet d'une opération commerciale. — La jurisprudence des tribunaux me paraît donc basée sur une entente de la loi qui ne blesse en rien les principes et qui peut seule satisfaire aux nécessités de position qui résultent des entreprises de théâtre et des engagements des acteurs. C'est la troupe, être collectif et juridique, qui forme l'entreprise dont le directeur est le chef, et qui promet ses services au public. Toutes les contestations qui peuvent s'élever entre le directeur et les acteurs, à raison des engagements, se réfèrent à l'entreprise, qui est un fait de commerce, et doivent être jugées commercialement. »

Dans le sens de cette opinion, on ajoute encore que l'acteur devant participer de tous ses moyens au succès du théâtre, l'engagement qu'il contracte est essentiellement lié à l'entreprise elle-même, et, pour parler le langage de la loi, au trafic du marchand qui l'emploie. L'action du directeur contre l'artiste, à raison de son engagement, a donc pour objet un fait de son trafic, et rentre sous l'application de l'article 634 du Code de commerce. La position du commis suppose un mandat? Mais l'acteur ne reçoit-il pas du directeur un mandat dont il s'acquitte devant le public? Le directeur ne peut pas lui-même remplir les rôles des pièces qu'il fait représenter; c'est pour cela qu'il engage des acteurs, et ceux-ci ont pour mandat de remplir leurs rôles devant le public, de contribuer à la prospérité de l'entreprise; c'est pour cela qu'ils reçoivent un salaire et souvent fort élevé (Voyez *Gazette des Tribunaux* du 9 septembre 1841, *affaire Léon Pillet* contre M*lle* *Fanny Elssler*).

Tel est l'exposé de ce système contre lequel nous nous élevons de toute la force de nos convictions, parce qu'il nous semble aussi contraire au texte qu'à l'esprit de la loi.

En effet, la question est de savoir si les articles 632 et 634 du Code de commerce s'appliquent ou non aux acteurs. Toute la difficulté réside donc dans l'interprétation juridique de ces deux dispositions.

D'abord, quelle est la nature du contrat qui intervient entre le directeur d'un théâtre et un acteur? C'est, comme nous l'avons dit ci-dessus, p. 32, un louage d'industrie. Ce contrat est tout civil. En effet, il n'y a rien de commercial dans l'engagement que l'acteur passe avec un directeur moyennant des appointements fixes et indépendants de toutes chances de l'entreprise. L'acteur exerce son art, utilise les talents qu'il a acquis par de longs et pénibles travaux; il n'y a point là, dans ce contrat, cette spéculation aléatoire, cette chance de gain ou de perte qui est l'âme du commerce. La profession de l'artiste est essentiellement libérale et incompatible avec l'idée de négoce. Mais, dit-on, l'entreprise n'existe que par le concours de l'artiste qu'elle a engagé, et l'artiste lui-même a fait de ses talents l'objet d'une opération commerciale en spéculant sur l'engagement de ses services. Nous répondons à cette objection, plus spécieuse que logique : Si l'artiste loue son industrie à une administration théâtrale, en agissant ainsi, il ne fait point acte de commerce. On ne peut pas qualifier d'acte de cette nature le louage qu'un individu peut faire de son mérite personnel, de son aptitude, des capacités plus ou moins développées que la nature lui a départies.

On objecte encore contre nous que l'acteur s'engage avec l'administration vis-à-vis du public. Mais cet argument n'est pas plus solide que celui qui le précède. En effet, l'auteur, par exemple, qui fait représenter une pièce sur un théâtre, qui publie un roman ou tout autre ouvrage dans un journal, s'engage ainsi avec l'administration de ce théâtre ou de ce journal vis-à-vis du public. La position est identique. Cependant si, par suite de cette représentation ou publication, il survient quelque difficulté entre l'administration du théâtre ou du journal et l'auteur, viendra-t-on dire que ce dernier, étant à raison de son œuvre en rapport avec le public, doit être justiciable du tribunal de commerce ? Une pareille idée ne naîtra dans l'esprit de personne. Pourquoi ? la raison en est simple : c'est que l'auteur n'a point fait un acte de commerce en vendant son œuvre, mais un acte purement civil. On en peut dire autant du peintre ou de toute autre personne qui exerce une profession libérale et qui, à raison de son art ou de son emploi, est mise en contact avec le public.

L'acteur n'a de rapport avec le public que pour l'exercice de son art ; c'est avec la gloire plus encore qu'avec l'argent qu'on le rétribue ; c'est l'art et non le commerce qu'il exerce. Encore bien que le talent de l'artiste puisse exercer une grave influence sur le succès de l'entreprise dramatique, cette circonstance ne change pas la nature du contrat qui reste toujours dans la classe des contrats civils. La loi n'attache le caractère commercial qu'à l'établissement du théâtre et aux obligations qui en dérivent de la part du directeur. Il n'y a rien de commercial dans les engagements que contractent les acteurs, les musiciens et autres personnes employées au service du théâtre. Ceux-ci ne font que louer leur industrie sans aucune spéculation, à la différence de l'entrepreneur, qui loue cette industrie pour en tirer un bénéfice, en l'exhibant au public. Telle est aussi sur ce point l'opinion d'un grand nombre d'auteurs (MM. Vincens, *Législation commerciale*, t. 1er, p. 135; Pardessus, *Droit commercial*, t. 1er, n° 45, et t. 2, n° 517; Carré (1), *Traité des lois de l'organisation judiciaire et de la compétence, édition Foucher*, t. 7, p. 214; Dalloz, *Répertoire de jurisprudence, nouvelle édition*, t. 1er, au mot *Acte de commerce*, n° 242; Favard de Langlade, *Répertoire* au mot *Tribunaux de commerce*; Vivien et Blanc, *de la Législation des théâtres*, n° 312; Vulpian et Gauthier, *Code des Théâtres*, p. 208; Goujet et Merger, *Dictionnaire de droit commercial*, au mot *Acte de commerce*, n° 136 (2).

---

(1) « Les directeurs et les acteurs, dit ce célèbre professeur, sont dans l'usage de plaider entre eux soit comme demandeurs, soit comme défendeurs, devant les tribunaux de commerce ; mais cet usage ne peut prévaloir sur la loi, il ne peut donner à des juges d'attribution une compétence qui appartient aux tribunaux ordinaires : Or, dans le silence de la loi, les tribunaux de commerce (on ne doit pas l'oublier) sont incompétents en raison de la matière. Ainsi, point de difficulté, les tribunaux de commerce ne connaîtront point des actions dirigées par le directeur d'un spectacle contre les personnes qu'il emploie pour son établissement, et dont il se sert pour le spectacle. »

(2) Relativement à la jurisprudence admise sur le point qui nous occupe, M. Troplong (*du Contrat de Société*, n° 342) a fait une observation critique qu'il importe de ne point passer sous silence: « L'on juge maintenant, sans contradiction, dit-il, que l'engagement contracté par un acteur avec un directeur de spectacle est un acte de

DE LA COMPÉTENCE DES TRIBUNAUX. 183

L'article 632 du Code de commerce est ainsi conçu :
« La loi repute acte de commerce toute entreprise de spectacles publics. » Ainsi cette disposition ne s'applique qu'à l'*entreprise*, c'est-à-dire à la spéculation qui a pour objet ce genre d'exploitation. Mais qui spécule? c'est le directeur. L'artiste, dit-on, spécule aussi sur l'engagement de ses services. Quant à l'artiste, l'expression est inexacte, car pour spéculer, il faut courir des chances de gain ou de perte. Ne faisons pas de néologisme, donnons aux mots leur signification légale et non pas celle qu'on peut leur attribuer dans le langage ordinaire. En matière commerciale, *spéculer* est synonyme de *trafiquer*. L'acteur loue ou, si l'on veut, vend son talent au directeur, qui l'achète pour le revendre au public. C'est le directeur qui *spécule*, qui *trafique*, puisqu'il achète pour revendre. L'artiste ne fait point de l'exercice de son art l'objet d'une spéculation commerciale; pour qu'il en fût ainsi il faudrait qu'il y eût un trafic de la part de l'artiste, en d'autres termes, un achat et une revente, une location suivie d'une sous-location; car c'est là ce qui constitue l'acte de commerce. Si l'acteur n'accomplit point un acte de cette nature, en contractant un engagement dramatique, il ne peut donc pas être soumis à la juridiction consulaire. Ainsi, d'après le texte de la loi, le directeur de théâtre est seul justiciable du tribunal de commerce, puisque lui seul fait acte de commerce.

Rappelons un principe qui doit recevoir ici son entière application : c'est que les tribunaux d'exception ne sont appelés à connaître que des cas spéciaux qui leur sont attribués par la loi. Or, les tribunaux de commerce sont une juridiction d'exception qui doit être restreinte aux seules affaires dont le jugement leur est délégué par une

---

commerce ; mais réputer acte de commerce les roulades d'un chanteur et les pirouettes d'une danseuse, n'est-ce pas pousser un peu loin l'usage des tropes judiciaires?» Cette réflexion sortie de la plume d'un jurisconsulte aussi éminent, a une grave signification.

attribution spéciale. Cette règle de droit est nettement posée dans le passage suivant du président Henrion de Pansey (*de la Compétence des Juges de Paix*, chap. IV) : « Il existe, dit-il, une différence très notable entre les tribunaux extraordinaires et les juges ordinaires. Les premiers n'ayant qu'une autorité partielle et d'exception, sans influence directe sur les personnes, ne peuvent statuer que sur les contestations dont la connaissance leur est déférée nominativement par une loi spéciale; et toutes les fois que l'objet litigieux n'est pas dans leurs attributions, ils doivent se déclarer incompétents. »

L'article 632 du Code de commerce ne désignant nommément que *toute entreprise de spectacles publics*, cet article doit donc être écarté de la discussion comme inapplicable aux acteurs et autres personnes employées au service du théâtre.

Il reste maintenant à examiner si le § 1er de l'article 634 du Code de commerce s'applique aux acteurs.

Nous nous sommes déjà occupé de ce point, et ce que nous avons dit à cet égard (p. 17 à 20) démontre suffisamment que l'acteur ne pouvant être légalement considéré comme le facteur ou le commis du directeur, l'artiste, sous ce rapport, n'est point justiciable du tribunal de commerce. Ajoutons que nous sommes encore fortifiés davantage dans notre opinion à cet égard, lorsque, comme nous venons de le remarquer (p. 178), nous voyons certains auteurs qui, tout en admettant la compétence du tribunal de commerce dans le cas dont il s'agit, sont eux-mêmes obligés de reconnaître que la disposition de l'article 634, § 1er du Code de commerce n'est point applicable aux acteurs.

De toutes ces considérations, nous concluons avec la conviction que donne une opinion profondément méditée, que les articles 632 et 634 du Code de commerce ne sont point applicables aux acteurs.

Nous devons dire que quelques tribunaux se sont prononcés dans le sens du système que nous soutenons ici, et ont décidé que l'engagement d'un artiste dramatique n'étant point, de sa part, un acte de commerce, la juridiction civile devait être seule compétente lorsque l'exécution de cet acte était demandée contre l'acteur: nous citerons notamment un jugement du tribunal civil de Lorient, du 24 novembre 1836 (Journal *le Droit*, du 4 février 1837; affaire *Albert* et *Guinet, directeurs*, contre Mlle *Hyacinthe, artiste*), et un jugement du tribunal civil de la Seine, 3me chambre, rendu sur les conclusions conformes de M. de Charencey, avocat du roi, le 17 novembre 1847 (Journal *le Droit* et *Gazette des Tribunaux*, du 18 novembre, même année; affaire *Lefèvre, directeur*, contre *Ballard, artiste*).

246. On saisit facilement le motif qui fait insister les directeurs de théâtre à soutenir contre les artistes dramatiques la compétence des tribunaux de commerce en matière d'engagement théâtral, c'est que ces tribunaux, d'après la jurisprudence qu'ils ont en général admise, considérant l'acteur qui passe un engagement théâtral comme faisant acte de commerce, la contrainte par corps, lorsqu'il s'agit d'une dette commerciale de 200 francs et au-dessus, est de *plein droit* attachée à la condamnation encourue par l'artiste, tandis que devant les tribunaux civils la contrainte par corps ne pouvant être prononcée qu'en matière de dommages et intérêts, et pour une somme de 300 francs au moins, est toujours *facultative* de la part des juges.

D'un autre côté, on a invoqué et l'on invoque encore devant les tribunaux (*Gazette des Tribunaux* du 23 janvier 1848) une étrange raison pour prouver la nécessité de maintenir cette jurisprudence : elle est indispensable, dit-on, pour contenir les artistes qui voudraient commettre des infractions à leurs engagements. Mais il faut convenir que ceci est peu juridique. En effet, les décisions de la justice sont basées sur le texte de la loi, et l'intimidation ne saurait le remplacer. Ainsi, nous ne comprenons pas comment on peut, en matière civile, présenter sérieusement un semblable motif. Il suffit de le mentionner pour détruire la valeur légale qu'on prétend lui attribuer.

Une autre crainte préoccupe encore les partisans du système que nous combattons. M. Molinier (ouvrage précité, page 51), pour prouver l'utilité de la compétence du tribunal de commerce en matière d'engagement d'artiste, ajoute en note : « Admettez qu'un directeur de théâtre ne puisse actionner les sujets de sa troupe que devant les tribunaux civils, et il suffira du caprice et de l'obstination d'une danseuse pour entraver, pendant des années entières, les représentations théâtrales qui sont dues au public. »

Ces craintes sont exagérées. Il n'est pas exact de dire que le caprice ou l'obstination d'un artiste puisse entraver d'une manière grave les représentations d'un théâtre, car, lorsqu'il s'élève des difficultés, l'autorité administrative a le droit d'en connaître aussitôt, et sa décision doit être provisoirement exécutée. L'article 19 de l'arrêté du ministre de l'intérieur, du 25 avril 1807, portant règlement pour les théâtres de Paris et des départements, est formel à cet égard : « L'autorité chargée de la police des théâtres prononcera provisoirement sur toutes contestations, soit entre les directeurs et les acteurs, soit entre les directeurs et les auteurs ou leurs agents qui tendraient à interrompre le cours ordinaire des représentations ; et la décision provisoire pourra être exécutée nonobstant le recours vers l'autorité à laquelle il appartiendra de juger le fonds de la contestation. » Peu importe donc que l'affaire soit déférée ensuite à la juridiction commerciale, ou à la juridiction civile.

Nous ne saurions nous élever avec trop de force contre cette jurisprudence qui tend à soustraire les artistes à leurs juges naturels pour les soumettre à la juridiction exceptionnelle des tribunaux de commerce. Au reste, il est évident que la question que nous venons d'examiner sera déférée tôt ou tard à la Cour de cassation; espérons que devant la première magistrature du pays elle recevra une solution conforme au système que nous venons de développer, et qui nous paraît être basé sur les vrais principes du droit et de la raison.

247. La jurisprudence, dont nous avons, dans les

deux numéros précédents, combattu les fâcheuses tendances, a pour résultat d'attacher de *droit* la contrainte par corps aux condamnations que les artistes peuvent encourir, à raison de l'inexécution de leurs engagements; c'est sous ce rapport que l'interprétation donnée à la loi nous semble aussi contraire à son texte, qu'à son esprit. En effet, nous le répétons, l'artiste qui passe un engagement avec une administration théâtrale ne fait pas un acte de commerce, mais un acte purement civil. Par conséquent, la condamnation ne pouvant être prononcée que par le tribunal civil, ce sont les règles de la contrainte par corps en *matière civile* qui sont applicables, et non pas celles de la contrainte par corps en *matière commerciale*. Cette différence importante ressort des textes suivants :

« La contrainte par corps, porte l'art. 1er de la loi du 17 avril 1832, sera prononcée, sauf les exceptions et modifications ci-après, contre toute personne condamnée pour dette commerciale, au paiement d'une somme principale de 200 fr. et au-dessus. »

L'article 126 du Code de procédure civile est ainsi conçu : « La contrainte par corps ne sera prononcée que dans les cas prévus par la loi; il est néanmoins laissé à la prudence des juges de la prononcer, 1° pour dommages et intérêts en matière civile, au-dessus de la somme de 300 fr.... »

Ainsi, en matière commerciale, la contrainte par corps est de *droit* attachée à toute condamnation; en matière civile, au contraire, la contrainte par corps, pour dommages et intérêts, est toujours *facultative* de la part des juges, c'est-à-dire qu'ils peuvent l'accorder ou la refuser.

On voit quelle est, dans l'intérêt des artistes, l'importance de cette distinction qui est d'ailleurs fondée sur le texte même de la loi.

248. Une actrice est-elle contraignable par corps à raison de l'engagement théâtral qu'elle a consenti? La Cour de Paris a jugé affirmativement cette question par arrêts des 11 juillet 1825, 1re chambre (affaire Mmes *Ahn*

et *Clouet* contre *Deserres* et *Merle*); 23 août 1842 (affaire *Léon Pillet* contre Mlle *Fanny Elssler*); 22 janvier 1848 (affaire *Léon Pillet* contre Mlle *Carlot Grisita*) (1).

Toutefois, nous sommes d'avis que ces décisions doivent être repoussées, parce qu'elles sont en opposition formelle avec le texte de la loi du 17 avril 1832, sur la contrainte par corps. En effet, l'article 2 de cette loi porte : « Ne sont pas soumis à la contrainte par corps, en matière de commerce, 1° les femmes ou filles non légalement réputées marchandes publiques ; 2° les mineurs non commerçants... » Il est évident qu'une actrice n'est pas une *marchande publique ;* car, pour être réputée telle, la femme doit faire un commerce séparé, et auquel elle se livre elle-même (Argument tiré de l'art. 5 du Code de commerce). D'un autre côté, la contrainte par corps, en matière civile, ne peut être prononcée contre les femmes que dans le cas de stellionat (2), ou lorsqu'elles ont un emploi qui les rend comptables de deniers publics, ou lorsqu'il s'agit du recouvrement des contributions indirectes. (Code civil, art. 2066; Loi du 17 avril 1832, sur la Contrainte par corps, art. 8 et 11.)

---

(1) Le Tribunal de commerce de la Seine, appelé à juger ces affaires en premier ressort, avait également admis que la contrainte par corps était applicable contre les actrices pour inexécution de leurs engagements. Cependant, nous devons dire que ce Tribunal a plusieurs fois décidé le contraire, et notamment par jugement du 16 avril 1845, qui déclare qu'une actrice n'est point contraignable par corps à raison de son engagement théâtral, attendu qu'elle ne saurait être réputée marchande publique, et que les femmes et les filles qui ont cette qualité, y sont seules soumises (Journal *le Droit*, du 17 avril 1845; affaire *Tournemine*, *directeur du théâtre du Luxembourg*, contre Mlle *Clémence Duplâtre*.)

(2) Il y a stellionat, aux termes de l'article 2059 du Code civil, lorsqu'on vend ou qu'on hypothèque un immeuble dont on sait ne pas être propriétaire ; lorsqu'on présente comme libres des biens hypothéqués, ou que l'on déclare des hypothèques moindres que celles dont ces biens sont chargés.

Ainsi, pour que la femme soit relevée de son incapacité native, il faut que le commerce soit sa profession habituelle ou, comme le dit l'article 2 de la loi précitée, qu'elle soit réputée marchande publique. Mais si elle n'est pas marchande publique, elle ne peut être atteinte par la contrainte par corps, lors même qu'elle aurait souscrit l'acte qui porte au plus haut degré le caractère commercial, c'est-à-dire une lettre de change, et lors même qu'elle se serait faussement dite marchande publique (M. Troplong, *De la contrainte par corps*, n° 385).

C'est donc violer la loi que de soumettre les actrices à la contrainte par corps pour cause d'inexécution de leurs engagements.

249. L'acteur qui achète, pour remplir ses rôles, des costumes, des parures, ne fait point acte de commerce, et, par conséquent, n'est point soumis, à cet égard, à la juridiction commerciale. C'est aussi l'avis de MM. Pardessus, *Cours de droit commercial*, t. 1er, n° 19; Vivien et Blanc, *de la Législation des théâtres*, n° 311, Bioche, *Dictionnaire de procédure*, t. 1er, mot *Acte de commerce*, n° 186. Ce principe s'applique, à plus forte raison, au cas où il s'agit d'un objet de vêtement tel, par exemple, qu'un châle (Arrêt de la Cour de Paris, du 28 novembre 1835; Dalloz, *Recueil périodique de jurisprudence*, année 1835, 2e part., p. 34, affaire *Paul* contre *Leclerc*).

250. L'engagement dramatique n'étant commercial que de la part du directeur de théâtre (voyez ci-dessus, page 178), il suit de là que, comme l'artiste, en contractant un engagement de cette nature, n'a pas fait un acte de commerce, il est libre de traduire, à son choix, son adversaire devant le tribunal civil ou devant le tribunal de commerce. M. Pardessus (*Cours de droit commercial*, t. vi, n° 1347), MM. Vivien et Blanc (*de la Législation des théâtres*) partagent aussi cette opinion, qui est, d'ailleurs, fortifiée par deux arrêts de la Cour de Cassation, l'un du 20 mars 1811, et l'autre du 6 novembre 1843 (*Journal du Palais* t. 1er, de 1844, p. 374) et par l'avis du savant Merlin (*Questions de droit*, au mot *Acte de commerce*, t. ii, p. 311).

251. Lorsque l'artiste choisit la voie civile, l'assignation doit être donnée devant le juge de paix, si la demande a pour objet une valeur inférieure à 200 fr. Dans le cas contraire, c'est-à-dire si la demande excède 200 fr., c'est devant le tribunal de première instance que la contestation doit être portée. Le juge de paix connaît de toutes actions purement personnelles ou mobilières, en dernier ressort, jusqu'à la valeur de 100 fr., et, à charge d'appel, jusqu'à la valeur de 200 fr. (Loi du 25 mai 1838, sur les justices de paix, art. 1er).

L'appel du jugement de justice de paix est porté devant le tribunal civil de première instance. Cet appel n'est recevable ni avant les trois jours qui suivent celui de la prononciation du jugement, à moins qu'il n'y ait lieu à exécution provisoire, ni après les trente jours qui suivent la signification à l'égard des personnes domiciliées dans le canton (Loi sur les justices de paix, art. 13).

Quand la demande a pour objet une valeur qui excède 200 fr., c'est devant le tribunal de première instance et non devant le juge de paix, que l'assignation est donnée. Le tribunal de première instance connaît, en dernier ressort, des actions personnelles et mobilières, jusqu'à la valeur de 1,500 fr., et à charge d'appel, à quelque valeur que la demande puisse s'élever. L'appel est porté devant la Cour d'appel. Le délai dans lequel il doit être formé est, pour les jugements contradictoires, de trois mois à dater de leur signification; pour les jugements par défaut, de trois mois à dater du jour où l'opposition n'est plus recevable (Code de procédure civile, art. 443).

L'acte d'appel doit contenir assignation dans les délais de la loi, et être signifié à personne ou domicile, à peine de nullité (Code de procédure civile, art. 456).

L'appel est suspensif, c'est-à-dire qu'il a pour effet de suspendre l'exécution du jugement, à moins que le jugement, dans les cas où elle est autorisée, ne prononce l'exécution provisoire (Même code, art. 457).

Notons que c'est le montant de la demande, et non la condamnation, qui sert à fixer la compétence, soit en premier, soit en dernier ressort.

252. Entre autres dispositions, l'article 59 du Code de procédure civile porte : « En matière personnelle le défendeur sera assigné devant le tribunal de son domicile s'il n'a pas de domicile, devant le tribunal de la résidence. » Cette règle est applicable aux artistes dramatiques. En effet, ceux de province n'ayant pas, en général, de domicile fixe, il résulte de là qu'ils peuvent être valablement assignés devant le tribunal du lieu où ils se trouveront engagés, et, s'ils ne sont pas engagés, devant le tribunal du lieu où ils seront trouvés en résidence (MM. Vivien et Blanc, n° 313); ils peuvent être aussi assignés devant le tribunal du lieu où ils ont contracté leurs engagements (Arrêt de la Cour de Nîmes du 4 nivôse an IX). Enfin, si l'acte d'engagement contient pour son exécution une élection de domicile, l'artiste peut être assigné devant le juge du lieu où cette élection de domicile aura été faite (Argument tiré de l'article 111 du Code civil).

253. Quand il s'agit de l'exécution d'un acte d'engagement, l'artiste peut-il être assigné au lieu où l'engagement doit recevoir son exécution ? Nous pensons, avec MM. Vivien et Blanc, n° 314, que cette question doit être résolue négativement. En effet, l'art. 420 du Code de procédure civile, qui permet au demandeur d'assigner le défendeur devant le tribunal du lieu où le paiement doit être effectué, n'est relatif qu'aux matières commerciales, et nous pensons que les développements dans lesquels nous sommes entré au n° 245 démontrent suffisamment que, de la part de l'acteur, l'engagement n'est point un acte de commerce. Il faut donc s'en tenir aux règles ordinaires en matière d'assignation, et décider que les dispositions de l'art. 420 du Code de procédure civile ne sont pas applicables aux acteurs.

254. Le Code de commerce ayant défini, dans les articles 632 et 633, les actes réputés commerciaux, il en résulte que quand une société se forme pour se livrer à l'un de ces actes, elle est société de commerce ; or, comme le législateur range toute entreprise de specta-

cles publics parmi les actes de commerce et lui imprime ce caractère, la société formée pour l'exploitation d'un théâtre est commerciale (1), et, par conséquent, elle est soumise à la juridiction spéciale dont le Code de commerce a tracé les règles. L'article 51 de ce Code est ainsi conçu : « Toute contestation entre associés, et pour raison de la société, sera jugée par des arbitres. » Cet arbitrage, que l'on appelle *forcé* par cela même qu'il devient obligatoire et que les associés ne peuvent s'y soustraire, est une juridiction exceptionnelle, qui s'exerce par les arbitres que les parties choisissent elles-mêmes. La nomination des arbitres se fait par un acte sous signature privée, par acte notarié, par acte extra-judiciaire, par un consentement donné en justice. En cas de refus de l'un ou de plusieurs des associés de nommer des arbitres, les arbitres sont nommés d'office par le tribunal de commerce (Code de commerce, art. 53 et 55). La loi attribue juridiction aux arbitres sur toute contestation qui s'élève entre associés pour fait social; mais lorsque la contestation entre associés porte sur la nature et l'existence de la société, les arbitres doivent se déclarer incompétents, et c'est alors aux tribunaux de commerce qu'il appartient d'en connaître (Arrêts de la cour de Cassation du 17 avril 1834, 16 novembre 1835 et 3 août 1836). Ainsi, au cas où il a été formé, entre les artistes d'un théâtre, une société pour l'exploitation de ce théâtre, sous la gérance d'un directeur titulaire, la contestation survenue entre le directeur et un des artistes sociétaires, relativement au refus fait par celui-ci d'un rôle qui lui avait été attribué, n'est pas une contestation *pour raison de la société* dans le sens de l'article 51 du Code de commerce; elle ne comporte qu'une question relative aux obligations imposées à l'artiste; en conséquence, elle n'est point de la compétence des arbitres forcés, mais bien dans ce cas exceptionnel du

---

(1) M. Troplong (*du contrat de Société* n° 342) partage aussi cet avis.

tribunal de commerce (Arrêt de la Cour de Bordeaux du 1er octobre 1849, Sirey-Devilleneuve, *Recueil des lois et arrêts*, année 1850, 2e partie, pag. 510, affaire *Juclier, directeur,* contre Mlle *Célina Moulinié, artiste.*)

255. Ce que nous disons au numéro précédent n'est point en contradiction avec l'opinion que nous soutenons au numéro 245 (p. 174 à 185). Les circonstances, dans ces deux hypothèses, sont essentiellement distinctes. Dans le cas prévu au numéro 254, l'artiste s'associe avec le directeur de l'exploitation dramatique ; il fait acte de commerce ; il doit par conséquent être soumis aux règles de la juridiction exceptionnelle que le législateur a tracées à cet égard. Au contraire, dans l'espèce examinée au numéro 245, l'artiste contracte un engagement tout civil, un louage d'industrie ; d'où il suit que les tribunaux ordinaires sont, comme nous croyons l'avoir démontré, appelés à en connaître.

En effet, dans les circonstances qui nous occupent c'est, pour fixer les règles de la compétence, la nature du contrat qu'il faut avant tout examiner. Si donc il s'agit d'un acte de commerce, comme dans le cas dont il est question au numéro 254, la contestation doit être déférée devant la juridiction commerciale, conformément à la loi de son institution ; si, au contraire, il s'agit d'un contrat civil comme dans le cas examiné au numéro 245, c'est la juridiction civile qui est seule compétente. Telle est la distinction qu'il faut nécessairement admettre pour déterminer avec précision les bases de la compétence en cette matière.

256. Dans quelques engagements des départements, il existe une clause aux termes de laquelle les contestations qui pourraient survenir entre le directeur et les artistes, doivent être soumises au tribunal de commerce ; cette clause, à notre avis, peut être arguée de nullité d'après le motif que voici : Le tribunal de commerce étant un simple tribunal d'exception, n'a le pouvoir de connaître que des objets qui lui sont spécialement attribués par la loi. En dehors des cas formellement classés dans sa juridiction exceptionnelle, ce tri-

bunal se trouve frappé d'une incompétence absolue, qui est fondée sur des motifs d'ordre public, et ne peut se couvrir par aucun acquiescement (Arrêt de la cour de Cassation du 15 mai 1815; M. Pardessus, *Cours du Droit Commercial*, n° 1348); d'un autre côté, l'interprétation d'une convention purement civile ne peut appartenir au tribunal de commerce (Arrêt de la cour de Cassation du 27 juin 1831). Or, comme la juridiction consulaire n'est point compétente, puisque le contrat qui intervient entre un directeur et un artiste n'a rien de commercial vis-à-vis de ce dernier, il est évident que les parties ne peuvent volontairement conférer au tribunal de commerce le pouvoir de juger des différends qui seraient en dehors de ses attributions spéciales et exceptionnelles. En effet, la juridiction étant d'ordre public, la volonté des citoyens reste impuissante à changer cet ordre; de plus, notons bien que, dans le doute, la compétence d'un tribunal d'exception doit être restreinte plutôt qu'étendue; fortifions aussi notre opinion à cet égard, en prenant pour point d'appui ces motifs remarquables d'un arrêt de cassation du 28 thermidor, an IX : « Les tribunaux, y est-il dit, sortant du droit commun, doivent se renfermer strictement dans les fonctions qui leur sont expressément confiées par la loi de leur institution ; en réglant leur compétence, non sur le texte précis de la loi, mais par des raisonnements d'induction, ou par similitude, ils arriveraient insensiblement à une infinité de cas évidemment hors de leur compétence, et des motifs qui ont déterminé le législateur dans leur institution. »

257. Il serait à désirer que dans l'acte d'engagement, le directeur et l'acteur prévoyant le cas où des difficultés, à raison de l'exécution de ce contrat, peuvent s'élever entre eux, il fût stipulé que ces contestations seront jugées par des arbitres. Ce serait le moyen de s'épargner mutuellement des frais et des lenteurs préjudiciables aux intérêts de tous. Nous savons bien que cette clause, dite *clause compromissoire*, soulève une question fort controversée entre les auteurs, et qui divise également les

tribunaux ; nous devons ajouter que la cour de Cassation s'est prononcée pour la négative, et que ce sentiment paraît prévaloir aujourd'hui. Peut-être cette doctrine est-elle plus conforme à la loi existante qui prescrit de désigner à l'avance les objets en litige et les noms des arbitres (*Code de procédure civile*, art 1086). Cependant nous croyons que la doctrine contraire, qui déclare obligatoire la clause dont il s'agit, considérée, non comme compromis proprement dit, mais comme simple promesse de faire un compromis, répond bien davantage aux exigences sociales actuelles pour qui la rapidité dans les jugements est en général une des nécessités les plus impérieuses. Du reste, nous ferons observer que le Code de commerce, dans son article 332, qui a rapport au contrat d'assurances, autorise une telle soumission anticipée à l'arbitrage (M. Gilbert, *Code de Procédure civile annoté*, art. 100, n° 1).

259. Aux termes du pacte social, qui a donné naissance à la Comédie-Française, en l'an XII, un conseil judiciaire a été créé pour juger, en dernier ressort, toutes les difficultés qui pourraient s'élever entre les artistes sociétaires du théâtre, en ce qui touche leurs intérêts respectifs en matière contentieuse. Toutefois, la question de dissolution de la société reste en dehors de pareils débats et dans le droit commun régi par l'article 54 du Code de commerce. C'est ce que la cour de Paris a décidé par arrêt du 19 août 1831, 3e chambre. (*Gazette des Tribunaux* du 20 août 1831, affaire de Mlle *Mars* contre la *Société du Théâtre-Français*.)

258. Les tribunaux de commerce sont incompétents pour connaître d'une nullité relative à l'engagement théâtral qu'un mineur a contracté. Une affaire de cette nature doit être portée devant les tribunaux civils (Arrêt de la cour de Paris, du 5 janvier 1828; *Gazette des Tribunaux* du 6 janvier, même année, affaire Mlle *Anacelin*, artiste).

259. L'engagement souscrit par un artiste dramatique, pour l'exercice de son talent sur un théâtre public, ne rentre, dans aucun cas prévu par l'article 14 du

décret du 11 juin 1806. En conséquence, c'est devant les tribunaux civils, et non devant les tribunaux administratifs, que doivent être portées les contestations qui peuvent s'élever pour le paiement d'appointements arrérages de cet artiste, en cas de résiliation de son engagement. (Arrêt du conseil d'État du 6 février 1828, affaire Mme Mainvielle-Fodor; Dalloz, *Jurisprudence générale*, année 1828, 3ᵐᵉ partie, p. 34).

260. Une assignation est valable quoiqu'elle ne contienne point le véritable nom de l'acteur, mais seulement le nom sous lequel il est habituellement désigné au théâtre, alors surtout que l'artiste est personnellement connu de son adversaire. Il suit de là que l'on ne peut, pour cette cause, invoquer la nullité de la procédure (Jugement du tribunal de commerce de la Seine du 13 mars 1850 ; *Gazette des Tribunaux* du 14 mars, même année, affaire *Flavio, artiste*, contre *Ronconi, directeur*.

261. Celui qui, quoique étranger, est admis par l'autorité à exploiter un théâtre, est commerçant, et, par conséquent, justiciable des tribunaux français. (Jugement du tribunal de commerce de la Seine du 13 mars 1850 ; *Gazette des Tribunaux* du 14 mars, même année).

262. Un tribunal français est incompétent pour connaître de la contestation soulevée par l'inexécution d'un engagement théâtral contracté à l'étranger, entre un directeur étranger et un artiste étranger, quoique ce dernier réside en France.

Mais ce tribunal est compétent pour connaître d'une demande formée par un étranger contre un étranger, nommé directeur d'un théâtre en France, même pour raison d'un engagement contracté à l'étranger, mais en vue d'une exploitation théâtrale en France. (Arrêt de la cour de Paris, première chambre, du 21 juillet 1851, rendu sur les conclusions conformes de M. Portier, substitut du procureur-général ; cet arrêt a confirmé un jugement du tribunal de commerce de la Seine du 25 octobre 1850 ; Journal *le Droit* et *Gazette des Tri-*

bunaux des 29 octobre 1850, 22 et 23 juillet 1851 ; affaire *Freyberg, directeur du théâtre Italien de Berlin,* contre *Mme Fiorentini-Jennings, artiste, et Lumley, directeur du théâtre Italien de Paris.*

TITRE II.

DES MUSICIENS.

263. L'expression *musicien* dérive du latin *musicus*. Ce mot, pris dans son sens générique, sert à désigner toute personne qui sait la musique; mais il s'applique plus spécialement à celui qui fait de l'art musical sa profession habituelle, soit comme compositeur, soit comme exécutant.

264. Nous nous proposons d'examiner ici les rapports légaux que les musiciens exécutants peuvent avoir avec les personnes qui les emploient.

Les musiciens exécutants sont ou chanteurs ou instrumentistes.

Dans les deux chapitres suivants, nous nous occuperons des artistes musiciens faisant partie du personnel des théâtres, spectacles et autres établissements publics, et des artistes musiciens qui n'en font point partie.

CHAPITRE PREMIER.

Des Musiciens attachés à un théâtre, spectacle ou autre établissement public.

SECTION PREMIÈRE.

Des artistes du chant.

§ Ier. — *Du Chef du chant ou des chœurs.*

265. Dans les théâtres lyriques, il y a, suivant leur importance, un ou plusieurs chefs du chant.

266. Les attributions du chef du chant consistent à faire apprendre et répéter les parties de chant aux choristes, à faire répéter les rôles aux artistes, à assister aux auditions, répétitions et représentations, à surveiller et à diriger l'exécution vocale des masses.

267. Dans les théâtres de vaudeville, l'emploi du chef du chant est en général rempli par le second chef d'orchestre, ou par un artiste qu'on désigne sous le nom de *violon répétiteur*. Il enseigne aux artistes et choristes les airs nouveaux, ou fait répéter les airs anciens contenus dans les rôles; il dirige enfin l'étude préalable de la partie musicale de l'ouvrage, et concourt à l'ensemble des premières répétitions. — Ce n'est que lorsqu'on *répète au théâtre*, que le chef d'orchestre prend la direction du quatuor de musiciens qui assiste aux répétitions pour accompagner les artistes.

268. Dans la plupart des théâtres des départements, à l'exception de quelques grandes villes, les fonctions de chef du chant sont remplies par le chef d'orchestre. Il fait étudier les rôles par les artistes, et fait apprendre les chœurs aux choristes par un *répétiteur*.

269. Les chefs du chant sont considérés comme artistes attachés au théâtre ; leurs engagements participent de la même nature que ceux de ces derniers.

Dans un procès qui a eu lieu entre l'administration de l'Opéra et Hérold, premier chef du chant à ce théâtre, le tribunal de la Seine, par jugement du 7 mars 1832, a décidé qu'aux termes du réglement du 1er vendémiaire an XIV, le premier chef du chant devait être assimilé à un premier sujet ; que cette assimilation devait être d'autant plus fondée, que les précédents premiers chefs du chant avaient obtenu une pension de retraite au bout de vingt ans de service, tandis que les employés proprement dits ne pouvaient être retraités qu'après trente ans ; que M. Hérold, ayant émargé comme premier chef du chant, il y avait eu contrat entre lui et l'administration théâtrale. Par ces motifs, M. Véron, directeur, a été condamné par corps à réintégrer M. Hérold dans l'emploi de premier chef du chant pour dix ans et demi, à raison de 5,000 fr. par an, et à payer les neuf mois d'appointements échus. Ce jugement a été déclaré exécutoire par provision, nonobstant appel et sans caution (*Gazette des Tribunaux*, du 9 mars 1832).

270. Dans les théâtres de Paris, le chef du chant est tenu, sous sa responsabilité personnelle, de faire connaître le réglement intérieur du théâtre à chaque choriste nouvellement engagé.

§ 2. — *Des Chanteurs-Acteurs.*

271. Dans les théâtres lyriques, les acteurs sont principalement chanteurs.

Dans les théâtres de vaudeville, les acteurs sont également chanteurs ; mais, dans ce genre de spectacle, le chant, sous le rapport de l'art musical, n'est qu'un accessoire sans importance.

Il y a même, parmi les chanteurs d'opéra, une assez grande quantité d'artistes qui ne sont pas musiciens ; ils apprennent les rôles en les entendant jouer sur le violon ou le piano, et les répètent à l'unisson. La plupart des choristes des théâtres de vaudeville et des départements ne sont pas musiciens. Le répétiteur leur apprend les parties qu'ils doivent exécuter en les leur jouant et les leur faisant répéter : c'est ce qu'en style de coulisses on appelle *seriner*.

272. Nous avons développé dans le titre précédent tout ce qui est relatif aux obligations et aux droits des acteurs. Les mêmes règles devant recevoir ici leur application, nous renvoyons à ce titre afin d'éviter des répétitions inutiles. (Voyez pag. 16 et suiv.).

§ 3. *Des choristes.*

273. Ce sont les artistes qui chantent dans les chœurs d'opéra ou de vaudeville.

Parmi eux on distingue les *coryphées*. Ces derniers, plus intelligents ou meilleurs musiciens que les autres choristes, sont chargés, dans les ouvrages, de quelques phrases de chant détachées des chœurs et qu'ils disent seuls. Ce n'est pas un rôle, mais c'est une partie de chant qui, presque toujours, dépend de l'ensemble des chœurs. Dans les théâtres importants, les choristes-coryphées touchent un *feu* ou *jeton* dès qu'ils sont annoncés sur l'affiche et qu'ils chantent en dehors des chœurs.

Les artistes du corps de ballet sont, en général, désignés sous le nom de *figurants* ou *figurantes*. Dans cette catégorie, on distingue également des coryphées. Ce sont les danseurs et surtout les danseuses qui ne peuvent pas être classés parmi les *sujets* mais qui, cependant, dansent des *pas d'ensemble* en dehors des masses dansantes. On ne leur alloue pas de feu ou de jeton, comme dans le chant, mais leurs appointements sont plus élevés que ceux des figurants.

Les *comparses* sont des hommes ou femmes, payés à la soirée pour figurer dans les masses : ils ne parlent, ne chantent, ni ne dansent ; ils sont sous la direction d'un *chef de comparses*, qui est chargé de les placer, de les grouper et de les diriger. Ce sont presque toujours, dans les grandes villes, des vétérans ou des soldats de la garnison. Le chef des comparses traite souvent avec la direction de l'ensemble de ce service, et on le désigne alors sous le nom de *marchandeur*.

Il y a encore à Paris, et spécialement à l'Opéra, des femmes qui figurent dans les masses des chœurs sans prendre part au chant ou à la danse, et qui sont désignées sous le nom de *marcheuses*. Elles concourent seulement à l'ensemble de la mise en scène.

274. Aux termes de leurs engagements et des règlements intérieurs de théâtre, les choristes sont tenus de chanter, paraître et jouer dans les représentations même deux fois par jour. Ils doivent déférer à tous les ordres de service qui leur sont donnés par le régisseur général, ou de tout autre chef de service. Ils sont tenus aussi de se trouver à toutes les leçons ou répétitions indiquées, à quelque heure que ce soit, même après le spectacle, quand ils en sont requis. Ils s'obligent à suivre le directeur partout où il jugera convenable de les faire jouer, sans exiger d'autre augmentation ou dédommagement que les frais de voiture et le transport des effets nécessaires, dans le cas où les représentations seraient données hors du lieu où est situé le théâtre. La moitié du personnel des chœurs doit se trouver au théâtre une demi heure avant le commencement du spectacle et y rester jusqu'au lever du rideau de la dernière pièce. Aucun choriste ne peut s'absenter aux heures de ses devoirs sans une permission par écrit du directeur ou du régisseur général, ou sans un certificat de l'un des médecins du théâtre constatant la maladie.

275. Les réglements intérieurs des théâtres de Paris renferment, en général, la clause que, dans le cas où un choriste manquerait à ses devoirs *trois jours de suite* sans causes valables, les directeurs sont libres de rompre l'engagement et de consigner le contrevenant à l'instant même, sans être tenu de lui payer le mois commencé ni aucune indemnité.

Les mêmes règlements portent aussi que nul choriste ne pourra jouer, ni chanter, ni paraître sur aucun théâtre ni dans aucun concert public ou particulier, payant ou non payant, dans ou hors la ville, sans la permission expresse et par écrit du directeur ou du régisseur général, consentant à souffrir la retenue d'un tiers de ses appointements en cas d'infraction; un choriste qui a été mis à l'amende plus de six fois dans le cours d'un mois pour quelque cause que ce soit peut être remercié à l'instant par le directeur comme portant préjudice à la direction.

276. Les actes d'engagement et les règlements intérieurs de théâtre obligent les choristes à se fournir de bas, chaussures, coiffures, gants, de tous les costumes de ville quelconques et de se charger du blanchissage desdits objets. Les costumes de caractère et de genre seulement sont fournis par le magasin, et à la volonté du directeur. (Voyez, pag. 78). Pareillement ils prescrivent aux choristes de ne point s'absenter pendant le spectacle ou les répétitions entre deux morceaux, sans l'assentiment du chef des chœurs; de garder le silence dans la coulisse, de ne point rire, causer en scène ou faire des signes dans la salle. De même encore, les actes d'engagements et les règlements intérieurs de théâtre rendent les choristes responsables des costumes pendant tout le temps qu'ils en sont revêtus et les obligent à couper leurs moustaches, barbe et favoris toutes les fois qu'ils ont un costume qui n'en comporte pas, ou que le genre de la pièce l'exige; le tout sous peine d'amende. (Voyez p. 64 les observations que nous avons faites sur les amendes infligées aux artistes et les règlements auxquels ils sont soumis).

277. Les choristes sont rangés dans la classe des acteurs. Ce point a été formellement reconnu par arrêt de la cour de Paris du 27 juin 1840, qui a, en outre décidé, d'après la jurisprudence admise en cette matière, que les difficultés entre les artistes et le directeur, à raison de l'engagement théâtral, sont de la compétence du tribunal de commerce. Mais nous avons combattu

ce système, d'après lequel on prétend soustraire les artistes à leurs juges naturels pour les soumettre à la juridiction exceptionnelle des tribunaux consulaires; les arguments que nous avons présentés à cet égard se produisant ici dans toute leur force, nous nous contentons de renvoyer le lecteur à ce que nous avons dit sur ce point important, pages 180 et suivantes.

278. De ce que les choristes sont rangés dans la classe des acteurs (voyez ci-dessus, n° 277), il suit qu'ils ne peuvent être congédiés par le directeur, que dans les délais d'usage qui doivent être observés à l'égard des autres artistes. C'est ce que vient de décider récemment le tribunal de commerce de la Seine, par jugement du 24 avril 1851, rendu au profit de Mlle Courtois, artiste des chœurs de l'Opéra, contre M. Nestor Roqueplan, directeur de ce théâtre. Nous avons rapporté, p. 162, les termes mêmes de cette décision importante.

Au reste, tout ce qui a été dit ci-dessus, p. 152, et suivantes, à l'égard du renouvellement de l'engagement par tacite reconduction, c'est-à-dire résultant de la volonté présumée des parties, est applicable aux choristes, et nous y renvoyons (1).

279. L'article 415 du Code pénal, qui punit d'emprisonnement toute coalition d'ouvriers, pour faire cesser en même temps leurs travaux et augmenter leurs salaires, ne s'applique qu'à des ouvriers se livrant à un travail manuel, et ne peut s'étendre aux choristes d'un théâtre. (Jugement du tribunal correctionnel de la Seine, 6e chambre, du 15 novembre 1828; *Gazette des Tribunaux* du 16 novembre 1828, affaire *de Guerchy, directeur, contre les choristes du Vaudeville.*)

Mais s'il n'y a pas lieu, dans ce cas, à une action criminelle, le directeur pourra, suivant les circonstances,

---

(1) Avant 1830, époque à laquelle la direction de l'Opéra a été confiée à l'entreprise, les choristes étaient soumis à une juridiction particulière, qui est encore applicable à ceux antérieurement engagés, et qui subissent des retenues leur donnant droit à pension.

obtenir, soit des dommages et intérêts, soit plutôt l'annulation des actes qu'il se serait trouvé forcé de souscrire. Telle est également l'opinion de MM. Vivien et Blanc, *de la Législation des Théâtres*, n° 305, et de M. Dalloz, *Recueil alphabétique de Jurisprudence*, édition de 1830, t. 12, au mot *théâtres*, p. 637, n° 52.

§ 1. *Des chanteurs.*

280. Nous allons nous occuper ici des artistes musiciens qui s'engagent, non comme acteurs, mais comme chanteurs, pour se faire entendre dans un spectacle, dans un café-concert, ou dans tout autre établissement public.

281. C'est de la convention intervenue entre le chef de l'entreprise et l'artiste que naissent leurs obligations et leurs droits respectifs. Il est toujours prudent de rédiger cette convention par écrit; nous avons signalé, page 47, les inconvénients qui peuvent résulter d'un engagement verbal.

282. L'acte d'engagement doit indiquer l'époque où il commence et celle où il finit, la désignation de l'emploi, les heures de service, enfin les clauses particulières.

L'artiste agira prudemment en faisant désigner dans l'acte d'engagement le nombre de morceaux qu'il sera tenu de chanter chaque jour.

283. Notons ici que les principes relatifs à la résiliation d'engagement, en cas d'insuccès dans les débuts, ne sont pas applicables à l'égard des chanteurs qui ne sont pas acteurs, et qui sont seulement engagés dans un théâtre pour quelques représentations. C'est ce que le tribunal de commerce de Rouen a jugé le 1er décembre 1837, dans l'espèce que voici : — M. Walter, directeur du Théâtre-des-Arts, à Rouen, avait engagé, pour cinq représentations, M. et Mlle Pulvermacher et M. Laemmlin, chanteurs tyroliens. Les deux premières représentations ayant été sans succès, M. Walter voulut les congédier

sans leur payer la somme stipulée. Alors est intervenu le jugement du tribunal de commerce, ainsi conçu :

« Attendu que la convention a été faite sans réserve, et que c'est par le fait du sieur Walter que les représentations ont été suspendues ; — Attendu que si le talent des chanteurs des Alpes n'a pas été goûté du public, il pouvait arriver que ces chanteurs, mieux accueillis, eussent assuré à Walter d'abondantes recettes ; — Et vu les obéissances passées par les sieurs Pulvermacher et Laemmlin de compléter les cinq représentations convenues ; — Attendu que les obéissances de Walter sont insuffisantes ; le tribunal, par ces motifs, déclare les offres du sieur Walter insuffisantes, et le condamne par corps et biens à payer aux demandeurs la somme de 200 francs qui leur reste due sur celle de 300 francs qu'il s'était obligé de leur payer pour cinq représentations, avec intérêts et dépens ; fixe à cinq jours le délai dans lequel les trois représentations restant devront avoir lieu, dans le cas où le sieur Walter l'exigerait. (Journal *le Droit*, 3 décembre 1837.) »

284. Voici, d'après les modèles d'actes d'engagement adoptés par les entrepreneurs de cafés-concerts de Paris, les clauses qui s'y trouvent le plus généralement insérées. Il est nécessaire de les reproduire en y ajoutant quelques observations.

1° M......... (*le chef de l'établissement*) engage M......... (*l'artiste*), pour remplir l'emploi de......... exécuter et chanter en tout temps et à toute heure, sur son orchestre extérieur (ou intérieur), sis à............. et M....... (*l'artiste*), déclare connaître tous les morceaux les plus nouveaux qui lui seront indiqués par M.............. (*le chef de l'établissement*), ou par son préposé. En outre, M......... (*l'artiste*) devra se procurer à ses frais la partition de piano de tous les morceaux qu'il (ou qu'elle) devra chanter, et dont un exemplaire restera déposé à l'administration jusqu'à la fin de la saison.

« 2° M... (*l'artiste*) ne pourra chanter aucun morceau sans l'autorisation du chef de l'établissement ou de son représentant, qui auront toujours le droit de la retirer. Outre son répertoire courant, M... (*l'artiste*) devra apprendre et exécuter au moins deux morceaux nouveaux par semaine, au choix du chef de l'établissement ou de son représentant.

« 3° Le présent engagement commencera à courir du 15 avril au 15 octobre prochain, sous les réserves et conditions ci-après exprimées. Pendant la dernière quinzaine d'avril, la dernière de septembre et la première d'octobre, s'il y a lieu, les appointements des artistes leur seront payés au jour le jour, et seulement chaque fois que le temps permettra de jouer, et que l'administration le jugera convenable à ses intérêts. »

285. Cette clause est trop rigoureuse, elle est tout à l'avantage de l'établissement. Il y a obligation pour l'artiste; mais le chef de l'entreprise est libre, chaque jour, pendant six semaines, de congédier l'artiste sans lui payer de traitement.

« 4° Du 1er mai au 15 septembre, les appointements des artistes seront payés de quinze jours en quinze jours; seulement, les jours où le mauvais temps empêchera le concert d'être exécuté, les appointements seront réduits de moitié. »

286. Cette réduction est injuste. Les artistes, ne participant point aux bénéfices de l'entreprise, ne sauraient avoir de mauvaises chances à courir; ils doivent être payés de l'intégralité de leurs appointements.

« 5° M... (*le chef de l'établissement*) conserve entre ses mains, à titre de garantie du présent engagement, les quinze premiers jours de solde des artistes. Cette somme est restituée aux artistes à la fermeture des concerts, si rien ne s'oppose à cette remise. »

287. Le chef de l'établissement exige bien ce dépôt; mais quelle garantie l'artiste a-t-il de la restitution? Si l'entreprise ne réussit pas, l'artiste perdra infailliblement la somme ainsi retenue.

« 6° M... (*l'artiste*) devra assister à toutes les répétitions préliminaires, particulières et d'ensemble qui auront lieu au siège de l'établissement, à partir du 15 avril jusqu'au jour de l'ouverture, et ce, sans avoir à réclamer pour ce fait aucune indemnité; et aussi à toutes les répétitions qui seront indiquées pendant tout le cours de la saison, et prévues par le règlement, dont l'artiste déclare connaître, accepter et signer toutes les clauses et conditions. »

288. Ainsi, avec cette clause, l'artiste peut être obligé de venir aux répétitions, sans d'ailleurs toucher aucun traitement, puisque, pendant la dernière quinzaine d'avril, l'entrepreneur se réserve la faculté de ne pas faire jouer l'artiste.

« 7° Les heures ordinaires de présence sur l'orchestre sont, pour la semaine, cinq heures et demie précises; pour les dimanches et fêtes, une heure aussi précise, pour en descendre indistinctement à onze heures et demie, et plus tard, si l'entrepreneur l'exige. »

« 8° Les artistes doivent fournir, à leurs frais, leurs toilettes de concert, propres, convenables, et réglées ainsi qu'il suit : Les hommes doivent être en habit et pantalon noirs, gilet blanc, cravate blanche ou noire, gants blancs, et devront toujours être découverts lorsqu'ils seront à l'orchestre. Les dames doivent avoir deux robes de soie de la couleur indiquée par le chef de l'établissement, une robe de mousseline blanche, gants blancs, et être bien coiffées en cheveux.

« 9° M..... (*l'artiste*) ne pourra faire usage de son talent nulle part ailleurs que chez M..... (*le chef de l'établissement*), sous peine de résiliation du présent engagement, avec droit au dédit ci-après stipulé.

« 10° En cas de maladie constatée de M..... (*l'artiste*), et pendant la durée de la maladie, M..... (*l'artiste*) ne recevra aucun appointement ni part de quête, lesquels ne recommenceront à courir que du jour où il reprendra son service. Si la maladie se prolonge pendant plus de quinze jours, le présent engagement sera résilié, si bon semble à M..... (*le chef de l'établissement*), sans indemnité de part ni d'autre, et après une simple mise en demeure. »

289. Cette clause est d'une rigueur trop sévère. L'équité exigerait que l'entrepreneur ne fît point subir à l'artiste de retenue sur ses appointements, lorsqu'il s'agit d'une indisposition de quelques jours.

« 11° Il est expressément convenu entre les soussignés que le présent engagement ne sera définitif pour M..... (*le chef de l'établissement*), qu'après la quinzième audition de M..... (*l'artiste*) en public; que jusque-là M.... (*l'entrepreneur*) aura le droit de le résilier purement et simplement, sans être obligé d'en faire connaître le motif, mais à charge par lui de prévenir M..... (*l'artiste*) avant l'expiration de la quinzième audition en public, et de lui payer ses appointements échus. »

290. Telle est dans ces engagements la condition de débuts. Il est évident que si une clause semblable n'existait pas, l'engagement deviendrait définitif dès le jour de sa signature. Mais remarquez que c'est l'entrepreneur qui se réserve le droit de prononcer sur l'admission ou le rejet de l'artiste, sauf à le prévenir avant l'expiration de la quinzième audition publique. Ce n'est point ici, comme pour les débuts dans un théâtre, où l'admission de l'artiste dépend de l'approbation du public, mais la volonté du chef de l'entreprise est seule prépondérante.

« 12° M..... (*l'entrepreneur*) s'engage à payer à M..... (*l'artiste*) les appointements de..... par mois, et, en outre, il aura droit à la quête journalière, laquelle part sera invariablement d'un douzième (ou quatorzième, *plus ou moins, suivant le nombre des artistes employés dans l'établissement*), sans que M..... (*l'artiste*) puisse en réclamer davantage. Toutes les parts qui ne seront pas attribuées aux artistes du chant par leur engagement, devront rester à l'administration pour faire face aux frais d'orchestration, de copie et aux droits d'auteur. »

291. L'administration remplace ici la fiscalité ; elle s'adjuge la part qui n'est attribuée à personne. Voilà qui est aussi injuste qu'arbitraire !

« 13° En cas de clôture des concerts par ordre supérieur, incendies, émeutes, bris de matériel, explosion de gaz, et tous cas de force majeure, le présent engagement demeurera suspendu pendant toute la durée de la fermeture, pour reprendre son cours aussitôt que les concerts recommenceront, sans aucune répétition pour les appointements pendant la fermeture. »

292. Si donc des évènements de cette nature se présentent, l'artiste est exposé à rester indéfiniment sans toucher le prix de ses appointements. Ainsi, cette clause est toute dans l'intérêt de l'entreprise, au détriment des artistes. L'équité exigerait, au moins, que l'acte d'engagement déterminât le temps pendant lequel, si l'établissement reste fermé, les artistes ne pourront exiger leurs appointements.

« 14° En cas de vente de l'établissement, le présent engagement pourra, à la volonté de l'acquéreur, être résilié ou continué, sans donner ouverture à aucuns dommages et intérêts.

293. Cette clause est nulle. En effet, de même qu'en matière théâtrale, la permission conférée par l'autorité pour établir un café-concert est toute personnelle ; d'où il suit que cette autorisation ne peut être l'objet d'aucune cession ou aliénation. L'engagement de l'artiste étant lié au sort de l'autorisation, cet engagement prend fin aussitôt que cette autorisation cesse d'exister entre les mains du titulaire ; ainsi l'acquéreur d'une entreprise de café-concert, ne peut se prévaloir des engage-

ments passés par son prédécesseur avec les artistes, de même que ceux-ci ne pourraient, de leur côté, prétendre que les engagements, contractés avec le précédent entrepreneur, obligent le nouvel entrepreneur à les exécuter. La clause ci-dessus est donc nulle et de nul effet (Voyez p. 59).

« 15° Toute absence pendant la durée du concert, réitérée plus de trois fois dans le même mois ; tout cas d'ivresse, réitéré trois fois dans la quinzaine ; toute querelle ou scandale sur l'orchestre ; toutes voies de fait envers le chef d'orchestre ou autre représentant de l'entrepreneur, entraîneront la résiliation de plein droit du présent engagement, avec droit, pour ledit entrepreneur, à la retenue de la quinzaine de garantie, à titre de dommages et intérêts.

» 16° Les amendes encourues par M..... (*l'artiste*) seront prélevées par privilége, et nonobstant toute opposition et délégation d'abord sur la part de la quête journalière, et subsidiairement sur les premiers appointements à payer.

» 17° L'absence totale pendant une soirée, sans permission écrite de l'administration, ou maladie justifiée avant l'ouverture, est punie de la retenue de la journée et de la part de la quête; plus, une amende de la même valeur ; — L'absence aux répétitions est punie d'une amende de 2 fr. chaque fois, et à la quatrième fois dans le mois, l'artiste peut être congédié. Dans ce cas, les quinze jours de retenue d'appointements sont acquis à l'administration, à titre de dommages et intérêts.

» 18° Les artistes chanteurs, et les musiciens principalement, sont prévenus que l'orchestre ayant fort peu de repos, et devant jouer continuellement, presque sans interruption, ils ne doivent jamais s'absenter, si ce n'est pour besoins pressants, et avec la permission du chef d'orchestre ; l'artiste musicien, qui s'absente sans cette permission, est à 50 cent. d'amende.

» 19° Les dimanches et fêtes, les artistes chanteurs et musiciens doivent se prémunir de leur repas du soir, afin que le concert ne puisse être interrompu. M.,.... (*l'entrepreneur*) leur accorde à cet effet, à tour de rôle, le temps rigoureusement nécessaire à leur collation, et le chef d'orchestre, d'après l'avis de M..... (*le maître de l'entreprise*) leur indiquera le moment convenable pour dîner.

» 20° L'administration prévient les artistes qu'il n'est accordé aucune consommation gratuitement, qu'elle entend ne faire ni crédit, ni avances à qui que ce soit, attendu qu'elle ne veut tenir aucune comptabilité à cet effet.

294. Ces trois dernières clauses sont d'une singulière prévoyance. Il nous a paru curieux de les reproduire textuellement.

« 21° Le présent engagement ne pourra être rompu par l'artiste soussigné à peine du dédit ci-dessous stipulé et par M.... (*le chef de l'entreprise*), à peine de celui de huit jours d'appointements, sous toutes les réserves faites au présent traité.

» 22° En cas de rupture ou résiliation pour un fait personnel à M.... (*l'artiste*), il est tenu de payer à M... (*l'entrepreneur*), un dédit de mille francs à titre de dommages et intérêts qui sera acquis à ce dernier sans que les tribunaux puissent en dispenser M.... (*l'artiste*), et de plus au dit cas il est interdit formellement à M... (*l'artiste*) de pouvoir contracter un engagement dans aucun autre des établissements de ce genre, jusqu'au 15 octobre de la présente année, sous peine de dommages et intérêts fixés par le tribunal. »

295. Les clauses contenues dans ces deux derniers paragraphes concourent encore à prouver que les contrats du genre de celui dont nous venons de transcrire les stipulations ne sont, en général, qu'une longue série d'obligations imposées à l'artiste. Effectivement le dédit stipulé à la charge de l'artiste est d'une somme con-

sidérable, tandis que celui imposé à l'entrepreneur est d'une somme minime. La justice réclamait que dans le cas d'infraction à l'engagement par l'un ou l'autre des contractants, le dédit fût d'une somme égale pour tous deux. Mais on a voulu faire de l'intimidation contre l'artiste en lui imposant pour dédit une somme assez élevée. Les explications dans lesquelles nous sommes entrés p. 69, n° 120 sont également applicables ici et nous y renvoyons.

296. Quant à ses devoirs envers l'autorité, le chanteur est soumis aux mêmes règlements que les artistes dramatiques ; voy. pag. 23 et suivantes.

SECTION II.

Des Artistes de l'orchestre.

§ 1. *Du chef d'orchestre.*

297. Suivant l'importance de l'établissement théâtral, il y existe un ou deux chefs d'orchestre.

298. Le premier chef d'orchestre dirige tout ce qui concerne le service de l'orchestre ; il règle sous le rapport de l'exécution musicale, non-seulement le mouvement de l'orchestre, mais aussi celui du chant sur la scène et se concerte à cet effet avec le chef du chant.

Il assiste aux répétitions et les dirige.

Les jours de représentation, il rassemble les musiciens au foyer de l'orchestre, donne le ton, fait accorder les instruments, vérifie la feuille de présence, pointe les absents et donne l'ordre à tous d'aller prendre leur place à l'orchestre.

299. Il vérifie les copies de partition de musique. Il veille rigoureusement :

A ce que les musiciens se rendent aux heures indiquées pour les répétitions ;

A ce que les instruments à vent s'accordent préalablement entre eux dans le foyer de l'orchestre ;

A ce que chaque artiste soit à sa place pour prendre l'accord, et se tienne prêt à commencer au premier signal donné ;

A ce que l'accord une fois pris, aucun artiste ne prélude, même dans les entr'actes ;

A ce qu'aucun artiste ne quitte sa place pendant la durée des représentations ;

A ce qu'il ne soit introduit dans l'orchestre aucune personne étrangère ;

A ce que l'ordre et le silence pendant les répétitions et les représentations soient exactement observés ;

Enfin, à ce que chaque musicien, pénétré du respect qu'il doit au public, ne se permette aucun signe d'approbation ou d'improbation pendant le spectacle.

300. Il peut donner aux artistes de l'orchestre des dispenses de service qui n'excèdent pas la durée de deux jours. Il en remet de suite la liste au directeur avec indication des motifs.

301. Le chef d'orchestre a l'inspection des instruments. S'il juge un instrument en mauvais état, il oblige l'artiste à le faire réparer de suite ou à le remplacer.

302. Il doit prévenir le directeur lorsqu'il y a des places vacantes, afin qu'il soit pourvu à leur remplacement.

Il certifie les feuilles de présence.

303. En cas d'absence ou de maladie du premier chef d'orchestre, les fonctions dont il est spécialement investi reviennent au second qui le supplée.

Si pour cause de maladie, ou autre motif légitime, l'un des chefs d'orchestre se trouve dans l'impossibilité de se rendre au spectacle, il est tenu d'en prévenir aussitôt son collègue.

304. Telles sont, sur les fonctions de chef d'orchestre, les principales dispositions du règlement du 5 mai 1821, relatif au service de l'orchestre de l'Opéra.

En général, le règlement intérieur de chaque théâtre contient des articles sur ce sujet ; mais en cas d'absence ou de silence de ce règlement, ce que nous venons de dire peut servir de guide relativement aux fonctions du chef d'orchestre et aux devoirs qu'il doit remplir.

Autrefois à l'Opéra la place de chef d'orchestre était donnée par la voie du concours dont les conditions étaient déterminées par un arrêté spécial.

Maintenant dans tous les théâtres, le chef d'orchestre est nommé par le directeur.

Le chef d'orchestre ne peut prendre de congé sans l'autorisation du directeur.

305. Dans les troupes des départements, le chef d'orchestre est engagé comme le sont les artistes dramatiques et fait partie de la troupe.

306. Le directeur n'a pas le droit de refuser le paiement des appointements dus au chef d'orchestre sous prétexte que celui-ci ne le dirige pas convenablement. (Jugement du tribunal de commerce de la Seine du 2 septembre 1831, *Gazette des Tribunaux* du 3 septembre même année, affaire *Souchet, directeur du théâtre des Batignolles* contre *Lafond Mège, chef d'orchestre*).

307. Les numéros 315, 316, 317, 320 et 321 étant communs au chef et aux musiciens de l'orchestre, nous y renvoyons.

308. Dans les théâtres de drame et de vaudeville et dans les petits théâtres, le chef d'orchestre est, en général, chargé de composer ou arranger la musique des pièces qu'on y représente. Le prix de ce travail est ordinairement compris dans celui des appointements. Mais on doit fixer dans la convention le nombre annuel d'ouvrages, et si ce nombre est dépassé, le chef d'orchestre reçoit par chaque pièce en sus une somme déterminée.

309. Il y a des théâtres dans lesquels le chef d'orchestre, moyennant une somme fixe par année, se charge de fournir les musiciens nécessaires à la formation de l'orchestre. Le nombre des musiciens est déterminé dans le traité passé avec l'entreprise ; c'est le chef d'orchestre qui engage les musiciens pour son propre compte. Vis-à-vis d'eux, sa position est celle d'un entrepreneur ordinaire.

Toutefois, nous venons dire qu'une convention de cette nature présente de graves inconvénients sous le double rapport de l'art musical et de l'intérêt pécuniaire des artistes musiciens. D'une part, le chef d'orchestre, pour gagner davantage sur le marché qu'il a passé avec l'administration dramatique, compose son orchestre de musiciens qu'il rétribue le moins possible. D'autre part, les artistes, traitant directement avec le chef d'orchestre, n'ont, pour sûreté du paiement de leurs appointements, que la solvabilité personnelle de celui-ci, tandis que lorsqu'ils sont engagés par l'administration théâtrale même, ils ont pour garantie le cautionnement du directeur. Ainsi, un pareil contrat ne profite qu'au chef d'orchestre, qui s'enrichit de la différence des appointements que les musiciens toucheraient, s'ils étaient directement engagés par l'administration dramatique. L'autorité, dans les concessions de théâtre qu'elle accorde, devrait défendre tout traité du genre de celui-ci entre le directeur et le chef d'orchestre.

110. Au Théâtre-Français, l'orchestre est donné à *l'entreprise* au chef d'orchestre qui se charge, moyennant une somme fixe par an, de fournir tant de musiciens, la musique gravée, d'arranger les morceaux, etc. Les amendes encourues par les musiciens sont prélevées sur le douzième du prix payé mensuellement au chef d'orchestre.

Il engage pendant l'été les musiciens au mois ; pendant l'hiver, au cachet, parce que dans les grandes représentations le public envahit l'orchestre et l'on congédie les musiciens pour louer les places qu'ils occupent.

L'administration du théâtre a stipulé qu'elle resterait étrangère à toutes réclamations qui pourraient s'élever entre le chef d'orchestre et les artistes qu'il emploiera. En outre, il est convenu que l'administration du théâtre et le chef d'orchestre doivent se prévenir réciproquement six mois à l'avance, lorsque l'un ou l'autre ne veut point renouveler le traité.

Ce traité entre l'administration de la Comédie-Française et le chef d'orchestre de ce théâtre offre l'exemple d'une grave inconvenance : c'est que dans un théâtre subventionné le chef d'orchestre puisse faire trafic de sa position et spéculer sur le faible traitement que reçoivent les artistes qu'il emploie. Comment! le chef d'orchestre a, pendant l'hiver, la faculté d'engager les musiciens au cachet! Si le théâtre fait de grosses recettes, ce sera une raison pour congédier, sans rétribution, les artistes de l'orchestre et pour que le chef s'adjuge les faibles sommes qui étaient destinées à pourvoir aux besoins de plusieurs familles! D'un autre côté, quelle garantie ont les artistes? aucune. Engagés par le chef d'orchestre et pour son compte, les musiciens n'ont d'autre sûreté, comme nous l'avons dit au numéro précédent, que la solvabilité personnelle de celui-ci, sans aucun recours contre l'administration. Voilà ce que le gouvernement, qui peut accorder ou refuser son adhésion à un traité de cette nature, ne devrait pas permettre dans un théâtre de l'Etat.

§ 2. *Des musiciens d'orchestre.*

311. Dans les théâtres lyriques subventionnés par l'Etat, les places des musiciens de l'orchestre s'obtiennent au concours.

Les artistes souscrivent d'ordinaire un engagement dont la durée est d'un an. Si, une fois ce délai expiré, l'artiste continue son service, il se forme entre lui et l'administration du théâtre un nouvel engagement par tacite reconduction, c'est-à-dire un engagement résultant de la volonté présumée des deux parties. Ce nouvel engagement ne peut cesser que dans les délais d'usage; et, sous ce rapport, la position des artistes musiciens étant identique avec celle des artistes dramatiques, les délais de l'avertissement nécessaires pour faire cesser, dans le cas dont il s'agit, les engagements des uns ou des autres doivent être les mêmes. Ainsi, le jugement rendu dans le procès de Mlle Courtois (voyez p. 162) doit servir de règle à cet égard. L'avertissement doit être donné trois mois avant l'expiration de l'année théâtrale, c'est-à-dire dans les trois mois avant le 31 mars.

312. Dans les théâtres de Paris autres que ceux ci-dessus indiqués, les musiciens d'orchestre sont engagés au mois.

On ne peut les congédier qu'après un avertissement donné un mois à l'avance. Les artistes qui veulent se retirer de l'orchestre sont tenus d'observer le même délai. En effet, le contrat étant synallagmatique, il est juste que la durée de l'avertissement soit réciproque.

313. Les artistes de l'orchestre des théâtres des départements sont engagés soit à l'année, soit temporairement.

Dans les troupes sédentaires, l'engagement a la durée de l'exploitation : l'orchestre est composé de musiciens de profession et d'amateurs.

Dans les troupes ambulantes, les engagements de l'orchestre ont la durée du séjour de la troupe, et sont contractés avec des musiciens de la ville et de la garnison, auxquels se réunissent toujours les amateurs.

314. Dans les théâtres où l'orchestre est nombreux, il y a des chefs de pupitre, qui, tout en concourant à l'exécution des parties ordinaires d'orchestre, sont seuls chargés des solos et de la direction des instruments de même espèce.

315. D'après les actes d'engagement et les règlements intérieurs des théâtres, les musiciens doivent suivre l'orchestre en quelque lieu que le directeur ordonne son transport, en tout ou en partie, jouer toute composition de musique dans tout spectacle qu'il plaira à la direction de faire représenter, même deux fois par jour, et y exécuter les parties qui leur seront distribuées par le chef d'orchestre.

316. Les musiciens sont tenus de se trouver exactement à toutes les répétitions indiquées, même le soir après le spectacle. Ils ne peuvent sous aucun prétexte

se faire remplacer dans leur service par une personne étrangère à l'orchestre, à moins d'une permission des directeurs.

317. Les musiciens attachés à un orchestre ne doivent point quitter la répétition avant qu'elle soit terminée. Lorsque, volontairement et de concert, ils se sont retirés au moment où la répétition allait commencer, et que leur absence a empêché qu'elle eût lieu, ce fait peut, de la part de l'administration dramatique, autoriser leur renvoi de l'orchestre, et cette mesure ne donne pas droit, au profit des musiciens ainsi congédiés, à des dommages-intérêts, quand il n'est pas, d'ailleurs, justifié qu'ils ont été engagés à l'année. C'est ce que le tribunal de commerce de la Seine a jugé le 22 août 1845. (Journal *le Droit* du 31 août 1845, affaire des musiciens du Gymnase-Dramatique, contre M. Lemoine-Montigny, directeur de ce théâtre).

Voici le texte de cette décision, que nous croyons utile de rapporter : « Le tribunal, — Attendu qu'il résulte des explications fournies au délibéré, que les demandeurs ont reçu, depuis l'instance commencée, le montant de leurs appointements du mois de juin ; que dès lors, il ne s'élève plus de difficultés entre les parties sur ce point ; — Attendu, quant aux dommages et intérêts, que les demandeurs n'établissent pas qu'ils soient engagés à l'année ; que, d'ailleurs, ils ont tous, volontairement et de concert, quitté le théâtre le 27 juin 1845, au moment de répéter un ouvrage qui devait être représenté le lendemain, et, qu'en agissant ainsi, ils ont empêché les représentations d'avoir lieu ; — Attendu que les demandeurs prétendent qu'ils ne seraient passibles que d'une simple amende de quelques francs, aux termes des règlements du théâtre, mais que ces règlements, dont le but est de réprimer des faits isolés d'inexactitude ou d'indiscipline, ne sauraient être applicables lorsque des artistes, loin de prêter leur concours à l'entreprise qui les rétribue, s'entendent, au contraire, pour en paralyser la marche ; — Attendu, en conséquence, qu'il est juste de reconnaître que la conduite blâmable des demandeurs a suffisamment motivé la mesure prise à leur égard, et qu'ils ne peuvent, dès lors, avoir droit à des dommages et intérêts; Par ces motifs, le tribunal dit qu'il n'y a lieu de statuer sur la demande en paiement d'appointements; — déclare les demandeurs mal fondés en leur demande de dommages et intérêts, et les condamne aux dépens. »

318. Les musiciens d'orchestre sont tenus de se fournir de tous les instruments nécessaires à leur service, à l'exception de ceux que les administrations théâtrales sont dans l'usage de fournir, et de telle manière que le cours d'une représentation ou d'une répétition ne puisse être interrompu par le défaut de l'instrument, à moins d'accidents majeurs ou imprévus.

319. Tout artiste faisant usage des instruments fournis par l'administration en est responsable. Elle ne paie que les réparations qui surviennent par accident naturel; celles qui sont nécessitées par la négligence des artistes sont supportées par eux, et il leur en est fait une retenue sur leurs appointements.

Les artistes qui négligent de prévenir le chef d'orchestre que les instruments se trouvent en mauvais état et qui par là manquent à leur devoir, sont considérés comme absents et passibles de la plus forte amende portée dans le règlement intérieur du théâtre.

La même amende est supportée par les artistes qui se fournissent eux-mêmes leurs instruments, et qui, faute de les conserver en bon état, manquent à leur devoir.

320. Les musiciens de l'orchestre, sans exception, doivent se trouver au théâtre un quart-d'heure avant le commencement du spectacle. L'accord se donne dix minutes avant le lever du rideau; aucun prétexte ne peut exempter de s'y trouver. Il est interdit aux musiciens de l'orchestre de venir sur le théâtre ou de le traverser pour se rendre à leurs places.

321. L'ivresse habituelle d'un artiste, comme nous l'avons dit p. 173, peut être une cause de résiliation de son engagement. Mais il ne suffit pas que le directeur allègue un semblable motif pour expulser un artiste, il

faut que les faits imputés à ce dernier soient justifiés contre lui. C'est en ce sens que le tribunal de commerce de la Seine a jugé le 19 juillet 1832, affaire *Cottignies,* musicien attaché à l'orchestre du théâtre du Palais-Royal contre l'administration de ce théâtre. Le tribunal a décidé que des faits reprochés à l'artiste, les uns n'étaient pas suffisants pour légitimer son expulsion, et que les autres étaient antérieurs au réengagement qu'il avait contracté. En conséquence, l'administration théâtrale a été condamnée à réintégrer Cottignies dans son emploi, et à lui payer tous ses appointements échus depuis le congé qui lui avait été donné arbitrairement, sinon à verser le dédit de 1,200 francs stipulé dans l'engagement. (*Gazette des Tribunaux,* du 20 juillet 1832.)

322. L'artiste musicien qui, dans l'engagement qu'il a contracté avec un directeur de concerts s'est interdit de jouer dans aucuns théâtres, concerts, spectacles et bals publics, sans une autorisation spéciale, à peine d'une amende déterminée, n'a pas le droit de s'ériger en chef d'orchestre et de donner pour son compte des concerts ou bals publics. En cas d'infraction, cet artiste peut être passible de dommages-intérêts même plus élevés que ceux prévus par la clause générale de l'engagement qu'il a consenti (Arrêt de la cour de Paris, 2ᵉ chambre, du 5 février 1838, affaire *Dufresne* contre *Franquebane;* Journal le *Droit* du 6 février même année).

323. L'artiste musicien, qui a contracté un engagement avec l'administration d'un théâtre, spectacle, café-concert ou autre établissement de ce genre, est-il, à raison de cet acte, justiciable du tribunal de commerce? La jurisprudence s'est prononcée dans le sens de l'affirmative; mais nous croyons avoir établi précédemment que les motifs qui servent de base à cette jurisprudence, sont plus spécieux que solides, et qu'une saine interprétation de la loi conduit à décider que la connaissance des difficultés auxquelles, dans le cas dont il s'agit, l'engagement d'un artiste peut donner lieu, appartient exclusivement au tribunal civil. Au reste, tout ce que nous avons dit sur ce point important

(pag. 174 à 186), reçoit ici son entière application.

324. Nous avons aussi fait observer, pag. 20 et 21, que l'autorité locale n'avait pas le droit d'ordonner l'arrestation des artistes dramatiques, pour infraction aux règles de la discipline intérieure du théâtre. Les mêmes principes s'appliquent aux artistes musiciens. Ainsi, l'incarcération, qui eut lieu en 1828, des artistes de l'orchestre du grand théâtre de Bordeaux, offre un exemple d'arrestation arbitraire dont il n'est pas inutile de rappeler les faits.

Le 7 septembre 1828, on donnait *la Dame du Lac*, au grand théâtre de Bordeaux, et l'exécution de cet opéra nécessitait un supplément de cors et de trompettes. On envoya chercher M. Charles Marschal, premier cor du Théâtre-Molière, où, dans le même moment, il accompagnait un vaudeville. Après quelques explications nécessitées par le chef d'orchestre, qui s'opposait au départ de son subordonné, M. Marschal put sortir, arriva au grand Théâtre et y fit son service. Cependant on l'avertit durant le spectacle, que, pour le punir de ce qu'il avait retardé le lever du rideau, on projetait son arrestation, et que des agents de police l'attendaient à la sortie; il s'échappa par une porte secrète; mais, le lendemain, ses camarades demandèrent qu'avant les répétitions, le directeur vînt s'expliquer avec eux. Celui-ci se fit attendre assez longtemps, puis il arriva escorté d'un adjoint au maire, de plusieurs commissaires de police et d'un détachement de la garde municipale. Cet appareil n'était pas fait pour calmer les esprits. La discussion fut vive, et pour terminer, on mit tout l'orchestre au violon. Mais que faire, le soir, au théâtre? comment jouer un opéra, sans orchestre? Le directeur fait aux musiciens emprisonnés, à sa requête, sommation de se rendre au théâtre, sauf à retourner ensuite à la prison. Les musiciens répondirent qu'ils étaient prêts à reprendre leur service, mais à condition qu'on n'essaierait pas de les remettre, plus tard, en captivité. Leur offre fut refusée; les portes de la prison restèrent closes, et ce fut seulement le lendemain, à midi, qu'on rendit à l'orchestre sa liberté. (*Gazette des Tribunaux* des 10 décembre 1827 et 17 janvier 1828; MM. Vulpian et Gauthier, *Code des Théâtres*, p. 200.)

Il est évident que, dans le cas dont il s'agit, une plainte formée par les musiciens en arrestation arbitraire aurait été favorablement accueillie par les tribunaux, car la liberté des citoyens mérite une égale protection, et les attentats qu'elle subit exigent toujours une sévère répression.

CHAPITRE II.

Des artistes musiciens autres que ceux attachés à une entreprise dramatique, spectacle ou établissement de ce genre.

325. Les artistes musiciens dont nous nous proposons de parler dans ce chapitre sont ceux qui exercent l'art musical, soit pour l'enseigner, soit pour donner des concerts au public.

326. L'artiste musicien qui, en sa qualité de professeur, donne, moyennant un prix déterminé, des leçons de son art, contracte avec ses élèves un louage d'ouvrage. C'est la stipulation du prix qui imprime ce caractère au contrat, et fait ranger les leçons du professeur dans la classe des travaux qui se louent. Tel est aussi, sur ce point, l'opinion de Cujas. (*Observationum et emendationum lib. 2, cap. 27.*)

327. Les leçons se donnent au cachet ou au mois. Le prix de chaque leçon, stipulé à tant par cachet, est exigible après qu'elle a été donnée. Mais, dans l'usage, les professeurs ne réclament leur paiement qu'à la fin de leur douzième leçon. Quoi qu'il en soit, légalement parlant, ils ont, après chaque leçon, le droit d'en exiger le paiement.

S'il s'agit de leçons données à tant par mois, elles ne sont payables qu'à l'expiration de ce délai.

Lorsque les leçons se donnent à l'année, ainsi que cela se pratique, par exemple, dans les maisons d'éducation, le paiement des leçons est exigible de mois en mois.

328. Pour les leçons données au mois ou à l'année, on déduit les absences du professeur, si elles dépassent un ou deux jours.

Quant aux leçons données au cachet, il est évident que l'absence du professeur ne peut donner lieu à aucune déduction, puisque le prix de chaque leçon ne lui est acquis qu'autant que cette leçon a été reçue par l'élève.

329. Quand les leçons se donnent à tant par cachet, il est d'usage de remettre au professeur une carte appelée *cachet*, laquelle est signée par le père de l'élève, ou par l'élève lui-même, s'il est capable de s'obliger. Cette carte, ou cachet, sert à établir la preuve de la convention; mais comme elle ne mentionne point, ordinairement, le prix de la leçon, il importe d'indiquer les moyens qui peuvent concourir à le constater.

Comme dans le cas dont il s'agit, le professeur est demandeur, c'est à lui d'établir la preuve de sa réclamation. Cette preuve peut avoir lieu par écrit, c'est-à-dire au moyen d'actes, de lettres et papiers domestiques, ou par témoins, c'est-à-dire lorsque la demande est au-dessous de 150 francs. (Code civil, art. 1315 et suivants.)

L'artiste peut aussi déférer le serment à son adversaire, pour en faire dépendre le jugement de la cause. (Code civil, art. 1357.)

330. Les leçons qu'un professeur de musique donne dans une maison d'éducation sont payées à celui-ci par le chef de l'institution, en l'acquit des parents des élèves. Si donc, par suite de faillite ou de mauvaises affaires de l'instituteur, le professeur de musique n'a point reçu le prix de ses leçons, il peut exercer son recours contre les parents de ses élèves. En effet, vis-à-vis du maître de musique, le chef d'institution n'était, dans le cas dont il s'agit, qu'un mandataire tacite des parents des élèves, et il est reconnu, par la jurisprudence et les auteurs, que les tiers qui ont traité avec un

mandataire de ce genre ont action contre le mandant. (M. Troplong, *du Mandat*, nos 121 et 602.)

331. Aux termes de l'article 2271 du Code civil, l'action des maîtres et instituteurs des sciences et arts, pour les leçons qu'ils donnent au mois, se prescrit par six mois. Ainsi, une fois ce délai expiré, le professeur n'a plus le droit de réclamer le prix des leçons données au mois, et, de leur côté, les personnes auxquelles il les donnait peuvent se refuser à les acquitter.

332. La même prescription de six mois est applicable à l'égard des leçons données à tant par cachet, quoique l'article 2271 n'en parle pas. M. Troplong, *de la Prescription*, t. 2, n° 947; et M. Curasson, *de la Compétence des juges de paix*, t. 2, p. 186, n° 35, partagent aussi cet avis.

333. Si les leçons se donnent à l'année, le délai de la prescription est de cinq ans. M. Troplong, *de la Prescription*, t. 2, n° 945; et M. Vazeille, *Traité de la Prescription*, t. 2, n° 756, le décident également et avec raison, selon nous.

334. La prescription se compte jour par jour, et non par heures. Elle est acquise lorsque le dernier jour du temps est accompli. (Code civil, articles 2260 et 2261.) Le jour qui est celui du point de départ ne compte pas; mais le jour du terme doit compter. Si donc il s'agissait de leçons données au mois ou au cachet, la prescription de six mois, commencée, par exemple, le 1er mai, sera accomplie le 2 novembre suivant, et, à cette dernière époque, il ne sera plus possible de l'interrompre. Le nombre de jours compris dans chaque mois se règle suivant le calendrier grégorien, sans avoir égard à leur inégalité.

Remarquez que, relativement aux leçons données à tant par cachet, chaque leçon formant, au profit du professeur, une créance séparée, la prescription s'accomplit contre lui une fois le délai de six mois écoulé après chaque leçon.

335. Le professeur contre lequel on invoque la prescription, comme moyen de libération, peut déférer le

serment à celui qui l'oppose, sur la question de savoir si le prix des leçons a été réellement payé.

Le serment peut être déféré, non seulement au débiteur, mais encore à ses héritiers, et même au tuteur des héritiers mineurs, pour leur faire déclarer s'ils savent que la chose soit due. C'est ce que décide l'article 2275 du Code civil.

336. Parlons maintenant des obligations imposées à l'artiste musicien qui désire donner un concert public.

C'est l'autorité municipale qui est investie du pouvoir d'accorder ou de refuser l'autorisation de donner des concerts publics. Son droit absolu, à cet égard, est reconnu et constaté d'une manière indubitable par la législation et la jurisprudence.

Ainsi, avant d'annoncer un concert, l'artiste doit s'enquérir des ordonnances de police qui peuvent exister, sur ce point, dans la localité où il a l'intention de le donner, et il est tenu de se conformer exactement à leurs prescriptions.

337. A Paris, la demande d'autorisation de donner concert, est adressée au préfet de police; elle doit contenir le programme exact du concert.

En outre, lorsque des morceaux de musique vocale doivent être exécutés dans un concert public, il faut que les paroles soient préalablement soumises à l'examen et à l'approbation du ministre de l'intérieur (Loi du 30 juillet 1850).

Il doit être justifié de cette approbation au commissaire de police de la section ou de la commune dans laquelle la salle du concert est située (Arrêté du préfet de police de la Seine du 12 août 1850).

Dans le cas où un chant serait exécuté en public, même revêtu du visa du ministère de l'intérieur, sans qu'il en ait été, à l'avance, justifié au commissaire de police, ce fonctionnaire doit dresser procès-verbal de contravention à l'arrêté précité (Circulaire du préfet de police, du 21 janvier 1851).

En conséquence, toute personne qui donne un concert public sans y être préalablement autorisée par la préfecture de police, et qui, nonobstant les défenses qui lui sont faites, persiste à y admettre le public, doit être traduite devant les tribunaux de police. (Ordonnance du Préfet de police de la Seine, du 31 mai 1833, art. 14.)

338. La peine encourue est une amende depuis un franc jusqu'à cinq francs inclusivement. (Code pénal, art. 471, § 15.)

En cas de récidive, la peine est un emprisonnement d'un jour à trois jours. (Code pénal, art. 474.)

Mais, quelle que soit la peine portée contre le contrevenant, il est toujours condamné aux dépens. (Code d'instruction criminelle, art 162.)

339. Tout individu autorisé à donner un concert public est tenu d'entretenir, à ses frais, une garde suffisante pour le maintien du bon ordre et de la tranquillité pendant la durée de la réunion. Il ne peut laisser entrer, dans l'intérieur dudit concert, qui que ce soit avec bâtons, cannes et armes; il est tenu d'avoir, à l'entrée de l'établissement, un lieu destiné à recevoir ces objets en dépôt : des numéros sont délivrés en échange. Telles sont les dispositions des articles 10 et 11 de l'Ordonnance de police du 31 mai 1833.

340. Les concerts publics sont assujétis à un impôt du quart de la recette brute, prélevé au profit des indigents (1). (Loi du 8 thermidor an v, et décret du 9 décembre 1809.

341. L'artiste qui donne un concert public, est aussi tenu d'acquitter les droits, tant des auteurs des paroles que des compositeurs de la musique des morceaux qui y sont exécutés (2).

342. Par l'annonce d'un concert, il se forme, entre

---

(1) La perception a lieu, ou par voie de contrôle, ou par abonnement, c'est-à-dire en fixant à l'avance le chiffre de cet impôt. A Paris, c'est avec M. Mantoux, receveur-comptable du droit des pauvres, rue des Marais-Saint-Germain, n° 22, que l'artiste doit s'entendre dans le cas dont il s'agit.

(2) A Paris, M. Henrichs, agent général pour la perception des

l'artiste et le public, un contrat d'où résultent des droits et des obligations respectifs. Ainsi, en exécution de ce contrat, l'artiste est tenu de donner et le public est en droit d'exiger le concert annoncé. Si donc le concert n'a pas lieu, l'artiste est obligé de restituer le prix des billets à ceux qui les ont payés à l'avance.

343. Lorsque les conditions de l'affiche ne sont pas remplies; par exemple, lorsque tel artiste de renom est remplacé par tel autre, qui est peu ou point connu, les auditeurs qui, après l'annonce de ce changement, n'acceptent point cette substitution, peuvent exiger la restitution du prix de leurs places, et ce prix doit leur être rendu intégralement.

Mais le remboursement du prix des places ne peut être exigé, lorsque le concert est interrompu par l'effet d'une force majeure; par exemple, si l'autorité empêchait de le terminer. MM. Vivien et Blanc (*de la Législation des Théâtres*, n° 349), et M. Dalloz (*Recueuil alphabétique de Jurisprudence*, au mot *Théâtres*, édition de 1830, t. 12, p. 629, n° 4), le décident ainsi au cas d'interruption d'une représentation dramatique; nous n'hésitons pas à admettre la même solution au sujet d'un concert.

Le tribunal de commerce de la Seine a jugé, le 14 février 1845 (journal *le Droit* du 15 février même année, affaire *Garnier* contre *Léon Pillet*), que quand l'administration d'un théâtre a, pendant plusieurs jours, porté le changement de spectacle à la connaissance du public, avec offre de remboursement aux personnes qui rapporteraient leurs coupons; on n'est plus en droit d'exiger ce remboursement le jour même de la représentation. Cette décision nous semble entièrement applicable au cas où il s'agit d'un concert public.

344. La location qu'un artiste musicien fait d'une salle pour donner concert établit, entre lui et le propriétaire de cette salle, des rapports légaux sur lesquels il importe de faire quelques observations.

---

droits des auteurs et compositeurs de musique, rue du Faubourg-Montmartre, n° 25, est chargé de ce recouvrement.

Il est toujours prudent de rédiger par écrit, et en double original, les conventions relatives à la location de la salle, alors même que cette location n'a lieu que pour une soirée ou une matinée. C'est le moyen de prévenir les inconvénients qui résultent souvent d'un engagement de location verbale, lequel ne peut être prouvé par temoins, quelque modique qu'en soit le prix, et quoiqu'on allègue qu'il y ait eu des arrhes données (Code civil, art. 1715).

Ordinairement, (et c'est ce qui se pratique à Paris), dans le prix de la location de la salle sont compris :

La fourniture de tous les siéges nécessaires, — le service du contrôle des billets, — si le concert a lieu le soir, l'éclairage tant de la salle et des foyers destinés au public et aux artistes que celui des abords et de l'entrée de la salle, — le chauffage de la salle et des foyers.

L'engagement de location stipule souvent le droit, pour l'artiste, de faire une répétition du concert, dans la salle, sans payer à cet effet un supplément de loyer. Quelquefois, aussi, l'engagement de location fixe à part le prix de la location de la salle pour une répétition.

Le prix de la location de la salle est en général stipulé payable de la manière suivante : Un tiers ou un quart en arrêtant la salle, et le surplus la veille du concert, ou avant l'ouverture de la salle. Dans le cas où l'artiste renoncerait à donner le concert, la portion du prix de location consignée d'avance est acquise au propriétaire de la salle à titre d'indemnité.

Au reste, ces conventions varient au gré des contractants, qui peuvent y introduire toutes les clauses qu'ils jugent convenables, pourvu, toutefois, qu'elles ne soient ni prohibées par la loi, ni contraires aux bonnes mœurs ou à l'ordre public (Code civil, art. 6, 1133 et 1174).

345. De même qu'un locataire ordinaire, l'artiste, qui a loué une salle, est responsable des dégradations et des pertes qui arrivent pendant sa jouissance, à moins qu'il ne prouve qu'elles ont eu lieu sans sa faute (Code civil, art. 1732).

334. Pareillement encore l'artiste, dans cette circon-

stance, est responsable de l'incendie, à moins qu'il ne prouve que l'incendie est arrivé par cas fortuit ou force majeure, ou par vice de construction, ou que le feu a été communiqué par une maison voisine (Code civil, art 1773). C'est, au reste, à l'artiste de fournir la preuve qu'aucune faute ne lui est imputable ; en établissant cette preuve, il est déchargé de toute responsabilité à cet égard. En effet, tout ce qu'exige la loi, c'est que le locataire démontre qu'il est exempt de faute. Pour arriver à ce résultat, il peut employer tous les moyens de preuve. Il n'est pas tenu de constater la cause positive et palpable de l'incendie, s'il prouve d'ailleurs qu'il n'y a de sa part aucune négligence. Tel est aussi sur ce point le sentiment de M. Troplong (*du Louage*, n° 382 et suiv.).

335. La responsabilité de l'artiste n'est pas seulement limitée aux dégradations ou aux pertes qui résultent de sa faute personnelle, mais elle s'étend encore à celles qui arrivent par le fait du personnel qu'il emploie ou de ses sous-locataires (Code civil, art. 1384 et 1735). Ceux qui ont loué des places dans la salle sont légalement les sous-locataires de l'artiste qui est, relativement à eux, locataire principal de cette salle. Ainsi, l'artiste, dans ce cas, répond des détériorations ou dégâts que les auditeurs du concert peuvent commettre dans la salle, sauf, bien entendu, son recours contre ceux-ci.

ADDITION.

Nous avons mentionné, page 133, n° 211, diverses décisions auxquelles il faut ajouter un arrêt rendu le 23 mai 1851 par la cour de Bordeaux, qui a jugé que la lettre d'un maire par laquelle le directeur est invité, après le premier début d'un artiste, à ne plus le faire paraître, dans la crainte de désordres possibles, signalés par la police, ne constitue pas un cas de force majeure et n'autorise pas le directeur à rompre sans dommages et intérêts l'engagement qu'il a contracté avec l'artiste. (Journal *le Droit*, du 5 juillet 1851, affaire *Juclier*, directeur, contre Mme *Maillard*, artiste.)

APPENDICE

CONTENANT

LE TEXTE DES STATUTS ET INSTRUCTIONS

RELATIFS

A L'ASSOCIATION DES ARTISTES DRAMATIQUES

ET

A L'ASSOCIATION DES ARTISTES MUSICIENS.

Il est nécessaire d'indiquer le but et l'utilité de deux institutions qui intéressent, au plus haut degré, les artistes auxquels cet ouvrage est particulièrement destiné. Nous voulons parler de l'*Association des artistes dramatiques*, fondée en 1839, et de l'*Association des artistes musiciens*, fondée en 1843. C'est à un philanthrope aussi éclairé que désintéressé, à M. Taylor, membre de l'Institut, que la création de ces deux établissements d'utilité publique est due. Chacune des associations a pour objet de créer, au profit de ses membres, une caisse de secours et des pensions. Voici, au reste, les règlements qui concernent ces deux associations, auxquelles nous accordons toutes nos sympathies.

ASSOCIATION DES ARTISTES DRAMATIQUES.

ORDONNANCE.

Paris, le 17 février 1848.

LOUIS-PHILIPPE, etc.

Sur le rapport de notre ministre secrétaire d'état au département de l'intérieur;

Notre Conseil d'état entendu,

Nous avons ordonné et ordonnons ce qui suit :

Art. 1er. L'association de secours et de prévoyance formée à Paris (Seine) en 1839, sous le nom d'*Association de secours mutuels entre les artistes dramatiques*, est reconnue comme établissement d'utilité publique.

2. Sont approuvés les statuts de cette association, tels qu'ils sont consignés dans l'acte annexé à la présente ordonnance.

3. Le règlement d'administration intérieure de l'association sera soumis à l'approbation de notre ministre de l'intérieur ; il ne pourra déroger en rien auxdits statuts.

4. Pourra être révoquée, l'autorisation résultant de l'art. 1er, en cas de violation ou de non-exécution des statuts par nous approuvés.

5. Notre ministre secrétaire d'état au département de l'intérieur est chargé de l'exécution de la présente ordonnance, qui sera insérée au Bulletin des lois.

Au palais des Tuileries, le 17 février 1848.

Signé, LOUIS-PHILIPPE.

Par le roi : *Le Ministre Secrétaire d'état au département de l'intérieur,*

Signé, Duchatel.

STATUTS DE L'ASSOCIATION

DE SECOURS ET DE PRÉVOYANCE FORMÉE A PARIS,

SOUS LE NOM

d'Association des Artistes Dramatiques,

Approuvés par le Ministre de l'Intérieur, le 17 Février 1848.

§ 1er. — NATURE ET OBJET DE L'ASSOCIATION.

ART. 1er. Une association de secours et de prévoyance est établie entre les artistes dramatiques français.

2. Cette association a pour objet :

1. De distribuer des secours aux artistes faisant partie de l'association ;

2° De créer des pensions dont les bases et conditions seront ci-après fixées.

3. L'association prendra le titre d'*Association de secours mutuels entre les artistes dramatiques*.

4. Le siége de l'association est établi à Paris.

§ 2. — COMPOSITION DE L'ASSOCIATION.

5. Sont aptes à faire partie de l'association, tous les artistes dramatiques français, de l'un ou de l'autre sexe, exerçant ou ayant exercé leur profession pendant trois ans au moins.

6. Pour devenir membre de l'association, tout artiste doit :

1° Signer son adhésion aux présents statuts ;

2° Acquitter un droit d'admission fixé à trente francs ;

7. Pour les artistes engagés dans la carrière théâtrale depuis moins de cinq ans, le droit d'admission sera réduit et calculé seulement à raison de six francs par chaque année, écoulée depuis leur premier engagement.

8. Tout associé est tenu d'acquitter exactement, en outre du droit d'admission, une cotisation de cinquante centimes par mois.

9. Si un associé laisse écouler deux années sans payer ses cotisations mensuelles, il cessera de faire partie de l'association, et ce de plein droit, sans qu'il soit besoin d'aucun acte de mise en demeure, et par la seule échéance du terme.

Toutefois, le comité d'administration sera juge des causes qui auront empêché un membre de remplir ses engagements envers l'association, et il pourra, s'il y a lieu, le relever de la déchéance.

10. L'associé, relevé de la déchéance, ne pourra néanmoins rentrer dans l'association, qu'en acquittant toutes les cotisations arriérées.

11. L'associé, non relevé de la déchéance, ne pourra rentrer dans la société, qu'en acquittant de nouveau le droit d'admission, et il n'y prendra rang que du jour de sa rentrée.

12. Ne pourra faire partie de l'association, aucun artiste ayant subi une peine afflictive ou infamante, ou un emprisonnement d'un an et plus pour crimes et délits, compris dans le chap. II, tit. II, livre 3 du Code pénal.

Sera exclu tout membre qui serait condamné à des peines énoncées au paragraphe précédent.

13. Les sociétaires qui auront cessé de faire partie de l'association, par suite d'exclusion, de déchéance, de démission, ainsi que les héritiers des sociétaires décédés, ne pourront exercer, en aucun cas, contre l'association, aucune répétition à raison des sommes par eux versées dans la caisse de la société, à laquelle lesdites sommes demeureront définitivement acquises.

§ 3. — ADMINISTRATION DE L'ASSOCIATION.

14. L'association est administrée par un comité composé :
1º De M. le baron *Taylor*, fondateur ;
2º Et de vingt-cinq hommes, membres de la société, et nommés par l'Assemblée générale, au scrutin secret et à la majorité relative des voix.

15. Le comité se renouvelle chaque année par cinquième.

La voie du sort détermine les quatre premières séries sortantes ; les membres sortiront ensuite d'après l'ordre d'ancienneté de leur série.

Les membres sortants sont indéfiniment rééligibles.

16. Quant aux vacances qui pourraient survenir dans le comité, par suite de décès, démission, ou pour toute autre cause, il pourra y être pourvu provisoirement par le comité, et définitivement par l'assemblée générale, lors de sa première réunion

Toutefois, si le comité se trouvait réduit à moins de treize membres, de même que dans le cas de démission de la totalité des membres, composant le comité, une assemblée générale extraordinaire devra être convoquée pour procéder, soit à son renouvellement intégral, soit au renouvellement partiel.

Les membres nommés, par suite du renouvellement partiel, ne le seront que pour le temps pendant lequel seraient restés en fonctions les membres qu'ils seront appelés à remplacer.

17. Le comité nomme dans son sein :

Un président,
Trois vice-présidents,
Et quatre secrétaires.

La durée des fonctions du bureau est d'une année.

18. Le comité s'assemble une fois par semaine.

19. Le comité statue :

1° Sur la validité des demandes d'admission ;

2° Sur les déchéances encourues par les sociétaires ;

3° Sur les demandes de secours et de pensions ;

4° Il nomme des agents, délégués dans les départements et à l'étranger, pour les intérêts de la société ;

5° Il dresse les budgets et arrête les comptes ;

6° Il accepte les dons et legs faits à l'association, et la représente dans tous les actes de la vie civile qu'elle est appelée à faire.

7° Il prend toutes les mesures qu'il jugera nécessaires dans l'intérêt des sociétaires, et il délibère sur tout ce qui concerne le bon ordre et la bonne administration de la société.

20. Les délibérations du comité sont prises à la majorité des voix des membres présents.

En cas de partage la voix du président est prépondérante.

21. Pourra être déclaré démissionnaire, tout membre du comité qui aura manqué à trois séances consécutives, sans motifs reconnus légitimes par le comité.

Cette démission sera prononcée par le comité ; mais elle ne pourra l'être qu'à la majorité des voix et des membres du comité présents et non présents.

§ 4. — ASSEMBLÉES GÉNÉRALES.

22. Il y aura chaque année une assemblée générale des sociétaires.

Le nombre des sociétaires convoqués ne pourra excéder cinq cents.

Le mode de convocation sera déterminé par le règlement d'administration intérieure.

Cette assemblée aura lieu pendant les vacances théâtrales, du 15 avril au 15 mai.

23. Des assemblées générales extraordinaires pourront être convoquées,

1° Lorsque le comité en aura reconnu la nécessité ;

2° Dans le cas prévu par le paragraphe deuxième de l'article 16 ci-dessus.

Dans ce dernier cas, l'Assemblée générale extraordinaire pourra être convoquée par le président du comité.

24. Le président, les vice-présidents et les secrétaires du comité

d'administration exercent respectivement ces mêmes fonctions aux assemblées générales.

25. Dans sa séance ordinaire, l'assemblée générale procède au remplacement des membres sortants du comité, et pourvoit aux vacances survenues dans le comité, pour quelque cause que ce soit.

Chaque année, le comité fait à l'assemblée générale un exposé de l'état de la société ; il rend compte de ses opérations, des recettes et dépenses, et de l'état du fonds social. Ce compte doit être affirmé par l'agent trésorier responsable, vérifié et certifié par le comité d'administration, et visé par le président et l'un des secrétaires ; il doit toujours être adressé à M. le ministre de l'intérieur.

§ 5. — RESSOURCES ET COMPTABILITÉ.

26. Les ressources de la société se composent :
1° Du droit d'admission ;
2° Des cotisations mensuelles payées par les sociétaires ;
3° Des intérêts des capitaux placés ;
4° Du produit des bals, concerts, représentations et fêtes donnés au profit de l'association ;
5° Des dons, legs et autres libéralités qu'elle pourra être autorisée à accepter.

27. Afin de former le fonds de dotation de l'association, toutes les recettes de l'année seront capitalisées et employées en acquisition de rentes sur l'État.

Les intérêts des fonds placés sont seuls à la disposition du comité, pour être distribués en secours et pensions.

28. Toutes les recettes sont effectuées par un trésorier.

Ce comptable fournit un cautionnement dont le montant est déterminé par le comité d'administration, qui fixera également le mode des écritures et de la comptabilité.

29. Les dépenses sont liquidées par le comité et payées par le trésorier sur un mandat du président.

30. Dans le mois de novembre de chaque année, le comité dresse le budget des recettes et dépenses de l'année suivante.

Dans le mois de mars, le compte de l'année expirée est rendu au comité par le trésorier.

§ 6. — DES SECOURS ET PENSIONS.

31. L'association des artistes dramatiques s'interdit de faire aux sociétaires aucun prêt avec ou sans intérêts.

32. N'auront droit aux secours et pensions de l'association et aux

avantages qu'elle procure, que les sociétaires qui en font partie.

Toutefois, dans des cas rares et exceptionnels, dont le comité sera juge, il pourra être accordé des secours aux père, mère, veuve et enfants des sociétaires décédés.

33. Dix ans après la publication de l'ordonnance royale, autorisant les présents statuts, il sera créé des pensions viagères jusqu'à concurrence des trois quarts des revenus de la société; l'autre quart sera employé en secours, d'après le règlement intérieur arrêté par le comité.

Ces pensions seront de deux cents ou trois cents francs chacune, suivant les années de service des titulaires, ainsi qu'il va être expliqué.

Ces pensions seront distribuées aux sociétaires d'après l'ordre de leur inscription dans la société.

34. Auront droit à une pension, dans la proportion ci-après indiquée, ceux qui auront fait partie de la société depuis dix ans au moins, et auront payé exactement leur cotisation.

La pension de trois cents francs sera accordée à ceux qui auront exercé pendant quarante ans et auront soixante ans d'âge.

Celle de deux cents francs sera acquise après trente ans d'exercice, et à l'âge de cinquante ans.

35. Les pensions ainsi créées, devenant libres par suite du décès des titulaires, ou pour toute autre cause, passeront successivement, au fur et à mesure des extinctions, sur la tête des sociétaires, venant ensuite d'après leur numéro d'ordre dans ladite société, et réunissant les conditions ci-dessus pour être pensionnaires.

Le sociétaire appelé par son numéro d'ordre à faire partie des pensionnaires, mais n'ayant pu profiter de cet avantage comme ne réunissant pas alors les conditions ci-dessus stipulées, aura droit, lorsqu'il réunira les mêmes conditions, à la première pension devenue vacante, et ce, par préférence à ceux dont l'entrée dans ladite société serait postérieure.

36. Les titulaires des pensions resteront membres de la société, et continueront de payer la cotisation mensuelle.

37. Toute cession de pension à des tiers est interdite; la société ne s'engage pas à en acquitter les arrérages en des mains autres que celles des titulaires.

38. Les secours donnés jusqu'à ce jour, sous le titre de *pensions*, par le comité, pourront être maintenus sous les conditions de leur institution.

Jusqu'à l'expiration de dix ans, à courir du jour de l'ordonnance royale, le comité aura la faculté d'accorder de nouvelles pensions, sous les conditions qui régissent les pensions actuelles.

§ 7. — DISPOSITIONS TRANSITOIRES.

39. Les membres du conseil d'administration, actuellement en fonctions, continueront d'en faire partie jusqu'à leur renouvellement, conformément au mode établi par l'article 15 ci-dessus; il ne sera pourvu, dans la prochaine assemblée générale, qui aura lieu pendant les vacances théâtrales de 1848, qu'à la nomination d'un nombre de membres suffisants pour remplacer les membres sortis ou devant sortir à cette époque du comité actuellement existant.

40. Il sera dressé, par le comité, un règlement intérieur.

Ce règlement sera soumis à l'approbation de M. le ministre de l'intérieur.

DISPOSITIONS GÉNÉRALES.

41. Aucune modification aux présents statuts ne sera soumise à l'approbation de l'assemblée générale, qu'autant qu'elle aura été présentée par le comité.

Ces modifications devront être approuvées par ordonnance royale.

42. Malgré les modifications apportées par les présentes aux précédents statuts, les anciens sociétaires continueront à faire partie de l'association, sans être tenus de signer une nouvelle adhésion.

Les présents statuts ont été approuvés à l'unanimité, par la délibération du comité de l'association, en date du 28 décembre 1847.

Pour le comité, *le Président,*

Signé, le baron *I. Taylor.*

ASSOCIATION DES ARTISTES MUSICIENS.

STATUTS DE LA SOCIÉTÉ.

CHAPITRE PREMIER.

OBJET DE LA SOCIÉTÉ.

ARTICLE PREMIER. Une association est établie entre tous les artistes musiciens.

ART 2. Cette Association a pour triple but :

1º De fonder une caisse de secours et de pensions au profit des Sociétaires ;

2º D'améliorer la position et de défendre les droits de chacun de ses membres ;

3º D'appliquer toute la puissance que donne la combinaison des forces et des intelligences, au développement et à la splendeur de l'art.

ART. 3. Sont aptes à faire partie de l'Association :

1º Tous les musiciens français en exercice ou retirés ;

2º Tous les musiciens étrangers ;

3º Tous les amateurs de musique ;

Pour être membre de l'Association, toute personne devra :

1º Être agréée par le Comité :

2º Adhérer aux présents Statuts dans la forme fixée par le Comité ;

3º Payer exactement la cotisation ci-après fixée.

Un retard de douze mois dans le paiement de la cotisation peut entraîner la déchéance. Toutefois le Comité ne pourra prononcer cette déchéance qu'après trois mises en demeure infructueuses, ou un refus constaté de payer. Le Comité appréciera les causes de retard, et pourra, s'il y a lieu, relever de la déchéance.

Le membre de l'Association qui aura manqué à son engagement sera déchu de plein droit des avantages de l'Association, et les sommes par lui versées antérieurement resteront acquises à la Société.

Si un membre, après avoir été rayé, rentre dans l'Association, il prendra rang, parmi les Sociétaires, d'après la date de sa rentrée ; à moins qu'il n'acquitte toutes les cotisations arriérées.

Ne pourra faire partie de l'Association aucun individu ayant subi une peine afflictive ou infamante ou une condamnation pour crimes et délits compris dans le chapitre II, titre II, livre 3 du Code pénal.

CHAPITRE II.

NATURE DE L'ASSOCIATION.

ART. 4. N'auront droit aux avantages de l'Association que 'es personnes ayant adhéré par signature aux présents Statuts.

Toutefois, le Comité aura le droit d'accorder un secours, une fois donné, aux père, mère, veuve ou enfants d'un Sociétaire.

ART. 5. L'Association prend le nom de : *Association des Artistes Musiciens*.

ART. 6. Le siége de la Société est provisoirement chez M. Taylor, fondateur de l'association, rue de Bondy, 50, à Paris.

Le Comité sera juge de la convenance de le transférer ailleurs, selon les besoins, le développement et l'extension de la Société.

ART. 7. En raison de sa nature et de son triple but, la durée de la Société est illimitée.

En aucun cas et sous aucun prétexte, il ne peut y avoir lieu à une liquidation du capital, qui demeure propriété collective inaliénable, et dont les intérêts seuls peuvent être employés par le Comité, conformément aux Statuts.

ART. 8. La Société est purement civile. Seulement le Comité devra, aussitôt que possible, faire les démarches nécessaires pour obtenir la conversion en Société anonyme, comme *établissement d'utilité publique*.

ART. 9. Tout Sociétaire demandant un secours, ou postulant une pension, devra adresser sa demande par écrit au Comité, ou à l'un de ses membres, signer et indiquer son domicile. La demande sera soumise au Comité dans la séance qui en suivra immédiatement le dépôt.

CHAPITRE III.

FONDS SOCIAL.

ART. 10. Le fonds social se compose :

1° D'une cotisation mensuelle fixée au minimum de 50 centimes par mois ;

Le mode de perception et d'acquit de cotisations sera déterminé par le Comité.

2° Des dons, legs, recettes de concerts, bals et fêtes de tout genre, et généralement de tous autres profits que l'Association pourra réaliser ;

3° Et de l'excédant des intérêts non employés pendant le cours de l'exercice, lequel excédant devra être placé par les soins du Comité, comme le reste des capitaux de l'Association.

Art. 11. Toutes les recettes sont effectuées par un trésorier. Ce comptable fournit un cautionnement dont le montant est déterminé par le Comité, qui fixera également le mode des écritures et de la comptabilité.

Les recettes de la Société seront converties en valeurs immobilisables, garanties par l'État. L'agent-trésorier de l'Association ne devra jamais conserver en caisse, outre la somme nécessaire aux pensions, au-delà de la somme suffisante pour acheter dix francs de rentes.

Les intérêts ou arrérages produits par les fonds appartenant à la Société seront à la disposition du Comité, qui ne pourra, en aucun cas et sous aucun prétexte, en aliéner le capital.

CHAPITRE IV.

ASSEMBLÉES GÉNÉRALES.

Art. 12. L'assemblée générale est convoquée pour entendre le compte-rendu des opérations de chaque année. Ce compte, comprenant l'exposé des recettes et dépenses, l'état du fonds social, doit être affirmé par l'agent-trésorier responsable, vérifié et certifié par le Comité, et visé par le président et l'un des secrétaires.

L'assemblée générale se compose de tous les Sociétaires.

Cette réunion aura lieu à l'époque jugée la plus opportune par le Comité. Toutefois, il ne pourra pas s'écouler moins de neuf mois ni plus de quinze entre deux assemblées générales.

Elle pourra être convoquée dans tous les cas extraordinaires, quand le Comité le jugera nécessaire.

Il sera donné avis de l'assemblée générale dans les quinze jours qui la précèderont :

1° Par affiches dans tous les foyers des orchestres et chœurs des théâtres, et chez les marchands de musique, luthiers, etc.;

2° Par lettres écrites aux chefs de musique de la garde nationale ; aux chefs d'orchestre de bals et sociétés lyriques dont l'existence aura été signalée au Comité ;

3° Par insertion gratuite dans le plus grand nombre possible de journaux.

L'assemblée générale nommera aux places vacantes du Comité.

Ce Comité sera renouvelé par cinquième chaque année ; le sort désignera les quatre premiers cinquièmes des membres sortants.

Les membres sortants pourront être réélus.

Les délibérations seront prises au scrutin secret, à la majorité relative des voix.

Le président, les vice-présidents et les secrétaires du Comité exerceront les mêmes fonctions dans les réunions de l'assemblée générale.

CHAPITRE V.

COMITÉ DE LA SOCIÉTÉ.

ART. 13. Le comité sera composé :

1º De M. Taylor, fondateur ;

2º De soixante membres, dont quarante au moins pris parmi les compositeurs et Artistes musiciens exerçant.

Aussitôt après son élection annuelle, et dans la réunion qui suivra, le Comité formera son bureau.

Le Comité s'assemblera au moins une fois par semaine.

Le Comité est appelé :

A délibérer sur les demandes d'admission, sur les demandes de secours et de pensions et sur toutes les mesures à prendre dans l'intérêt de l'Association et de ses membres ;

A entendre les observations, propositions et communications, que tout Sociétaire a le droit de lui faire dans l'intérêt de l'Association ou des Artistes.

Le Comité est spécialement chargé de tout ce qui concerne l'administration de la Société.

Attendu que les fonctions du Comité sont purement officieuses et n'entraînent aucune gestion ni responsabilité, par le seul fait de la réunion de l'assemblée générale annuelle et de la nomination du nouveau Comité, tous les membres sortants sont et demeurent, de plein droit, dégagés de toute responsabilité, sans qu'il soit besoin d'aucune décharge, de quelque nature que ce soit.

Pour son ordre particulier, le Comité aura un règlement d'intérieur auquel chacun de ses membres se trouvera soumis.

En cas de démission, déchéance ou décès d'un ou de plusieurs de ses membres, le Comité pourvoira aux vacances, et les nouveaux membres prendront le rang de ceux qu'ils auront à remplacer.

Pourra être déclaré démissionnaire, tout membre du Comité qui aura manqué à huit séances ordinaires consécutives, sans motifs reconnus légitimes par le Comité

Si le Comité se trouve réduit à moins de trente membres, une assemblée générale extraordinaire devra être convoquée pour procéder aux élections.

CHAPITRE VI.

ART. 14. Si dans le cours de la Société, l'expérience démontre que des modifications doivent être apportées aux présents Statuts, le Comité s'en référant à l'avis du conseil judiciaire, est investi du droit de faire ces modifications qui seront communiquées à la plus prochaine assemblée générale, et devront ensuite être déposées pour minute au notaire de l'Association, par un acte signé de tous les membres du Comité.

CHAPITRE VII.

CONSEIL JUDICIAIRE.

ART. 15. La Société sera pourvue d'un Conseil judiciaire nommé par le Comité, et composé au moins :
1º D'un notaire ;
2º De deux avoués près le Tribunal civil de première instance de la Seine ;
3º De deux avoués à la Cour d'appel ;
4º De quatre avocats près la Cour d'appel ;
5º De deux agréés près le Tribunal de commerce.

Le Conseil judiciaire aura pour fonction:

1º D'éclairer le Comité sur toutes les affaires litigieuses et contentieuses qui pourront intéresser l'existence ou la prospérité de l'Association.

2º De venir en aide au Comité pour défendre les droits de tout Sociétaire, dans les circonstances où le Comité aura reconnu que la moralité de la cause doit motiver son intervention.

CHAPITRE VIII.

CONSEIL MÉDICAL.

ART. 16. La Société sera également pourvue d'un Conseil médical.
Ce Conseil sera composé de tous les médecins, chirurgiens et pharmaciens, qui voudront bien mettre au service de l'Association leurs lumières et leur dévouement, et qui seront agréés par le Comité pour cette œuvre fraternelle.

Le comité seul désignera aux médecins et chirurgiens les Sociétaires qui auront besoin de leurs secours, et indiquera aux Sociétaires les pharmaciens chargés de leur livrer les médicaments.

Les visites des médecins de l'Association pourront être accordées suivant l'avis du Comité, aux ascendants et descendants directs partageant le domicile des Sociétaires.

CHAPITRE IX.

DISPOSITIONS TRANSITOIRES.

ART. 17. Les membres du Comité actuellement en fonctions, continueront d'en faire partie jusqu'à leur renouvellement, conformément à l'art. 12 ci-dessus.

Dans l'assemblée générale prochainement convoquée pour la communication des présents Statuts, il sera pourvu à la nomination des membres devant compléter le nombre fixé par l'art. 13.

DISPOSITIONS GÉNÉRALES.

ART. 18. Malgré les modifications apportées par les présentes aux précédents Statuts, les anciens Sociétaires continueront à faire partie de l'Association, sans être tenus de signer une nouvelle adhésion.

CIRCULAIRE.

Les Membres du Comité de l'Association des Artistes Musiciens à tous les Musiciens.

Monsieur et cher Confrère,

Le comité de l'association des artistes musiciens, en présence des douloureuses et respectables infortunes que la gravité des circonstances multiplie à Paris comme dans la province, a l'honneur de faire un pressant appel à votre générosité, à vos sympathies. Les pénibles épreuves que les membres les plus intéressants de la famille des Musiciens subissent en ce moment sont telles que nous ne saurions trop insister auprès de vous pour attirer votre attention et vos libéralités sur des positions si malheureuses.

Les difficultés de la situation financière actuelle créent d'énormes embarras dans la perception des cotisations, et amoindrissent chaque jour le chiffre des ressources de la Société.

Le comité, Monsieur et cher Confrère, ose compter sur l'activité de votre zèle pour ranimer les sentiments d'union et d'accord entre tous les artistes Musiciens, pour combattre les préventions de quelques-uns à qui l'intelligence de leurs véritables intérêts pourrait faire méconnaître l'utilité de notre bienfaisante institution. Dites bien à tous que c'est dans l'association que la fraternité doit puiser sa force réelle; prémunissez nos confrères contre des paroles de découragement et de doute, en leur rappelant ce que nous avons déjà fait en distribution de pensions, de secours, de frais pour des médicaments; répétez-leur que nous aurions soulagé un bien plus grand nombre d'infortunes si nous avions rencontré plus d'empressement et d'unanimité, chez les uns, à venir à nous pour signer des adhésions, chez les autres, à payer régulièrement leurs cotisations.

Nous nous adressons donc à la raison et au cœur des artistes Musiciens pour les conjurer de venir à nous et de nous apporter un concours qui doit assurer leur bonheur présent et leur existence à venir.

Le principe de notre institution est tellement fécond quand il est appliqué sur une large échelle, que sans cesse il est imité.

Vous accordez généralement votre confiance à des spéculations particulières, tontines ou caisses d'épargne auxquelles vous allez porter le fruit de vos économies. Tous ces établissements prélèvent des frais d'administration, qui diminuent le capital et l'intérêt. Votre comité fait tout pour rien. Le président, directeur, et les membres du comité, administrateurs, donnent souvent, deux à quatre fois par semaine, cinq ou six heures de travail pour augmenter votre fortune commune et en répartir la rente avec toute la justice possible, et toujours sous votre contrôle. Qui peut donc vous empêcher de venir à nous, de déposer cette faible cotisation de 50 centimes par mois? Vos collègues, vos frères la sollicitent uniquement afin de mettre un grand nombre d'entre vous en état de parer, dans le cours de leur existence, les coups de la mauvaise fortune, et les arracher, dans la vieillesse, aux horreurs de la misère. Quant à ceux qui ne croient pas avoir à redouter pour l'avenir un sort rigoureux, la pension ne doit-elle pas, dans tous les cas, accroître le bien-être qu'ils ont obtenu par une vie laborieuse?

Le comité est décidé à redoubler d'efforts par tous les sacrifices en son pouvoir pour éclairer la grande famille des artistes Musiciens et obtenir de leur intelligence et de leur intérêt qu'ils se rangent enfin sous notre drapeau dont la devise est aujourd'hui : union, bienfaisance et fraternité, et sera dans quelque temps, s'ils le veulent : union, sécurité, fraternité. Profondément pénétré de cette pensée, le comité vient de nommer une commission chargée d'examiner si, selon le désir de quelques membres de la derrière assemblée générale, il est utile de modifier la constitution de la Société sans porter aucune atteinte à ses principes fondamentaux. La commission s'entourera de toutes les lumières extérieures qui seront mises à sa disposition.

Les offrandes et les dons volontaires doivent être adressés à M. LASALLE, agent-trésorier de la Société, rue de Bondy, n° 68.

Veuillez agréer, Monsieur et cher Confrère, l'expression de la parfaite considération des membres du comité.

Paris, le 20 mai 1848.

I. Taylor, président; Spontini, Meyerbeer, Halévy, Ad. Adam, Auber, Dauverné, Bureau, Éd. Monnais, Gautier, Duzat, Prumier, A Gouffé, M. Bourges.

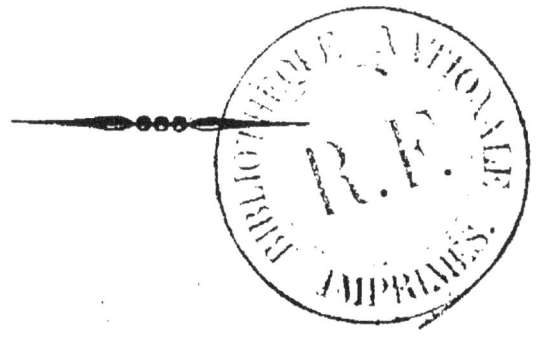

TABLE

DES

TITRES, CHAPITRES, SECTIONS ET PARAGRAPHES,

CONTENUS DANS CE VOLUME.

TITRE PRÉLIMINAIRE.

Des théâtres et des entreprises qu'ils ont pour objet......	1

CHAPITRE PREMIER.

Des théâtres en général.................................	1
Section première. — Des théâtres de Paris...............	3
Section II. — Des théâtres des départements............	9
Section III. — Des spectacles de curiosité..............	10

CHAPITRE II.

Des entreprises théâtrales et de leur nature.............	11

TITRE PREMIER.

Des acteurs..	16

CHAPITRE PREMIER.

Des droits civils et politiques des acteurs...............	20

CHAPITRE II.

Des devoirs des acteurs envers l'autorité et le public.......	23

CHAPITRE III.

De la critique des journaux à l'égard des artistes dramatiques...	28

CHAPITRE IV.

De l'engagement théâtral, de sa nature et des conditions

nécessaires à sa validité.................................... 32
Section première. — Des personnes qui peuvent contracter un engagement théâtral................................ 37
  § Ier. — Des mineurs, des interdits et des femmes mariées. 39
  § II. — De l'agent dramatique ou correspondant théâtral et du Régisseur considéré comme mandataire du directeur.. 45
Section II. — De la forme, de la preuve et de la durée de l'engagement.................................... 47
Section III. — Des diverses clauses insérées dans les actes d'engagement imprimés.......................... 53
  § Ier. — Des clauses communes aux engagements de Paris et des départements............................. 54
  § II. — Des clauses particulières aux engagements de Paris... 71
  § III. — Des clauses particulières aux engagements des départements...................................... 76
Section IV. — Des débuts...................................... 87
Section V. — Du prix de l'engagement........................... 93
  § Ier. — Des appointements et de leurs diverses dénominations.. 93
  § II. — Des feux et jetons................................. 94
  § III. — Du prorata....................................... 96
  § IV. — Du paiement des appointements...................... 100
  § V. — De la saisie et du transport des appointements... 101
Section VI. — Des obligations et des droits que l'engagement théâtral fait naître pour l'acteur............. 104
  § Ier. — Des obligations qui naissent de l'engagement théâtral.. 105
  § II. — Des droits résultant pour l'acteur de l'engagement théâtral.. 118
Section VII. — De l'effet de la démisson ou de la révocation du directeur sur les engagements des acteurs........... 138

TABLE DES TITRES.

§ Ier. — De la démission du directeur.................. 139
§ II. — De la révocation du directeur.................. 146
Section VIII. — De la fin de l'engagement théâtral, de ses causes et de ses effets............................ 156
§ Ier. — De la cessation de l'engagement théâtral par l'expiration du temps fixé et de la tacite reconduction...... 156
§ II. — De la cessation de l'engagement théâtral avant l'expiration du temps pour lequel il a été contracté........ 168
Section IX. — De la compétence des tribunaux en matière d'engagement théâtral........................... 174

TITRE II.

Des musiciens.. 198

CHAPITRE PREMIER.

Des musiciens attachés à un théâtre, spectacle ou autre établissement public................................... 199
Section première. — Des artistes du chant.............. 199
§ Ier. — Du chef du chant ou des chœurs.............. 199
§ II. — Des chanteurs-acteurs...................... 200
§ III. — Des choristes............................ 201
§ IV. — Des chanteurs 205
Section II. — Des artistes de l'orchestre................ 213
§ Ier. — Du chef d'orchestre....................... 213
§ II. — Des musiciens du corps de l'orchestre.......... 217

CHAPITRE II.

Des musiciens autres que ceux attachés à une entreprise dramatique, spectacle ou établissement de ce genre......... 223
Appendice contenant le texte des statuts et des instructions relatifs à l'association des artistes dramatiques et à l'association des artistes musiciens............................ 231

TABLE ALPHABÉTIQUE

DES MATIÈRES.

A

Abandon de role, p. 113.

Absence aux répétitions et représentations. p. 105. — Peut donner lieu à résiliation de l'engagement, p. 108. — Exception p. *ibid.*

Acte de commerce. L'acteur en fait-il un en contractant un engagement théâtral ? p. 180 et suiv.

Acteur. Origine de ce mot. p. 16. — Rapports légaux entre lui et l'administration théâtrale, p. 17. — Doit-il être considéré comme facteur, commis ou serviteur du directeur, *ibid.* — Ses droits civils et politiques, p. 20. — Liberté individuelle, p. 21 et suiv. — Concile de Reims, p. 22. — Ses devoirs envers l'autorité et le public, p. 23. — Doit prévenir le directeur en cas d'indisposition, p. 26. — Ne doit rien ajouter ni retrancher de son rôle sous peine d'être traduit en police correctionnelle et condamné à l'amende, p. 27. Voyez, *Police des théâtres.* — Critique des journaux à son égard, p. 2 et suiv. — Quelle est la nature de l'engagement qu'il contracte avec le directeur d'un théâtre, p. 32. — Ses obligations et ses droits p. 104 et suiv.

Acteur étranger. Compétence des tribunaux français à son égard. p. 196.

Administration provisoire, p. 151. — Inconvénient qui résulte de ce mode d'administration transitoire, p. 152.

Agent dramatique ou *Correspondant théâtral,* p. 45 et 46.

Altération de la voix, voyez *Maladie de l'acteur.*

Amende, p. 64.

Année théâtrale. A quelle époque elle commence, p. 50.

Appointements. Retenue pendant les mois d'été, p. 75. — Ceux payés d'avance, p. 80. — En cas de chute dans ses débuts l'artiste a-t-il droit de les garder, *ibid.* — Délai réservé par les directeurs de départements pour leur paiement, p. 81. — Leurs diverses dénominations, p. 93. —Feux p. 94 et suiv.— Prorata p. 96 et suiv. — Leur paiement, p. 100. — Saisie, p. 101 et suiv. — Transport, p. 104. — Suspension, p. 56. — Courant du jour des débuts, p. 118.

Arbitre, p. 192.

Arrestation. — Un artiste ne peut-être arrêté pour faute de discipline, p. 20 — Il peut l'être s'il commet un délit soumis au droit commun, p. 21.

Association, voyez *Société*.

Association des artistes dramatiques, p. 232. Ses statuts, p. 233.

Association des artistes musiciens. — Ses statuts, p. 239. — Circulaire, p. 245.

Assurance. Ce que c'est, p. 98.

Auteur. Peut-il retirer le rôle qu'il avait confié à un acteur? p. 136 et suiv.

Autorisation ministérielle est nécessaire pour l'ouverture d'un théâtre, p. 1.

Autorité municipale. Défense qu'elle impose de laisser jouer les acteurs, p. 23, voyez *Police des théâtres*.

Avertissement. Quel délai doit avoir celui qui précède le renvoi d'un acteur, p. 158 et suiv. — D'un musicien d'orchestre, p. 217.

B

Bals donnés par l'administration du théâtre. Les artistes sont-ils tenus d'y danser? p. 82.

Bénéfice, voyez *Représentation à bénéfice*.

Blessures. Celles reçues au théâtre donnent-elles lieu à des dommages et intérêts? p. 126.

C

Cafés-concerts. p. 205 et suiv.

Cautionnement. Est à Paris exigé du directeur pour garantir le paiement des appointements des artistes, p. 13.

Cession. Celle faite par le directeur du privilége qui lui a été accordé est-elle valable? p. 9, 68, 139 et suiv.

Cessation de paiement, p. 170.

Changement de spectacles. Dommages et intérêts auxquels l'acteur peut être soumis lorsqu'il a lieu par son fait, p. 107.

Chanteurs-acteurs, p. 200.

Chanteurs qui ne sont pas acteurs, p. 205. — Les principes de la tacite reconduction leur sont-ils applicables ? *ibid* — Clauses des engagements adoptés dans les Cafés-concerts de Paris et observations à ce sujet, p. 206 et suiv.

Chef de Comparses, p. 202.

Chef de pupitre, p. 218.

Chef du chant ou des chœurs, p. 199. — Ses attributions, *ibid*. — Est-il considéré comme artiste attaché au théâtre ? p. 200.

Chef d'orchestre. Ses attributions, p. 213. — Refus de paiement de ses appointements, p. 215. — Des cas où il se charge de la formation d'un orchestre, *Ibid.*

Chef d'emploi. Ses droits et ses obligations, p. 106.

Choristes, p. 201. — Quelles sont leurs obligations, p. 202. — Sont-ils rangés dans la classe des artistes ? p. 203. — Délai à observer pour leur congé, p. 204. — Peuvent-ils être poursuivis correctionnellement pour coalition ? *ibid.*

Circonstances malheureuses, p. 67.

Claqueurs, p. 92.

Clauses insérées dans les actes d'engagement, p. 53 et suiv.

Cloture de théâtre, p. 66.

Comparses, p. 201.

Compétence des tribunaux, voyez *Tribunaux*.

Concert public. Obligations imposées à l'artiste musicien qui désire en donner un, p. 226 et suiv.

Congé, p. 74. et 115.

Congé-avertissement, p. 158.

Conservatoire de musique. Les élèves ne peuvent être engagés par le directeur d'un théâtre, p. 9.

Contrainte par corps. L'acteur y est-il soumis de droit ? p. 185 — Peut-elle être prononcée contre une actrice ? p. 185 et 187.

Correspondant théâtral, p. 45. — Du paiement de ses honoraires, *ibid.*

Coryphées, p. 200.

Costumes. Par qui fournis ? p. 76 et suiv. — Habits de ville et accessoires de costumes, p. 78. — L'acteur qui en achète fait-il un acte de commerce, p. 189.

Coulisses, p. 81.

Critique des journaux, à l'égard des acteurs, p. 28. et suiv.

D.

Danse. Clause qui y est relative, p. 114.

Danseurs et danseuses, p. 16, 200.

Décès du directeur, p. 170.

Débuts, p. 87. — Les appointements courent du jour où ils ont lieu, p. 118.

Dédit. Quand doit-il être accordé, p. 69 et suiv. — En cas de mariage, p. 117. — Des artistes dans les cafés-concerts, p. 212.

Défense de représenter aucune pièce sans autorisation, p. 2.

Défense imposée à l'acteur de jouer ou chanter sur d'autres théâtre, ou dans des concerts pendant le cours de son engagement, p. 62. — Par l'autorité de paraître sur la scène, p. 133.

Démission du directeur, p. 138 et suiv.

Destitution du directeur, p. 138, 146 et suiv.

Détention de l'acteur. Peut entraîner la résiliation de l'engagement, p. 57.

Directeur. Ne peut vendre ni céder son brevet, p. 9. — Doit envoyer le tableau de sa troupe au ministre de l'intérieur, p. 10. — Ne peut pas, en cas d'indisposition d'un acteur, le remplacer par un autre sans l'agrément du public, p. 26. — Peut-il engager valablement un artiste avant d'être muni de l'autorisation ministérielle? p. 37. — A-t-il le droit en payant les appointements de l'artiste de le retenir éloigné de la scène? p. 73 et 123. — Peut-il rompre sans dédommagement l'engagement de l'acteur qui a reçu l'ordre de l'autorité municipale de ne point reparaître sur la scène? p. 133 et suiv. — Effet de sa démission sur les engagements des acteurs, p. 138 et suiv. — Effet de sa révocation, p. 146 et suiv. — Son décès fait cesser l'engagement de l'acteur, mais y a-t-il lieu à dommages et intérêts envers ce dernier? p. 170 et suiv.

Distribution des rôles, voyez *Rôles*.

Dommages et intérêts. L'artiste peut être condamné à en payer pour négligence à apprendre ses rôles, p. 106. — Pour refus de jouer, sous prétexte qu'il n'y a pas eu assez de répétitions, p. 107. — Pour avoir fait manquer une représentation, *ibid.*

Droits de l'acteur, p. 118 et suiv. — Le directeur peut-il se refuser à faire jouer l'artiste? p. 123.

E

Émargement. Sert à prouver l'acceptation du directeur nouveau, p. 151.

Emplois. Théâtres de Paris, p. 71 et suiv. — Théâtres de province, p. 78. — Désignation d'emploi, p. 109 et suiv.

Emprisonnement. Ne peut être ordonné par l'autorité contre l'artiste pour infraction à la police intérieure du théâtre, p. 20 et suiv.

Engagement théâtral. Sa nature, p. 32 et suiv.— Qui peut le contracter? p. 37. — Celui contracté avant l'autorisation ministérielle est-il valable? p. 37 et 38. — D'un mineur? p. 39 et suiv. — D'un interdit? p. 41. — D'une femme mariée? p. 42. — D'une femme séparée de corps et de biens? *ibid.* — La personne qui le contracte doit en comprendre l'étendue, p. 44. — Inconvénients lorsqu'il est verbal, p. 47. — Sa forme, p. 48. — Peut-il être prouvé par témoins, p. 49. — Est-il valable, s'il est contracté pour la vie entière? p. 50. — Peut-il se former par lettres missives? p. 51. — Examen des diverses clauses insérées dans les actes imprimés, p. 53 et suiv. — enregistrement, p. 84. — Caractères généraux de l'engagement imprimé, p. 85. — Prix de l'engagement ou appointements; p. 93. — Obligations qui en résultent pour l'acteur, p. 105 et suiv. — Droits qu'il fait naître au profit de l'acteur, p. 118 et suiv. — Engagements contractés successivement avec plusieurs directeurs, p. 132. — Effet de la démission ou de la révocation du directeur, p. 138 et suiv. — Comment il finit, p. 156. — Tacite reconduction, p. 157 et suiv. — L'acteur est-il, à raison de son engagement, justiciable du tribunal de commerce? p. 174 et suiv.

Enregistrement de l'engagement. Aux frais de qui? p. 84.

Entreprises théâtrales, p. 11. — De leur nature commerciale, p. 12. — Peuvent-elles être exploitées par toute espèce de sociétés? *ibid.* — Leurs rapports avec l'autorité, p. 13. — Cautionnement, p. 13 et 14.

Entrée dans les coulisses, p. 81.

Faillite. Effets de celle du directeur sur les engagements des acteurs, p. 146, 169 et 170. — Directeur qui a fait faillite, peut-il être appelé de nouveau à la direction d'un théâtre? p. 9.

Femme mariée, voyez *Engagement.*

Feux, p. 94. — Ceux des choristes, p. 201.

Figurants et figurantes, p. 202.

Fin de l'engagement théâtral, p. 156 et suiv.

Force majeure. Retard dans l'arrivée de l'artiste, p. 84.

Fuite de l'artiste, p. 173.

G.

Gaîté (théâtre de la), p. 3.
Gens de travail, voyez *Privilége de créance*.
Grossesse. Femme mariée, p. 131.— Femme qui n'est pas mariée, p. 60.

H.

Habits de ville. Ce que c'est, p. 78 et suiv.
Heures des répétitions et du spectacle, p. 105.

I

Inavtivité. Le directeur peut-il y condamner l'acteur? p. 123.
Incendie de théâtre, p. 170.—D'une salle de concert, p. 230.
Indemnité. Cas où elle peut avoir lieu, p. 119.
Insubordination. Sens ridicule de ce mot dans l'acte d'engagement, p. 58.
Ivresse habituelle. Peut entraîner la résiliation de l'engagement, p. 173.

J

Juge de paix, p. 190.

L

Leçons de musique, p. 219.
Lettres. Leur effet quant à l'engagement, p. 54.
Liberté individuelle, p. 21 et suiv.
Location d'une salle de concert, p. 228 et suiv. — Responsabilité que l'artiste encourt dans ce cas. p. 229 et 230.
Loges d'habillement. Qui peut y entrer, p. 81.

M

Maître de chœurs, voyez *chef du chant*.
Maire, voyez *Police des théâtres, Autorité municipale*.

Maladie de l'acteur. Par qui doit-elle être constatée, p. 59 et suiv. — Maladie feinte, p. 61. — Altération de la voix, p. 122.

Marchandeur, p. 202.

Marcheuses, ce que c'est, p. 202.

Mauvais propos, p. 56.

Mineur, voyez *Engagement*.

Ministre de l'intérieur, p. 2.

Moustaches. Un acteur a-t-il le droit d'en porter ? p. 121.

Musiciens. Définition, p. 198. — Ils sont ou chanteurs ou instrumentistes, *ibid.*

Musiciens attachés à un théâtre, spectacle ou autre établissement public, p. 199.

Musicien d'orchestre. Dans les théâtres, p. 217. — Dans les cafés-concerts, p. 211. — Ses obligations. p. 218 et suiv. — Délai du congé, p. 217.

Musiciens autres que ceux attachés à une entreprise dramatique, spectacle ou établissement de ce genre, p. 223 suiv. — Professeur de musique, p. 223 — Leçons au cachet, au mois ; usages à cet égard, *Ibid.* — Celles données dans une maison d'éducation, p. 224 — Délai de la prescription, p. 225. — Obligations de police imposées à l'artiste qui désire donner un concert public, p. 226 et suiv.

N

Nom. Celui sous lequel l'artiste est habituellement connu, suffit pour la validité des actes, p. 49 et 190.

O

Obligations de l'acteur, p. 105 et suiv.

Odéon (théâtre de l'), p. 3.

Opéra. Son organisation, p. 4. — Pension *ibid.* — Mise à la réforme des artistes, p. 5 et suiv.

Opéra-comique, p. 3.

Opéra-italien, p. 3.

Opposition sur les appointements des artistes, p. 102 et suiv.

Ordonnances de police, voyez *Autorité municipale*.

Ordre administratif, voyez *Police des théâtres*.

P

Paiement des appointements, p. 100. — Refus de jouer pour ce motif, p. 112. — Le directeur peut-il s'y refuser sous prétexte que l'acteur n'a pas joué, p. 131.

Pauvres (droit des), p. 227.

Petite-vérole. Donne-t-elle lieu à résiliation de l'engagement, p. 171 et suiv.

Pièce de théâtre. Ne peut être représentée sans autorisation préalable, p. 2.

Police des théâtres. L'autorité municipale l'exerce et prononce provisoirement sur toutes les contestations entre acteur et directeur, p. 23. — A Paris c'est le préfet de police, p. 25. — Ordonnances y relatives, p. 27. — Ordre de ne point laisser jouer un acteur, p. 133.

Preuve de l'engagement, p. 47 et suiv. — Par témoins est-elle admise? p. 49.

Préfet de police, p. 23, voyez *Police des théâtres*.

Prescription. Son délai quand il s'agit de leçons données par un professeur, page 225.

Prima dona soprano, p. 113.

Privilége. Ce mot est synonyme d'autorisation, p. 55.

Privilége de créance. L'acteur a-t il droit à celui que la loi accorde aux gens de service ? p. 127 et suiv.

Procès. N'interrompt pas le service. p. 65 et 66.

Professeur de musique, p. 223 et suiv.

Prologue. L'acteur ne peut se refuser à le jouer., p. 114.

Promesse d'engagement, p. 51.

Prorata, p. 96.

R

Reconduction, voyez *Tacite reconduction*.

Refus de jouer. Conséquences qui en résultent pour l'acteur, p. 111, 112, 113. — Il ne peut refuser de jouer un prologue, p. 114.

Refus de rôles. Peut entraîner la résiliation de l'engagement p. 55.

Régisseur d'un théâtre. Lorsqu'il engage des artistes est considéré comme agissant en qualité de mandataire du directeur. p. 46. — Il est lui-même regardé comme artiste, *ibid*.

Réglement intérieur du théâtre, p. 64.

Répertoire, p. 80.

Répétitions. L'acteur doit s'y rendre aux jour et heure indiqués, p. 105. — Ou prévenir en cas d'empêchement, p. 117.

Représentation. L'acteur lorsqu'il ne joue pas est-il tenu de venir au théâtre? p. 105 et 122. — Manquée par le fait de l'acteur donne lieu à dommages et intérêts contre lui, p. 107.

Représentation à bénéfice. Réflexions à cet égard, p. 82. — Comment elle est déterminée, p. 119 à 121. — L'artiste peut-il se refuser d'y jouer, p. 125.

Résiliation de l'engagement. Causes qui y donnent lieu, p. 168 et suiv. — Cas dans lesquels le Directeur se réserve cette faculté, p. 55, 56 et 73.

Retrait d'autorisation. Son effet sur les engagements des acteurs, p. 138 et suiv.

Révocation du directeur, p. 138, 146 et suiv.

Rôles. Amende contre l'acteur lorsqu'il leur fait des additions ou des retranchements, p. 27. — L'artiste doit remplir ceux qui lui sont confiés par le directeur, p. 71 et suiv. — Rôles de complaisance, 76. — Distribution, p. 76, 106. — Dommages et intérêts pour négliger de les apprendre, p. 106. — L'artiste ne peut pas refuser de jouer sous prétexte qu'il n'a pas assez de temps pour apprendre ses rôles, p. 107. — L'acteur a-t-il le droit de s'opposer au retrait du rôle qui lui a été confié ? p. 134 et suiv.

S

Saisie-arrêt des appointements des artistes. Dans quelle proportion elle a lieu, p. 101.

Saisie-exécution des costumes. Dans quelle proportion, p. 104.

Salle de Concert, voyez *Location.*

Serment. A qui il peut être déféré, p. 224 et 226.

Société. (Théâtre exploité en), p. 96 et suiv. 191. — Assurance et prorata, p. 98.

Solidarité, p. 97.

Spectacles de curiosité. Quels sont-ils ? p. 10. — Autorisation par qui délivré, *ibid.* — Montant de la redevance, p. 11.

Subvention. Théâtres qui en reçoivent, p. 3.

Suspension d'appointements, p. 56.

T

Tacite reconduction, p. 156 et suiv.

Tenor en chef. Etendue de ses droits, p. 110.

Théâtres. Autorisation nécessaire pour leur ouverture, p. 1 et 2. — Pénalité en cas d'infraction à cet égard, p. 3 et suiv. voyez *Entreprises théâtrales.*

Théâtres de Paris. Leur classement, p. 3.

Théâtres (*petits*), p. 3.
Théâtres subventionnés, p. 3 et suiv.
Théâtre de vaudeville, p. 3.
Théâtres de drame, p. 3.
Théâtres des départements. Leur organisation, p. 9.
Théâtre-Français. Son organisation, p. 7 et suiv.— Compétence des Tribunaux à son égard, p. 195.
Tribunaux. Leur compétence en matière d'engagement théâtral, p. 174. — L'acteur est-il à raison de son engagement justiciable du tribunal de commerce? p. 174 et suiv. — L'acteur n'est pas de droit contraignable par corps? p. 185 et 187— Une actrice est-elle contraignable par corps ? p. 187. — L'acteur qui achète des costumes pour remplir ses rôles fait-il acte de commerce? p. 189. — Devant quelle juridiction doit-être donnée l'assignation ? p. 189. et suiv. — Appel, p. 189. — Lorsqu'il y a société, quel tribunal est compétent? p. 194. — Un tribunal français peut-il connaître de l'inexécution d'un engagement contracté à l'étranger ? p. 196.
Troupes ambulantes, p. 9.
Troupes d'arrondissement, p. 9. — Qui en nomme les directeurs, p. 10.
Troupes sédentaires, p. 9.
Troupes d'arrondissement, p. 9.
Tuteur, p. 39 et suiv.

U

Usage. Temps requis pour l'avertissement ou congé qui doit précéder le départ de l'acteur, p. 158 et suiv.

V

Valeur de l'engagement, p. 69.
Vaudeville (théâtre du) p. 3. — Genre, *ibid*.
Variétés (théâtre des), p. 3.
Voies de fait. Peuvent-elles donner lieu à la résilliation de l'engagement, p. 57.
Voyage. Frais qu'il occasionne, p. 122.

www.ingramcontent.com/pod-product-compliance
Lightning Source LLC
Chambersburg PA
CBHW050321170426
43200CB00009BA/1407